살아 숨 쉬는 도시

지방도시, 인구감소시대를 준비하다

곽대영·한아름 공저

살아 숨 쉬는 도시

지방도시, 인구감소시대를 준비하다

인쇄 2023년 6월 20일 1판 1쇄 **발행** 2023년 6월 25일 1판 1쇄

공저 곽대영 · 한아름
펴낸이 강찬석
펴낸곳 도서출판 미세움
주소 (07315) 서울시 영등포구 도신로51길 4
전화 02-703-7507 **팩스** 02-703-7508 **등록** 제313-2007-000133호
홈페이지 www.misewoom.com

정가 17,000원

ISBN 979-11-88602-58-2 03320

곽대영·한아름 공저

살아 숨쉬는 도시

TOYAMA

지방도시,
인구감소시대를 준비하다

美세움

프롤로그

인구감소시대,
도시는 무엇을 준비해야 하는가

21세기에 들어서며 우리를 둘러싼 삶의 환경은 이전 세대보다 훨씬 빠르게 변화하고 있다. 인간에게 과학 기술 및 정보의 발달은 필연적으로 삶의 질에 대한 관심으로 이어지게 만들고 있다. 인간의 삶에 대한 다양한 욕구는 더 나은 환경을 찾아 나서게 하거나 조성하도록 유도한다. 사람들이 모여드는 도시는 끊임없이 변화하고 현 상태에 안주하지 않는 특징을 갖고 있다. 살아 숨 쉬는 도시는 움직인다. 멈춘 도시는 죽은 도시이며 삶의 희망을 기대할 수 없는 공간이 되어 버린다.

살아 숨 쉬는 도시는 살아 있는 인간의 몸에 비유할 수 있다. 몸이 건강하려면 심장이 혈맥을 통해 혈액을 미세혈관까지 원활히 순환시켜야 한다. 심장은 맑은 혈액을 쉼 없이 순환하도록 만들며 생명을 지탱하게 하는 중요한 기관이다. 혈액과 혈맥은 몸의 각 기관이 움직일 수 있도록 영양분과 산소를 공급하면서 쉼 없이 순환하는 역할을 한다.

도시에는 심장에 해당하는 도심이라 불리는 중심지가 중심 업무지구를 형성한다. 도심이 생성되기 위해서는 교통이 잘 발달하여 접근성이 좋아야 하며, 각 마을을 연결하는 구심점 역할을 해야 한다. 교통체계는 신체의 혈맥과 같은 역할을 수행한다. 도심이 활성화하고 도시가 살아 숨 쉬기 위해서는 원활하게 이어진 교통망이 시내 곳곳을 가로질러 빼곡히 이어져야 한다. 혈액순환이 좋으면 건강을 유지할 수 있듯이, 구석구석 골고루 퍼져나간 교통망은 도시를 살아 숨 쉬게 한다.

혈액 상태가 좋지 않으면 혈류가 막혀 숨을 쉴 수 없게 된다. 도시 역시 교통망이 원활치 못하면 도시가 제 기능을 못 하게 된다. 살아 숨 쉬는 도시, 활력 넘치는 도시는 무엇이 필요한가, 소멸 도시의 위기에서 벗어나 지속가능한 도시로 변화하기 위해서는 무엇이 전제되어야 하는가에 대한 물음에서부터 구상을 시작하였다.

한국의 지방도시들은 활력을 잃어가고 있고, 일부 중소도시들은 소멸 위기에 직면해 있다. 지속적인 인구감소가 몰고 온 지방소멸에 대한 위기감이 전국적으로 높아지고 있는 것이 현실이다. 출생률 저하와 고령화로 인한 인구감소는 이미 오래전부터 지적되어 온 문제다. 특히 낮은 출생률 문제는 가까운 일본의 사례를 보더라도 지방뿐만 아니라 도쿄에 인접한 일부 위성도시까지 유령화되어가고 있는 심각한 문제다.

우리나라의 가장 큰 위기는 바로 출생률 감소다. 해마다 급격히 감소되고 있지만 제대로 논의조차 되지 않았다. 인구감소 위기는 그 심각성이 바로 와닿지 않기에 지방소멸을 눈앞에 둔 지금에서야 언론들이 앞다투어 다루고, 거론된 지방도시들이 대책을 마련하느라 분주하다.

지방도시를 여행하다 보면 유구한 역사성과 문화유산을 간직한 아름다운 도시들을 만나게 된다. 그 도시만의 독자성과 아름다운 스토리텔링을 담고 있는 역사적인 장소들이 저마다의 색을 은은히 드러내고 있다. 많은 중소도시들이 그들만의 문화와 문화재, 생태계를 간직하고 있지만 사람의 발길이 닿지 않으면 생명을 잃어갈 수밖에 없다. 이미 많은 중소도시에서 갓난아이의 울음소리, 어린아이들의 뛰노는 모습이 사라지고 적막과 고요만이 감돈다. 젊은이들은 떠나고 고령자들만 남은 마을을 전국 어디서나 쉽게 볼 수 있다. 도시는 남녀노소가 더불어 사는 삶의 가치를 제공해야 한다. 심장 역할을 하는 도심의 사회문화 인프라가 활성화되고 혈맥의 역할을 하는 교통망이 건강하게 공급되고 순환되어야 한다. 하지만 소멸해 가는 도시들은 그 기능이 원활하지 못하기 때문에 주민들이 떠나고 있다.

인구감소는 일시적인 흐름이 아니다. 앞으로 우리가 살아가야 할 시대유형이 되리라는 전망이다. 더 이상 소멸 위기는 피할 수도 늦출 수도 없다. 이제라도 정든 마을이 사라지는 비극을 막아야 한다. 현실로 다가온 지방소멸, 급격한 인구감소와 더불어 지금까지 한 번도 경험해보지 못했던 새로운 위기 상황에 맞서야 한다.

이 책은 인구감소와 지방소멸 위기를 극복하기 위해 도시는 어떤 가치를 지향하고 우리는 무엇을 준비해야 하는지, 지속 가능한 지역의 모습을 그려보기 위해 집필되었다. 우리보다 먼저 소멸 위기를 경험한 일본 도야마 시가 어떻게 지속 가능한 도시, 살기 좋은 도시로 변모하였는지 도야마 시의 정책 및 실험, 실천 사례를 다양한 각도에서 바라본다. 직접 방문하여 관찰, 분석한 자료를 사회문제와 연결해 대중교통 활성화, 도시 공간, 문화 · 예술 네트워크, 복지 · 의료 · 건강, 교육 · 취업, 자연환경 보전의 소주제로 분류하여 살펴보고, 이들이 어떻게 유기적으로 연결되어 살아 숨 쉬는 도시로 변모해 갔는지 서술하였다.

사라지는 도시를 걱정해야 하는 현실에서 전혀 다른 미래를 그려가고 있는 일본 도야마 시의 도전은 적은 인구로도 행복하게 살아가는 방법에 대한 여러 가지 시사점을 제공할 것이다. 위기를 먼저 경험하고 극복해 나가고 있는 도야마 시의 사례로 활력을 잃어가는 한국 지방도시 문제를 진단하고, 살아 숨 쉬는 지속 가능한 도시를 위해 우리가 지향해야 할 방향과 문제 해결을 위한 새로운 가치 발견에 도움이 되기를 기대한다.

차 례

제 1 장

지방소멸

지방도시의 소멸

인구가 줄어 사람이 살지 않게 되면 그 지역은 사라진다는 지방소멸은 우리에게 더는 낯설지 않다. 지방地方의 사전적 의미는 '한 나라의 수도 이외의 지역'이며, 소멸消滅은 '사라져 없어짐'이다. 지방소멸이란 인구의 지속적인 감소로 지방도시는 사라지고 수도권만 남는다는 의미다.

소멸 위험지역의 장기적 추이에 따르면 2022년 3월 기준 전국 228개 기초자치단체(시 · 군 · 구) 가운데 절반(49.6%)에 달하는 113곳이 소멸 위험지역으로 분류됐다. 2010년 61개(26.8%)에 불과했으나, 2015년 80곳(35%), 2020년 102곳(44.7%)으로 증가 속도가 가파르다. 특히 위험지수 0.2 미만의 고위험지역은 45곳으로 2020년 대비 23곳이나 증가했다. 이대로 두면 향후 30년 안에 대한민국 지역의 절반이 지도에서 사라질지도 모른다.

주목해야 할 것은 위기에 처한 지역의 96%는 수도권 밖에 있는 지방 중소도시다. 인구감소로 인해 당장 지방의 도시가 사라진다는 것은 아니다. 하지만 현재와 같은 흐름 속에서 지방도시 소멸 문제에 대한 해답이 없는 이상 가속화될 것은 당연하다. 지방소멸은 단순히 지방에 사는 도시민들의 터전이 없어지는 것을 넘어 국가적 위기다.

인구구조의 변화

출생률 하락과 기대수명 연장으로 '저출산 · 고령화'라는 위기와 함께 대한민국은 인구감소시대에 접어들었다. 30년 이상 지속하던 인구억제정책이 폐지된 것은 합계출산율TFR: Total Fertility Rate*이 1.75명까지 낮아진 1996년이었다. 그리고 2022년 합계출산율 0.78명으로 OECD 회원국 중 가장 낮은 것으로 분석됐다. 출산율이 하락한 만큼 고령화도 빠른 속도로 진행 중이다.

UN의 보고에 의하면 65세 이상 인구가 전체인구에서 차지하는 비율이 7% 이상이면 고령화사회Aging society, 14% 이상이면 고령사회Aged society, 20% 이상까지 올라가면 초고령사회Super-aged society로 구분하고 있다. 우리나라는 2000년 전체인구 중 65세 이상 고령자 인구비율 7.3%로 본격적인 고령화사회로 진입했으며, 2017년에는 14.2%로 고령사회가 되었다. 고령화사회에서 고령사회까지 17년밖에 걸리지 않은 셈이다. 세계 어느 나라보다도 압도적으로 빠르다. 그리고 2021년에는 그 비율이 16.5%까지 증가하면서, 이제는 초고령사회를 향해 달려가고 있다. 우리 사회가 다양한 고령자 복지정책을 필요로 하는 시점인 것이다.**

이러한 인구구조 변화로 우리나라는 2020년 사상 처음으로 출생아 수보다 사망자 수가 더 많아 인구가 자연적으로 감소하는 인구 데드크로스dead cross가 발생했다. 과거, 출산율 감소가 미덕이었던 시절에는 인구감소가 우리가 사는 지역과 우리 미래의 삶에 어떤 영향을 미칠지에 대한 위기감을 인지하지 못했다. 그러나 고령자조차 감소하게 된 상황에서 그 심각성을 고민해봐야 한다.

* 여성 1명이 평생 동안 낳을 것으로 예상되는 평균 출생아 수를 나타낸 지표로서 연령별 출산율의 총합이며, 출산력 수준을 나타내는 대표적 지표.

** 통계청.

수도권의 집중화

인구가 줄어드는 것은 자연스러운 과정이며, 거부할 수 없는 사회적 흐름이다. 문제가 되는 것은 인구감소와 더불어 수도권에 집중되는 인구이동이다. 수도권의 인구비중은 1970년 전체인구의 28.7% 수준이었으나 1990년 42.8%, 2000년 46.3%로 증가하다 2019년 처음으로 50%를 넘어서며, 국토면적의 약 11% 수준인 수도권 지역에 전체인구의 절반가량이 살고 있다. 수도권으로의 인구 집중은 지방도시의 과소화를 불러왔고, 인구감소로 학교, 병원 등의 폐업으로 이어져 생활 인프라가 부실해지기 시작했다. 기본적인 생활 복지가 불편해지자 그마저 살고 있던 주민들도 빠져나갔다. 그나마 있던 지방 병원들도 줄줄이 문을 닫고 있어 생활권 내에서 의료서비스를 보장받지 못했다.

인구감소와 지역의 후퇴가 악순환을 반복하는 사이, 인구 증가 지역과 감소 지역 간 격차는 계속 벌어지고 있다. 지방도시의 소멸에는 인구의 자연감소 외에도 타지역으로의 인구유출이라는 사회적 감소 또한 큰 원인이다. 지역 단위에서의 인구 변동은 지역의 존립 여부를 결정하기 때문에 사회적 감소도 눈여겨봐야 하는데, 인구문제를 저출산 · 고령화뿐만 아니라 젊은 인구의 대도시 및 수도권 집중현상과 연결 지어 다루어야 한다.

통계청이 발표한 2021년 인구이동통계*에 따르면 2020년 서울을 포함한 수도권으로의 순유입 인구는 8만 8,000명으로 조사됐다. 특히 서울로 유입된 인구가 절반 이상을 차지했으며, 연령대

* 통계청.

로 보면 20대가 4만 7,000명으로 가장 많았다. 수도권 전입 사유로는 6만 4,000명이 '직업'이라고 응답했다. 일자리에 이어서 '교육'(2만 1,000명), '주택'(1만 2,000명) 순으로 조사되었다.

매년 젊은이들이 일자리가 부족한 지방도시를 떠나 수도권으로 이동한다. 반면 대부분의 지방 중소도시는 일손 부족 현상을 겪고 있다. 왜 이런 문제가 발생할까? 이는 지역에서 필요로 하는 일자리와 젊은이들이 희망하는 일자리가 불균형하기 때문이다. 일자리가 부족한 것이 아니라 젊은이들이 원하는 일자리가 없다는 것이 정확한 표현이다.

그렇다고 젊은 인구가 수도권으로 모이는 이유가 일자리뿐일까? 일자리가 가장 큰 원인으로 조사되었지만, 대도시는 사람을 만나고, 보고, 배우고, 즐기기 위한 문화 · 교육 · 의료 등 도시 생활 서비스와 안정된 복지가 충족되기 때문이다. 이런 환경은 소통과 경제활동이 활발해져 비즈니스 · 교육 · 업무 · 주거 · 문화 공간의 풍요로움이 지속되는 활력으로 이어지고 더 많은 사람들을 불러모은다.

인구의 지역 간 이동은 도시의 경제적 활력 및 매력 차이에서 생겨난 결과다. 우리가 걱정하는 미래는 수도권으로 인구가 빠져나가는 현상에 제동이 걸리지 않아 결국 지방의 도시가 소멸하는 것이다.

소멸의 징조는 농산어촌, 지방 중소도시뿐만 아니라, 대도시까지 빠른 속도로 확장되고 있다. 이런 식의 계속된 인구감소는 지방의 마을 하나가 없어지는 것이 아니라 국가 경쟁력에 큰 위기를 불러온다.

제 2 장

콤팩트 시티 도야마

도야마 시富山市는 도쿄에서 북서쪽으로 약 250km 떨어진 도야마 현富山県의 현청 소재지다. 혼슈 중서부의 중앙부에 자리하고 있으며, 동쪽으로는 해발 약 3,000m급의 북알프스 다테야마 연봉이, 북쪽으로는 수심 1,000m의 도야마 만이 접한 웅대한 지형과 아름다운 자연경관을 자랑한다. 시의 인구는 2021년도 기준 약 41만 명이며, 면적은 1,241.77㎢(동서 60km, 남북 44km)로 현 전체 면적의 약 1/3을 차지한다.

에도 시대부터 매약賣藥* 판매로 명성을 얻은 도야마는 현대 제약산업의 기초가 되었으며, 의약품을 담기 위한 유리 약병을 제작하면서 유리 도시로 성황을 이뤘다. 메이지유신 이후에는 풍부한 수자원을 이용 북부지역(호쿠리쿠) 최초의 수력발전소가 건설되는 등 전력을 기반으로 한 공업도시로 번성했다. 하지만 1945년 제2차 세계대전 당시 미국으로부터 폭격을 받아 시가지의 99.5%가 전소, 도심은 잿더미가 되었다. 2차 세계대전 후 제약, 생명공학, 로봇 공학, 전자, 기계와 함께 주요 상업 및 산업도시로 발돋움할 산업 경제를 위한 토대를 마련하며 부활해 1996년에는 중핵 도시로 지정되었다. 현재의 도야마 시는 2005년 구 도야마 시와 인근의 시정촌市町村** 7개를 합병하며 새롭게 탄생하였다.

* 각 가정에 상비약을 비치해 두고, 반년마다 가정을 방문해 사용한 만큼 약을 채워주고 돈을 받는 방식으로 약을 판매하는 것을 말한다.

** 기초자치단체를 의미하며, 한국의 시읍면에 해당한다.

도야마, 개혁을 시도하다

도야마의 콤팩트 시티 만들기

일본의 다른 지방도시와 마찬가지로 도야마 시는 시가지 저밀도와 도심 공동화 문제가 진행되고 있었다. 교외로 옮긴 현립도서관, 시립병원, 적십자병원 등 주요 공공시설 및 행정기관과 더불어 거주지 또한 시 외곽으로 옮겨가며 자동차 의존도가 높은 도시가 되었다. 공공시설이 교외로 이전하면서 점포면적 1,000㎡ 이상의 대규모 쇼핑센터도 뿔뿔이 흩어졌다. 상업구역에 있었던 대형점포마저 문을 닫으면서 지역 상권은 악화되고 버스 · 철도 노선마저 폐지되자 인구유출이 가속화되었다.

'인구집중지구DID: Densely Inhabitant District' 면적은 1970년 25.6㎢에서 2005년 54.3㎢로 2배 이상 확대됐지만, 인구밀도는 같은 해부터 35년간 0.6명/㎢에서 0.4명/㎢로 약 2/3로 축소되었다. 이는 시정촌의 합병으로 도시의 외연은 확장되었지만, 전국의 현청 소재 도시 중 시가지 밀도가 가장 낮은 도시가 되었다는 것을 의미한다. 시가지의 교외 확산은 중심시가지의 공동화로, 이는 다시 도시 활력 저하로 이어졌다. 도심 땅값도 크게 떨어졌다. 사람들이 떠난 마을은 도시로서의 정체성을 상실해 갔다.

도야마 시는 전국 평균과 비교해도 다른 도시들보다 빠르게 인구감소와 고령화가 진행되고 있었다. 추계에 따르면 시의 인구는 2010년을 정점으로 감소하고 있으며, 2045년에는 2010년에 비해 약 20.3% 감소할 것으로 예상했다. 유소년인구와 생산가능인구는 감소하는 반면, 고령인구비율은 꾸준히 증가하여 2035년에는 전체 인구의 약 30%가 고령자가 될 것으로 예측됐다. 생산가능인구의 감소로 인한 경제의 축소화나 세수의 감소 그리고 의료비, 도시 관리에 따른 행정비용 등 사회보장비의 증가가 우려되는 상황에 놓이게 됐다.

도야마 시는 대중교통 쇠퇴로 자가용이 없는 시민들에게는 일상생활이 불편한 도시이자, 도심의 낮은 인구밀도와 중심시가지의 공동화로 도시 활력 저하 및 매력 상실 등 다양한 문제를 위한 대책이 필요했다. 향후 인구감소와 초고령화에 대비하여 도야마 시가 선택한 것은 '대중교통 중심의 콤팩트한 도시 만들기'였다. 모리 마사시森雅志 시장은 시민의 의견을 받아들이며 10년 넘게 콤팩트 시티를 일관되게 추진함으로써 지속 가능한 도시를 목표로 사회적 격차, 정체된 지역 경제 등 다양한 문제를 해결하고자 했다.

도야마, 변화를 꿈꾸다

지방도시의 위축은 우리만의 문제는 아니다. 일본을 비롯한 대부분의 선진 산업국가에서 발생하고 있는 현상이다. 우리보다 앞서 지방도시의 쇠퇴를 경험한 일본은 고령화, 인구감소, 지방소멸의 문제에 대해 지자체별 다양한 정책으로 대응하고 있다. 그중 도야마 시의 '대중교통을 축으로 한 콤팩트 시티'는 선행 사례로 꼽히고 있다.

도야마 시는 언뜻 보면 평범해 보이지만 인구감소 위기를 극복하기 위해 도시구조를 바꿔 살고 싶은 행복한 도시로 사랑받고 있는 소도시다. 도야마 시는 미래 성장 동력인 정주인구를 늘리기 위해 누구나 일상생활에 필요한 각종 서비스를 불편 없이 누릴 수 있는 도시를 목표로 교통 네트워크를 기반으로 한 콤팩트한 도시 계획을 추진했다. 구체적으로 도야마 역을 중심으로 한 대중교통 네트워크의 활성화, 대중교통 노선의 주변 지역 거주 촉진, 중심 시가지 활성화, 지역생활거점 활성화 계획 등이다.

일단 도야마 역을 나오면 대중교통을 이용해 시내 어디로든 이동할 수 있도록 대중교통 시스템을 다듬어 트램이나 버스, 자전거 사용을 시민에게 제안하고, 대중교통 주변 지역으로 사람들이 모이도록 유도했다. 도야마 시의 중심시가지는 도시의 얼굴이자 도시 이미지를 각인시킬 중요한 거점 지역이다. 새로운 곳에 중심시가지를 만들지 않고 과거 번성했던 중심시가지에 다시 사람들이 모이는 구조를 만들고자 하였다. 또한, 중심시가지를 잇는 거점 지역을 만들어 중심시가지로 집중되는 구조가 아닌 일상을 지탱하기 위한 작은 거점을 형성했다. 그리고 도심 지역이나 생활 거점에 도시 기능의 집적을 도모하여 밀도를 높이는 공간을 조성했다.

이러한 변화를 통해서 2000년 당시 32만 2,676명이던 도야마 시의 인구는 2021년 기준 41만 2,145명까지 늘어났다. 빈집이 방치되었던 도심 지역에는 5,000개가 넘는 새집이 생겨났다. 도심 거주 인구도 자연스럽게 증가했다. 인구가 늘자 문을 닫았던 상점도 하나둘씩 다시 문을 열기 시작했다. 새로운 상점과 일자리도 생겼다. 도심을 떠났던 젊은이들이 돌아왔고 초등학교도 다시 문을 열었다. 이러한 인구 유입은 세수 확대로 이어져 생활여건 개선을 위한 복지사업과 인프라 확대 등 다른 정책을 추진하는 선순환 효과를 가져왔다.

도시는 인간이 필요로 하는 여러 기능을 담고 있는 복합적인 공간이다. 따라서 도시 구조는 그 상태로 머물러 있는 정적인 상태가 아닌 새로운 환경에 적응하기 위해 끊임없이 변화해야 한다. 아무것도 하지 않으면 우리의 미래는 예측할 수 없는 상황으로 흘러간다. 모든 지역에 사람들이 살게 하고, 그에 맞는 인프라를 정비할 수는 없다. 인구감소시대에 맞춘 새로운 도시정책이 필요하다.

이 책에서는 앞으로 일어날 인구변화에 대비, 도야마 시의 미래세대를 위한 지속 가능한 변화를 통해 우리가 나아가야 할 방향을 다방면에서 제언하고자 한다.

모리 마사시 도야마 시장의 세계관

OECD는 2012년 콤팩트 시티 정책 보고서에서 세계 선진 5대 도시 중 하나로 도야마 시를 선정했다. 2014년에는 유엔이 선정한 일본 최초의 '에너지 효율 개선 도시'로 다시 한 번 주목을 받았다. 인류가 경험한 적이 없는 초고령사회를 맞아 살기 좋은 도시로 변화시켜 가고 있는 도야마 시는 지속 가능하고 균형적이며 포괄적인 도시의 성장이 무엇인지를 보여준다.*

도야마 시가 지속 가능한 도시경영을 목표로 한 '콤팩트 시티 선진 모델', '사람을 위한 도시'로 국제사회에서 주목을 받기까지

* 후지요시 마사하루, 이토록 멋진 마을, 황소자리, 2016, p.66.

모리 마사시 도야마 시장

1952년	도야마 시 출생
	도야마 추부 고등학교(富山中部高校)
	주오 대학(中央大学) 법학부 졸업
1977년	법무사(司法書士) · 행정서사(行政書士) 사무소 개설
1995년	도야마 현 의회 의원에 첫 당선
1999년	도야마 현 의회 의원에 재선
2002년	(구) 도야마 시장 초선 (2005년 3월 31일까지)
2005년	새로운 도야마 시장에 첫 당선 (시정촌 합병)
2009년	도야마 시장 재선
2013년	도야마 시장 재선
2017년	도야마 시장 재선
2021년	도야마 시장직 퇴임

는 도야마를 더 좋은 삶의 터전으로 만들고자 하는 많은 사람의 노력이 있었기 때문이다. 그리고 그 중심에는 2002년 취임해 2021년까지 시장직을 연임한 모리 마사시 도야마 시장이 있다.

모리 시장이 처음 도야마 시장으로 취임한 것은 도야마 시 합병 전인 2002년 1월, 그의 나이 49세가 되던 해다. 그는 취임 당시부터 "도야마 시는 다른 많은 지방도시와 마찬가지로 자동차 의존도가 높고, 도심 거주밀도가 낮아 자가용 없이는 이동이 제한된 확산형 마을입니다. 이런 마을은 30년 후에는 살아남을 수 없을 겁니다"라며 문제점을 지적했다.* 인구가 줄어 세수는 감소하는데 행정 유지관리비용은 증가한 것이다. 어쩔 수 없이 기금을 털어 필요한 사업의 재원으로 충당하였지만, 이 또한 인구가 많던 시절에는 이 모든 게 가능했지만, 현상을 재검토해야 했다. 도시의 확대를 막는 것이다.**

장기간 일관되고 지속적인 비전

모리 시장은 '대중교통을 축으로 한 콤팩트한 마을만들기'에 대한 비전을 제시하고 시민들이 그 가치를 새롭게 인식하도록 하여 도야마를 지속 가능한 도시, 살기 좋은 도시로 만들어나가고 있다. 도야마의 이런 전략이 성공사례로 꼽히는 이유는 도시정책의 흐름에 적합한 형태로 2002년부터 현재까지 약 20년이란 오랜 시간 동안 지역의 시장으로서 장기간 그의 철학과 기본 방침이 일관

* 京田憲明, コンパクトシティ戦略による富山型都市経営の構築, サービソロジー, 2015, p.27.

** 森口将之, 富山から拡がる交通革命: ライトレールから北陸新幹線開業に向けて, 交通新聞社, 2011, p.64.

성 있고 견실하게 추진되었기 때문이다.

2005년 주변 지역의 합병으로 새로운 도야마 시가 탄생하였다. 모리 시장은 새로운 도야마 시의 시장으로 재당선됨과 동시에 본격적으로 자가용 도시가 아닌 대중교통과 보행 중심의 '콤팩트한 마을'을 만들어가기 시작했다. 가장 먼저 시의 제도적 틀을 정비하고, 시민들의 삶의 질을 개선할 수 있는 다양한 사업을 구조적으로 추진해 나갔다. '대중교통을 축으로 한 콤팩트한 마을만들기'를 목표로 설정하고 대중교통의 주행빈도나 시설 환경을 정비하여 이동을 편리하게 하였다. 중심시가지 및 대중교통 연선지역에 도시 기능을 집적시켜 거주자를 유도하는 것이다.

여기서 주목해야 할 것은 모리 시장이 제안하는 콤팩트한 마을 만들기는 하루아침의 결과물이 아니다. 정치 지도자가 바뀔 때마다 정책이나 국가 발전 방향이 바뀌는 등 정책의 연속성 부족이 당연했던 우리에게는 놀라운 일이 아닐 수 없다.

도야마 시는 추상적으로 도시의 결과물을 만들지 않는다. 문제를 구체적으로 다루면서 실제로 연결된 사업을 진행해 나가고 있다. 도시는 단기간의 성과물이 아님에도 불구하고 비교적 짧은 임기로 인해 고위공직자들은 보여주기식 성과에 집착한다. 하지만 모리 시장은 미래를 정확히 예측하고 다음 세대에 물려줄 도시를 설계한다는 방침을 세웠다. 이것이 우리가 도야마 그리고 모리 시장으로부터 배워야 할 점이다.

트렌드 · 융합 · 리더십

모리 시장은 시간이 나면 사비를 들여 해외 탐방을 나간다. 해외 도시의 창의적인 정책과 트렌드를 학습하여 자신만의 도시 철학을 도야마의 변혁에 반영하기 위해서다. 그런 경험이 반영된 대표적인 성과가 트램과 자전거 공유 시스템이다.

포트램은 미국 포틀랜드 시의 트램 시스템을, 센트램은 오스트리아 비엔나의 순환도로인 링슈트라세Ringstrasse를, 그리고 공공자전거 공유 시스템 아뷔레는 파리와 바르셀로나의 자전거 공유 시스템을 벤치마킹하였다. 2008년 바르셀로나의 '바이싱'을 시찰하며 공유 자전거 시스템의 필요성을 인식한 모리 시장은 프랑스의 벨리브 시스템을 도입하였는데,* 벨리브가 자전거 도입에 따른 경쟁력 확보 및 시스템의 지속적인 관리 등 도야마의 도시상과 맞았다.

그는 이러한 과정을 통해 겉모습만을 베끼는 것이 아닌, 경영수법부터 시스템까지 세심히 조사해 도입에 참고하고 있다. 다른 사람들보다 앞서서 현재 트렌드를 읽고, 미래의 트렌드를 상상하면서 각 도시가 저마다 자신들의 상황을 개선하기 위해 진행해온 과정을 탐색하고 재창조하여 도야마 시에 적용하였다.

참여를 유도하다

모든 변화는 생각을 행동으로 옮기려는 결심에서 시작된다. 그리고 그 결심을 실행하기 위해서는 이해당사자들의 참여와 합의가 중요하다. 모리 시장은 '대중교통을 축으로 한 콤팩트한 마을 만들기'에 대한 시책을 무작정 밀고 나가지 않았다. 대다수 시민

* 바이싱(Bicing)은 미국 클리어 채널(Clear Channel) 사가 운영하는 시스템이며, 벨리브(Velib)는 프랑스 제이씨데코(JCDecaux) 사가 운영한다.

이 지지하는 정책일지라도 소수의 격렬한 반대에 가로막히면 성공할 수 없다는 것을 알기에 그는 소수의견에도 귀 기울였다.

모리 시장은 탁상행정이 아니라 발로 뛰는 현장 행정을 추진했다. 의견을 수렴한다는 형식적인 보여주기식 소통을 위해 현장을 방문하지 않았다. 그는 2005년부터 수백 회가 넘는 마을회의에 참석해 시민들이 진정으로 필요로 하는 것을 헤아리고 정책을 설득했다. 왜 도시 구조가 바뀌어야 하는지, 그로 인해 도야마 시의 미래가 어떻게 바뀔지 등 콤팩트한 마을만들기의 필요성과 사업의 중요성을 끊임없이 토론하고 설득해 시민들의 이해를 끌어냈다. 규제로는 지역주민들을 움직일 수 없기에 도심부의 매력을 높이기 위한 활동에 주민들이 참여하도록 유도할 방법을 모색하고 소통함으로써 사람들을 도심으로 모이게 했다.

"그 지역의 전문가는 주민이다"라는 말처럼, 주민이 원하는 것이 무엇인지 이해하고 주민들의 능동적이고 적극적인 참여를 이끌어 지역주민들의 삶을 디자인하는 것이 진정한 리더의 역할이다.

향토애

모리 시장이 지역주민들과 순조롭게 소통할 수 있었던 데는 그들과의 공통점인 '향토애' 때문이라 생각한다. 1952년 도야마에서 태어난 모리 시장은 대학 시절 약 5년 반 정도 도쿄에서 생활한 것을 제외하면 인생의 대부분을 도야마 시민으로 지내왔다. 도야마에서 나고 자란 그가 도야마에 대한 남다른 애정으로 지역사회 발전을 이루고자 했으며, 이러한 그의 열정이 시민들의 마음과 머리를 움직이게 한 것이다.

누구보다 도야마를 잘 알고 있는 시민의 한 사람이자, 대중이 인정해주는 자질이 뛰어난 사람으로서 지역 사랑과 소속감 · 자부심을 바탕으로 좋은 도시의 본보기를 제시하였다.

사람들은 리더십에 대해 종종 오해하곤 한다. 높은 지위에 오르거나 조직의 수장을 리더라고 생각한다. 물론 어느 조직이든 리더가 미치는 영향은 크다. 모리 시장을 통해 본 리더의 기본자질은 윤리성과 도덕성을 갖고 있으며 애향심이 강하고 민주적 사고와 자치 정신 그리고 실천력 또한 밑받침되어야 한다. 그는 본인이 나고 자란 도시를 사랑하는 마음으로 현명한 정책을 실행하는데 필요한 전문적인 지식을 갖춘 정의로운 사람으로 모든 시민에게 좋은 삶을 제공한다.

수직적 · 수평적 세계관

도야마 시의 성장은 장기간의 헌신적인 정책과 실천의 결과이며, 여기엔 모리 시장의 수직적 · 수평적 세계관이 있다. 여기서 수직적 세계관은 하드웨어Hardware, 수평적 세계관은 소프트웨어Software의 관점에서 이야기하고자 한다.

하드웨어는 도시의 물리적 환경인 도시구조이며, 소프트웨어는 각종 정책 및 서비스다. 하드웨어 측면에선, 철도와 버스의 노선을 대중교통 축으로 설정하고 도야마 역을 중심으로 파생되어 나가는 형태로 도시구조를 도심지구, 지역생활거점, 역 · 정류장 등 도보권으로 재편했다. 도심부로의 일극집중이 아닌 도시를 계층적으로 재배분하고 역을 중심으로(철도역 기준 반경 500m 이내,

버스정류장 기준 반경 300m 이내) 주거 및 상업 · 업무 · 문화 등 인프라를 집약시켰다.

소프트웨어 측면에선, 중심 교통 축 이외에도 지역 특성에 맞는 시내버스, 커뮤니티 버스 등 다양한 교통 시스템을 구축하여 도심 접근성을 높였다. 노선만 새롭게 개통하는 것이 아닌 대중교통망 연선沿線 구역 거주를 유도하기 위한 보조금 지급, 대중교통을 저렴하게 이용하는 IC카드, 외출정기권, 여행객을 위한 트램 무료 승차권 등 교통 서비스를 도입했다.

도시 공간을 구획별로 구분하는 물리적 환경 개선과 함께 도야마 지역에 거주하는 시민 모두가 행복한 권리를 누릴 수 있게 지역 · 계층에 관계없이 서비스 이용을 보장하는 것이 하드웨어와 소프트웨어의 조화이고 우리가 배워야 할 점이다. 인구감소 문제를 단순히 숫자로 이해해선 안 된다. 인구감소가 계속되는 가운데 도시의 존재 방식에 대한 재검토가 필요하다. 인구가 감소하고 경제가 축소하는 상황에서는 고도성장기처럼 지역의 모든 곳이 부흥할 수는 없다. 한정된 자금으로 다 같은 수준의 서비스를 제공하는 것이 불가능하다. 따라서 각 지역의 특성에 맞춘 선택과 집중이 필요하다.

정의로운 정책 구현

모리 시장은 어떻게 20년이란 오랜 시간 동안 도야마의 시장으로서 시민의 사랑과 존경을 받아왔을까? 정의로운 정책을 구현하는 리더였기 때문이다.

누구나 아는 것을 행동으로 옮기는 사람은 많지 않다. 모리 시장은 도시의 문제를 진지하게 다루는 정책을 구성하고, 이 문제를 시민의 관심사라는 폭넓은 영역으로 이끌어 공동선을 추구하였다. 그는 지역의 현황을 정확히 파악하고 한정된 자원을 활용하는가 하면 모두를 위한 서비스로 지금의 도야마를 만들었다. 이런 다양한 사회지원 시스템에서 발견되는 도야마 시만의 아이디어는 모리 시장이 시민을 얼마나 사랑하고 존경하고 있는지를 보여준다.

우리는 각종 기회로부터 배제되지 않고 모든 세대가 함께 어울려 살아갈 수 있는 지역을 위한, 정의로운 정책을 구현하는 정치인, 리더를 원한다. '얼마나 많은 서비스를 제공했는지' 대신 '서비스를 제공함으로써 어떤 효과가 있었는지'를 중시하는 것이 요구된다. 양적 성장이 아닌 질적 성장으로 눈을 돌려야 한다.

제 3 장

독창적인 대중교통망

南富山駅前
T103A

도시는 사람이 필요로 하는 복합적인 기능을 담고 있는 공간이자 삶의 공간으로, 사람이 주체가 되어 공간을 이용하고 여러 활동을 하면서 활기를 찾는다. 이 과정에서 사람들의 이동이 발생한다. 교통 분야에서의 이동성은 '한 지역에서 다른 지역으로 얼마나 빨리 이동할 수 있는가'를 나타내는 것이며, 대중교통으로 본다면 '승객이 대중교통을 이용해 출발지에서 목적지까지 이동하기 쉬운 정도'로 정의된다.* 즉, 이동성은 장소적 이동이라는 자체의 목적뿐만 아니라 인간의 기본적인 생활을 영위하기 위한 수단으로써 중요한 역할을 한다. 따라서 도시 공간에서 얼마나 원활히 움직일 수 있는가는 개개인의 삶의 질에 영향을 주며, 이는 도시가 시민들에게 제공하는 대중교통 환경과 밀접하게 연결된다.

도야마 현의 가구당 자동차 보유대수는 1.73대로 전국 2위(2005년 3월 기준), 자동차 교통 분담률은 72.2%로 전국 1위였다. 도로가 잘 정비되어 있어 자동차로의 이동이 편리한 도야마에서는 자가용이 교통의 중심이었으며, 이에 따라 도시는 외곽으로 팽창되는 확산 형태가 되었다. 대다수 시민이 자동차로 이동한다는 것은 대중교통 이용자가 줄었다는 것을 의미한다. 1989-2004년 대중교통 이용자 지표를 보면 JR 철도는 29%, 시내전차 43%, 노선버스는 70%나 감소했으며 버스 운행수도 40%나 줄었다.** 이러한 사회적 흐름은 저밀도 시가지 확산에 따른 도시 관리비용의 증가, 자동차에 대한 높은 의존으로 인한 대중교통의 급속한 쇠퇴를 촉진시

* 홍상연 외, 서울시 대중교통 서비스 취약구간 평가방법 개발과 적용방안, 서울연구원, 2019, p.6.

** 도야마 시 도시 정비부 교통정책과, 도야마 시 대중교통 활성화 계획, 도야마 시 홈페이지, 2007.

켰다. 뿐만 아니라 시가지의 교외 확산은 도심 공동화로 인한 활력 감소로 직결되었다.

일본은 2050년이면 65세 이상 고령인구비율이 40%에 달하고, 총인구는 9,500만 명 전후로 떨어질 것으로 예상한다. 도야마 시 역시 총인구는 2005년을 정점으로 감소세로 돌아서고 있으며, 2040년에는 그 수가 약 20% 줄어들 것으로 예상한다. 반면 75세 이상, 이른바 후기 고령자는 꾸준히 증가해 2030년에는 30%를 넘는다는 예측이 나오고 있다.

2006년 도야마 시의 대중교통에 관한 시민 의식 조사에 따르면 운전면허가 없거나 자가용이 없는 등의 이유로 '자유롭게 이동할 수 없는' 즉, 교통 난민의 비율은 30%에 달하였다. 그중 60대 이상 고령자는 무려 70%를 차지했다. 물론 자가용을 사용하는 사람에게는 문제가 아니겠지만, 이용자 감소로 대중교통 서비스 또한 쇠퇴하고 있었기 때문에 자동차를 자유롭게 사용하지 못하는

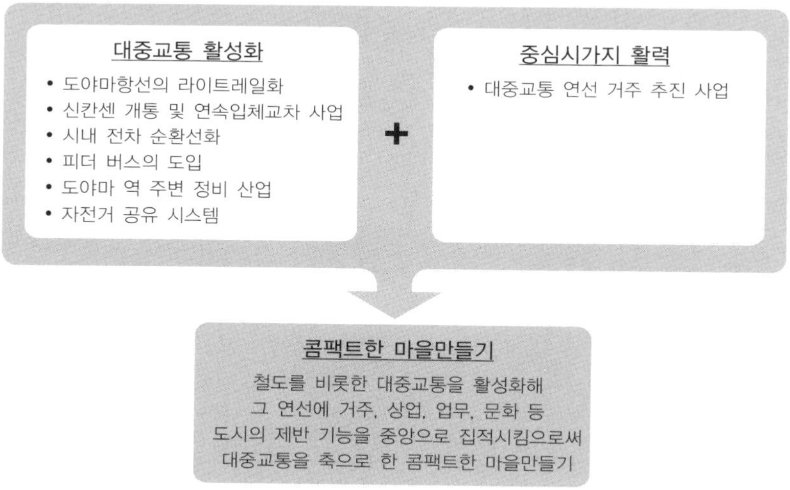

도야마 시 콤팩트한 마을만들기 개념도

시민들에게 도야마는 생활하기 불편한 도시가 되어가고 있었다.

다른 여느 지방도시처럼 도야마 시도 교통의 접근성, 이동성에 과감한 조치가 필요했다. 개인의 특성에 따라 공간에 대한 인식이 다르고, 이동수단에 따라 행동 패턴이 다양화하는 것처럼, 도시 공간도 교통수단의 종류에 따라 다양한 구조를 띠게 된다. 이에 도야마 시는 향후 인구구조 변화에 대비하여 자가용에 의존하지 않고도 생활이 편리한 도시를 위해 나섰다.

도야마 시가 찾은 해법은 대중교통의 활성화다. 대중교통의 이동성을 높이고 자가용 없이도 주요시설을 이용할 수 있도록 정책을 개선하고, 복합 체계를 지닌 대중교통 네트워크를 구축하는 것이다. 또한, 이와 연계하여 도시 활력 저하에 대한 대응책으로 대중교통 연선 거주 추진사업, 중심시가지 활성화 사업을 함께 진

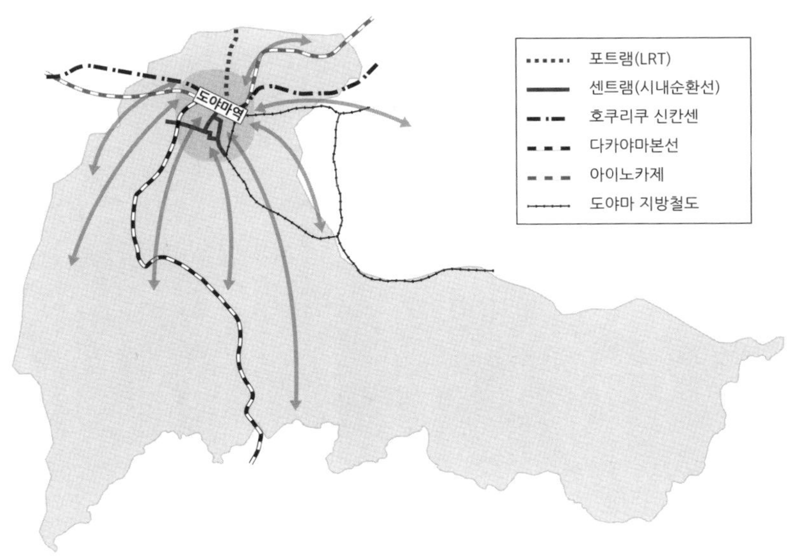

도야마 역을 중심으로 한 대중교통 노선

행하였다.

본 장에서는 콤팩트한 마을만들기와 함께 자가용에서 대중교통으로의 전환을 유도하기 위한 교통 시스템을 정책적으로 추진하고 있는 사례를 살펴보고자 한다.

도야마 역 전경

트램

포트램 · 센트램

모리 시장은 2003년 '도야마 대중교통 활성화 계획'을 발표하고, 2006년 라이트 레일인 포트램을, 2009년에는 시내 순환선인 센트램을 개통했다.

포트램(라이트 레일)

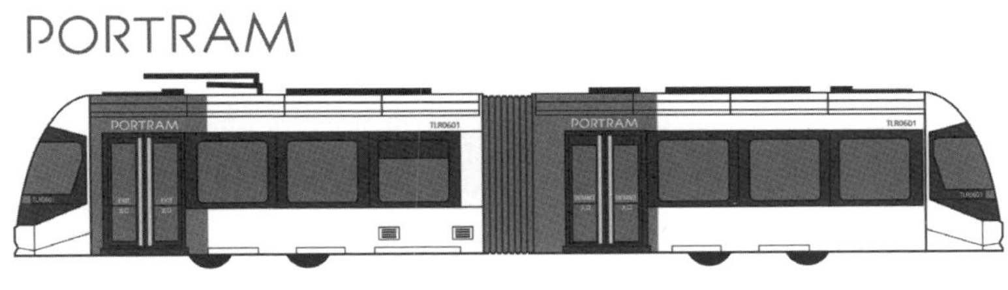

포트램 디자인

도야마 항과 도야마 역을 왕복하는 트램이라는 뜻의 '포트램 Portram'은 도야마 역에서부터 무역으로 번영한 항구 도시 '이와세하마 역'을 향해 달린다. 전기를 이용해 도로 위의 레일을 부드럽게 달리는 포트램은 일본 최초의 라이트 레일LRT: Light rail transit이자, JR 서일본 여객철도가 약 80년 동안 운행하였던 도야마항선을 재활용한 것으로 그 의미가 크다.

도야마항선의 역사*

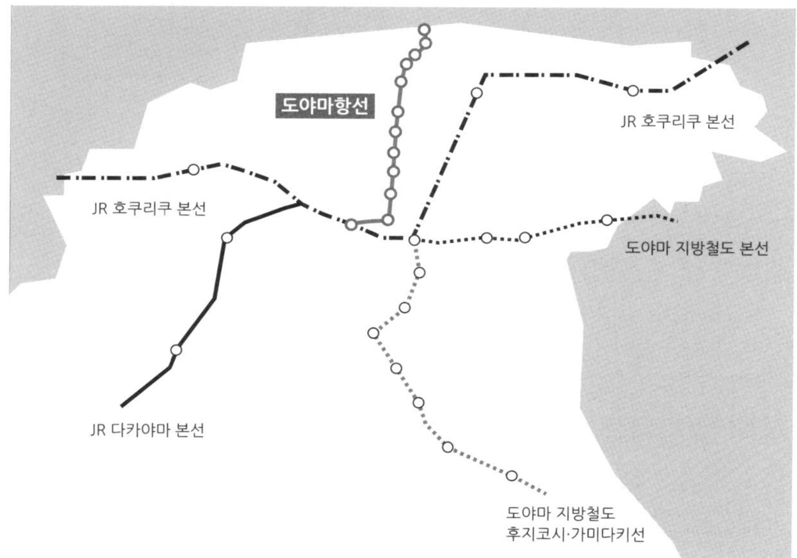

과거 도야마항선 노선을 보여주는 지도

도야마 라이트 레일의 궤도인 도야마항선은 도야마 역 북쪽부터 이와세하마를 잇는 약 8㎞의 철도였다. 도야마항선이 주목받은 것은 도야마 라이트 레일이 개통한 2006년이지만 그 역사는 꽤 오래전부터다. 도야마항선의 역사는 1924년 도야마의 '富'와 이와세하마의 '岩'를 따서 '후간'이라고 명명된 후간철도富岩鉄道 주식회사**가 전기철도를 개업한 것으로 시작되며, 1928년에는 도야마구치 역富山口駅과 이와세하마 역岩瀬浜駅을 운행하는 노선이 개통

* 레일웨이즈: 사랑을 전할 수 없는 어른들에게(RAILWAYS 2, 2011), RAILWAYS 愛を伝えられない大人たちへ

** 과거 존재했던 일본의 철도 사업자(사철)

됐다. 이 노선은 1943년 도야마 전기철도富山電気鉄道 그리고 도야마 지방철도富山地方鉄道를 거쳐, 1987년 국철 분할 민영화에 의해 서일본 여객철도(주)로 이관되어 현재의 도야마항선이 되었다고 기록되어 있다.

진즈카와神通川 하구 동쪽 끝에 있는 히가시이와세東岩瀬地区(현재 이와세하마) 지역은 에도 시대(1603-1868)부터 항구로 번성했던 곳으로 물자가 풍부했다. 게다가 메이지 시대(1868-1912)에는 항구 주변에 공장과 창고들이 형성되면서 도야마 항까지의 화물 및 물자 운송 경로로 매우 중요한 역할을 하였다.

도야마항선은 이러한 연선沿線 상황을 본 히가시이와세의 유지有志에 의해서 건설이 구체화되었다. 다이쇼 시대(1912-1926)에는 후에 도야마 대학으로 발전하는 도야마 구제 고등학교旧制高等学校가 하스마치蓮町에, 도야마 약학 전문학교薬学専門学校는 오쿠다마치奥田로 모두 연선에 있어 통학하는 학생들로 열차 이용객이 증가했다.

쇼와 시대(1926-1989)로 들어가면서는 인근 공장들이 군수 산업 시설로 전환하면서 더 많은 사람이 이용했다. 제2차 세계대전 전후로는 20분 간격으로 전차를 운행하였지만 늘 혼잡했다.* 그러나 1950-1960년 도야마 대학이 현재의 위치로 이전한데 이어 1970년대에는 산업구조의 변화와 함께 공장들이 교외로 이전하면서 사람들도 떠났다.

1990년대에는 자동차의 대중화로 물류의 이동 또한 철도에서 트럭으로 전환되었다. 교통의 중심이었던 도야마항선은 변화를 이기지 못했다. 1988년 하루에 6,500여 명이던 이용자가 2005년

* 森口将之, 富山から拡がる交通革命, ライトレルから北陸新幹線開業にむけて, 2011, pp.93-94.

에는 약 3,100명까지 줄었으며, 1970년 열차 운행 수는 35대에서 1988년에 25대로, 2004년에는 19대가 되었다. 이용자 수 감소는 서비스 수준의 저하로, 이는 다시 새로운 이용자 수 감소라는 전형적인 악순환으로 이어졌다. 대체 교통수단의 발달, 지역 인구의 감소로 인해 도야마항선은 존폐 위기를 맞았다.

생성 배경

도야마 시가 대중교통 활성화의 관점에서 처음 다룬 사업이 바로 이 도야마 라이트 레일화다. 이 사업은 2015년 호쿠리쿠 신칸센 개통을 목표로, 2001년 호쿠리쿠 신칸센 사업인가에 따라 철도로 분단된 남북 시가지를 일체화할 목적으로 2003년 도야마 역 주변의 연속입체교차 국가보조사업으로 채택되면서 시작되었다.

신칸센이 지금과 같은 도야마 역 부지 안으로 들어오려면 운행에 필요한 용지를 확보하기 위해 기존 재래선이 좁아지는 상황이었다.* 이를 계기로 '도야마항선의 고가화', '도야마항선을 폐지하고 버스로 대체', '도야마항선을 도로 내의 라이트 레일화하여 존속'이라는 세 가지 안건이 제시되었다.

이 중 도야마항선을 존속시키는 안건이 채택되어 2003년 5월 구체적인 구상안이 발표되었고, 두 달 후인 7월에는 라이트 레일 검토위원회가 설치되었으며, 마을만들기의 관점에서도 라이트 레일화가 적합하다고 판단했다. 2004년 4월에는 제3섹터인 도야마 라이트 레일 주식회사(이하 도야마 라이트 레일)를 설립, 경영권을 JR 서일본에서 제3섹터로 이관하였다. 건설이나 유지 · 관리는 행

* 京田憲明, コンパクトシティ戦略による富山型都市経営の構築, サービソロジー, 2巻 1号, 2015, p.28.

정이 부담하고, 차량과 정류장의 운영은 인수하는 새 회사가 운임 수입으로 충당한다는 '공설 민영'을 반영하였다.

이용자 감소로 폐선 위기에 있던 도야마항선은 포트램이란 이름의 라이트레일로 다시 태어났다. 그리고 이 중심에는 모리 시장이 있었다. 현 의회 의원 시절 '대중교통은 공비를 들여 존속한다'라는 것을 강조하고, 시장이 되고부터는 '대중교통을 축으로 한 콤팩트한 마을만들기'를 제안한 그에게 있어서 도야마항선의 존속은 당연했다.*

모리 시장은 노선 주변의 자치진흥회가 중심이 되어 2003년에 조직된 '도야마항선을 키우는 모임富山港線を育てる会' 등 시민의식을 가질 수 있는 조직이 설립된 것을 큰 힘으로 지목하였다. 시민과 시내의 기업들 역시 적극적으로 응원해주었다고 덧붙였다. 포트램은 위원회의 제안과 주민 설문조사의 의견을 반영해 진행된 결과다.

사업 개요

포트램은 JR 도야마항선을 활용한 6.5km의 기존 철도 구간과 도로에 새로 부설한 1.1km의 궤도 구간을 합한 약 7.6km 길이의 노선이다. 도로를 주행하는 것은 약 1.1km로 전체 구간 대비 극히 일부이지만 트램이 그대로 궤도를 달리므로 라이트 레일이라는 호칭이 어울린다 할 수 있다. 이전 JR 도야마항선의 일부 구간은 폐지되고 폐지된 구간은 도야마 역 주변에 새롭게 부설된 1.1km의 궤도로 대체하였으며, 오쿠타추가코마에부터는 기존 선로를 이용

* 森口将之, 富山から拡がる交通革命, ライトレルから北陸新幹線開業にむけて, 2011, pp.96–98.

도심을 운행하는 포트램

하였다. 철도 구간에는 3개의 정류장이, 궤도 구간에는 2개의 정류장이 신설되었다.

남겨진 철도 구간에는 트램 사양에 맞는 시설 공사가 필요했다. 철도사업법 및 궤도법에 따라 허가(궤도의 경우는 특허라고 부른다)와 시공 신청은 2004년 11월, 시공 허가는 이듬해 2월에 받아 즉시 공사가 진행되었다. 철도선은 이전 JR 시대의 것을 대부분 그대로

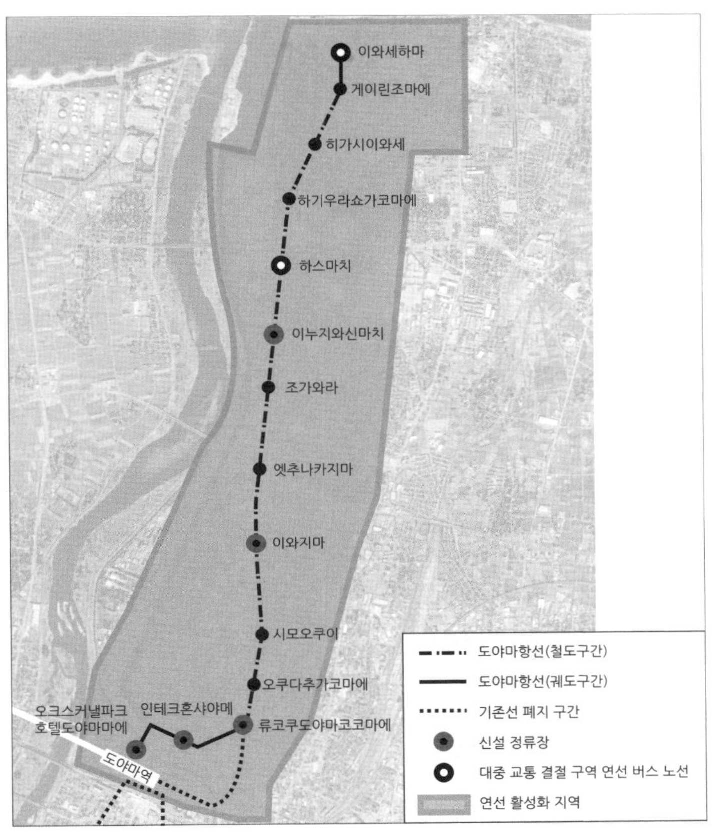

포트램 노선

사용하였지만, 가선 전압은 궤도에 맞춰 600V로 하였다.

포트램은 시설 공사에 더해 열차 운행빈도 향상, 운행시간 연장, 신규 차량의 도입, 역(정류장) 신설, IC카드 시스템 도입, 새로운 궤도기술 도입 등 교통 서비스도 향상되었다.* 이용자를 늘리기 위해 배차 간격을 기존 30분에서 피크타임은 10분, 그 외 시간

* 深山, なぜ富山市では LRT 導入に成功できたのか？ －政策プロセスの観点からみた分析－, 運輸政策研究機構(Transport policy studies' review) 10(1), 2007, pp.23–24.

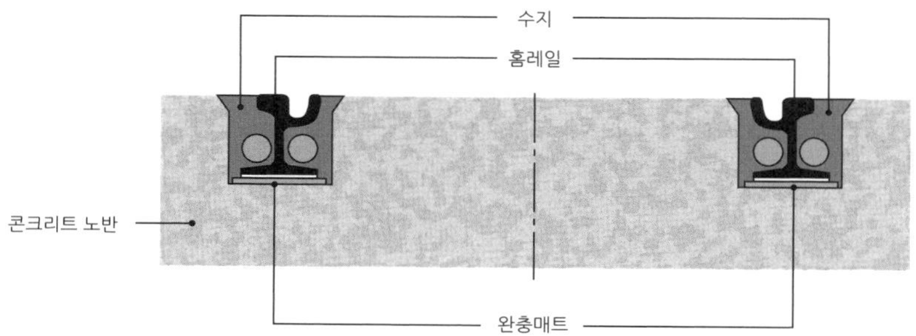

매립형 궤도 시스템(수지 고정형) 단면도

은 15분으로 변경하고, 막차 시간도 오후 9시 30분에서 11시 15분으로 늦췄다. 배차 간격이 줄자 운행 편수도 하루 19대에서 66대로 늘었다. 운행 간격과 막차 시간에 대한 조정은 주민을 대상으로 한 설문조사의 2/3를 차지한 항목이기도 했다. 도야마 라이트레일의 전체 노선은 도야마 역부터 이와세하마 역까지 7.6㎞로, 14개 정거장을 지나는 데 약 25분이 소요된다.

새로운 궤도 기술 도입에 대해서는 주행 시 소음과 진동을 줄여달라는 주민들의 의견이 있었다. 이에 도야마 시는 콘크리트 노반road bed에 홈을 만들고, 수지resin를 흘려 넣어 레일을 고정하는 구조인 수지 고정 궤도 기술을 도입하였다. 구마모토 시 교통국 선로공사에 사용한 방법인 수지 고정 궤도 구조는 레일이 절연 수지로 덮여 있어 레일의 파상, 마모 및 누설 전류에 의한 부식electrolytic corrosion이 없다. 매립형 궤도 시스템으로도 불리는 이 방법은 유지·보수의 번거로움도 줄여 관리비를 감소할 수 있으며 주행 시 소음 진동을 줄이는 효과가 있다. 또한 포트램의 출발점인 도야마 역 북쪽에서는 녹색 선로를 볼 수 있다. 이것은 유럽의 전차에서 흔히 볼 수 있는 방식 중 하나로, 궤도와 레일 사이에 잔디를 심어 환

궤도와 레일 사이에 잔디를 심어 소음을 감소시킨 궤도 레일

포트램 레일 철로 및 노면 궤도

경친화적인 교통수단으로 인식되고 수지 고정형 궤도와 마찬가지로 소음 감소에도 효과가 있다.* 시속 70km로 달리는 전차라 하면 소음을 내며 둔탁하게 달리는 모습을 상상할지 모르겠지만, 포트램은 주행 소음이 거의 없으며, 가 · 감속은 박진감 있고 부드럽다.

지방도시는 철도 운임수입만으로는 시설을 운영하기 곤란하다. 따라서 지방도시의 철도를 유지하기 위해서는 철도 사업자의 노력과 정부 · 지자체의 적절한 관여가 필요하다. 이에 '공설 민영' 개념을 도입했다. 시설의 건설비와 유지 · 관리비는 도야마 시가 부담하고, 교통 서비스 제공 · 차량과 정류장 시설의 운영 및 유지 · 관리는 운임수입에 따라 새롭게 설립한 제3섹터인 도야마 라이트 레일 주식회사가 맡는다.

도야마 시 도시정비부 노면전차 추진실 자료에 의하면 시설 정비 등 사업에 든 비용은 총 약 58억 엔(당시 원화 6,470억 원)으로, 사업비 재원은 연속입체교차 사업으로부터의 부담금이나 국고보조를 활용했다. 또한, JR 서일본으로부터 협력금도 있어 실질적인 시의 부담은 크게 줄일 수 있었다.

항목별 사업 소요비용은 연속입체교차 사업 33억 엔, 트램 주행공간 개축사업 8억 엔, 라이트레일 시스템 정비비 보조 7억 엔, 도야마 시 단독 보조 사업 약 10억 엔으로 산출되었다.(사업자 부담에 대해서도 도야마 시가 사업자에게 단독 보조금으로 지출)** 세부적으로 본다면 궤도 구간에 15.5억 엔, 철도 구간에 24억 엔, 차량에 지출된 비용은 18억 5,000만 엔이다. 운영비는 연간 3억 엔으로 예

* 森口将之, 富山から拡がる交通革命, ライトレルから北陸新幹線開業にむけて, 2011, pp.100-101

** 深山剛, なぜ富山市ではLRT導入に成功したのか? 運輸政策研究, Vol 10 No.1, 2007, p.24

상하며, 이 중 시설의 유지 · 관리를 제외한 2억 엔은 포트램(도야마 라이트 레일)의 운임 수입으로 충당한다.

디자인 특징

포트램을 이야기할 때 함께 언급되는 부분이 바로 디자인이다. 포트램은 단순히 기능적인 마을만들기를 목표로 한 것이 아니라 마을만들기와 연계해 도야마의 새로운 생활 가치와 풍경을 창조해 나간 결과다. 이에 안전한 수송과 쾌적성, 편리성, 환경친화적인 디자인을 통해 지역주민들로부터 사랑받을 수 있도록 차량, 정류장, 로고를 종합적으로 고려해 디자인하였다.

포트램의 디자인은 종합 디자인 기업 GK 디자인 그룹의 GK 설계, GK 인더스트리얼 디자인, GK 디자인 연구소 히로시마와 도야마 현지의 시마즈 환경 그래픽 유한회사 디자인 팀이 담당하였다. GK 설계는 전체 방향 설정 및 관련 시설의 디자인을, GK 인더스트리얼 디자인은 차량 디자인, 시마즈 환경 그래픽은 비주얼 아이덴티티, GK 디자인 연구소 히로시마는 광고 및 홍보 계획을 진행하였다. 로고는 도야마의 'T'를 심벌화하고 색상은 파란색을 활용하여 도야마 항의 심층수를 이미지화하였다.

PORTRAM

TOYAMA LIGHT RAIL PORTRAM SINCE 2006

ポートラム

도야마 라이트 레일 포트램 로고 디자인

차량

미래지향적인 디자인을 자랑하는 포트램의 외관은 산뜻하게 도시로 녹아드는 다테야마 연봉의 눈이 모티브가 되었다. 편성 차량은 8대(TLR0601-TLR0608)로, 무지개 색 7가지(레드, 오렌지, 옐로우, 옐로우그린, 그린, 블루, 퍼플)와 실버, 총 8가지 색을 주제로 하여 도야마의 풍성한 자연과 미래를 상징, 각각의 개성이 두드러지도록 디자인하였다. 차량 전체는 화이트를 기조색으로 하여 8가지 색을 승강구 주위에만 활용해 단순함을 강조하였다.* 선명한

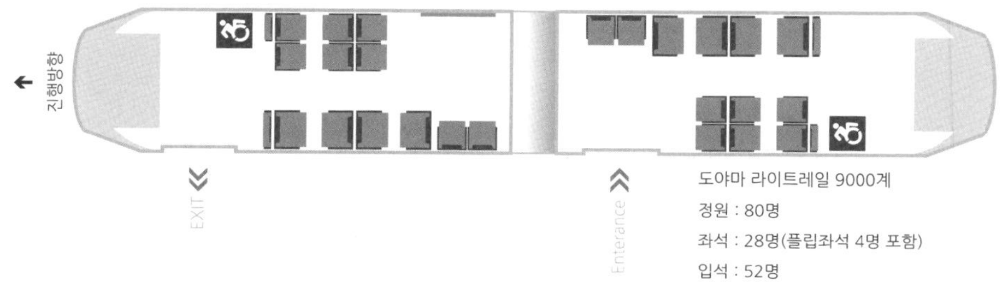

진행 방향을 기준으로 왼편 출입문을 이용하는 승하차 시스템

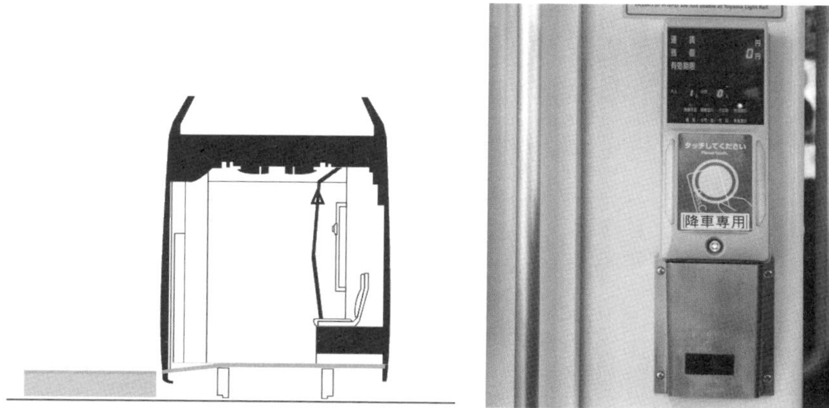

스텝 장벽이 낮아 이용이 편리

배리어프리를 구현한 손잡이, 하차 벨

* 도야마 시 관광 공식 사이트 TOYAMA Net(https://www.toyamashi-kankoukyoukai.jp/)

사람에 대한 배려를 볼 수 있는 포트램 내부

8가지 컬러는 도야마의 자연, 지구의 미래, 아이들의 미소를 추상화해 꿈과 활기뿐 아니라 기능성과 안전성도 표현한다. 그리고 2020년 도야마 역을 중심으로 도야마 시의 북쪽 지역을 달리는 포트램과 남쪽 지역을 달리는 센트램을 연결하는 남북 전차화 사업의 진행에 따라 2019년 3월 16일에는 포트램을 추가로 편성하였다. TLR0608형의 포트램은 기존 이미지와는 달리 '도시적인', '미래'를 상징하는 실버를 적용하여 세련된 이미지를 강조하였다.

차량 내부는 외관과 달리 8대 모두 디자인이 같다. 흰색과 회색을 기본으로 하여 차분한 분위기를 연출하였고, 창문을 크게 하여 밝고 깨끗한 이미지가 느껴지도록 하였다. 편안한 좌석을 확보하기 위해 넓게 설계된 시트는 검은색을 기반으로 로고와 같은 파란색을 활용하여 통일감을 주었다. 승강구, 스텝 주위, 하차 벨, 카드 단말기 등에는 노란색을 넣어 안전성을 강조하였다. 또한, 포트램의 차체 바닥은 레일 상부까지 불과 300-360㎜다. 바닥이 낮고 계단이 없는 저상차량이지만 운행 시 전혀 지장이 없고 유모차나 휠체어로도 편리하게 승하차할 수 있다.

정류장

정류장은 돛대를 모티브로 하는 등 로컬 요소를 도입했다. 녹회색 기둥 사이의 유리 마감 뒷면에는 역 주변의 역사와 세시기歲時記* 등을 소개해 각 전차 정류장을 개성 있게 표현하였다. 정류장에 설치된 벤치는 모두 접이식 구조이며 따뜻함을 표현하기 위해 재생 목재를 사용했다. 시민과 기업이 한 사람 당 5만 엔씩 기

* 계어(季語)를 모아서 사계절별 또는 월별로 나누어 분류, 정리하고 해설을 덧붙이거나 예로 들고 있는 구(句)를 집대성한 것이다.

부하여 총 168개의 벤치를 설치하고 기부자 이름을 새긴 메달을 벤치 위에 장착하였다.

포트램이 멋스러워 보이는 또 다른 이유는 광고에 있다. 광고를 차량에는 게시하지 않고, 역이나 정류장에 화려함을 억제한 채 경관에 스며들 수 있도록 게시해 깔끔함이 돋보인다. 스폰서 아트라고 불리는 큰 광고 패널은 현지 그래픽 디자이너가 디자인하고 기업이 그 공간을 구입하되 회사명은 작게 넣는 형태의 협찬이다.

포트램 정류장 디자인

포트램 정류장 광고

정류장에 부착된 벤치 기부 메달

센트램(시내 순환선)

CENTRAM

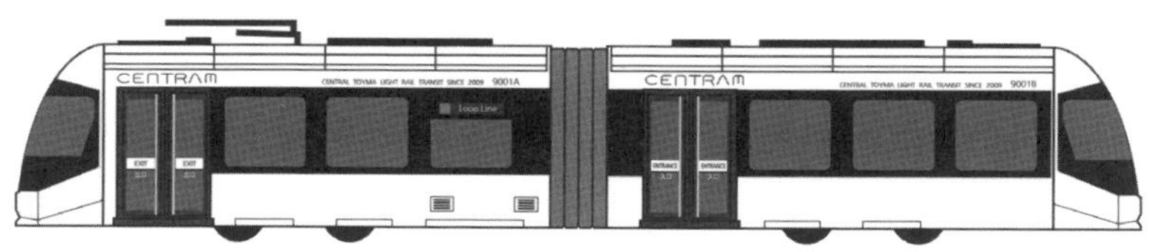

센트램 디자인

도야마 시는 과거 중심시가지를 운행하던 시내 전차 순환선을 36년 만에 부활시켰다. 2009년 12월 첫 운행을 시작한 센트램Centram은 중심시가지를 운행하는 시내 전차 궤도를 고리화하여 도심의 회유성 강화 및 중심시가지 활성화를 도모할 목적으로 운행을 개시했다. 도심의 중앙을 순환하는 트램이라는 뜻의 '센트램'은 도야마 역과 중심시가지를 연결하며 도심에 활력을 불어넣고 있다. 도야마 시내 13개 정류장을 운행하는 센트램은 길이 3.4㎞로 도야마 역에서 출발하여 도심을 반시계방향으로 순환하며 압축 도시를 위한 교통망을 형성한다.

센트램 개통 이전의 시내 전차 순환선 역사

센트램은 1913년 (주)도야마 전기궤도가 길이 5㎞의 시내 전차 노선을 개통한 것으로부터 시작된다. 당시 전차는 도야마에키마에-교신카이조마에(현재 오마치) 사이를 오가는 본선과 도야마에키마에-소가와(현재 마루노우치)-니시초 사이를 오가는 지선을 운행했다. 그 뒤 노선의 연장과 주변의 철도 회사와의 합병 등을 거쳐* 1943년 현재의 체계로 발전했다.

제2차 세계대전의 공습으로 전 노선이 파괴되었지만, 전쟁 직후 순차적으로 복구 사업을 시행해 1952년부터 시내 궤도정비계획에 의한 대대적인 개보수를 단행하며 1954년에는 10.7km로 다시 운행을 재개했다.

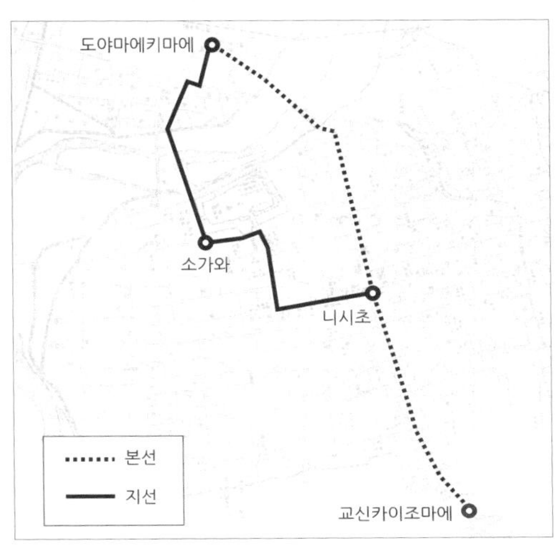

과거 시내 전차 순환선 지도

1961년 전후에는 운행이 활발해져 1967년에는 현재와 비슷한 경로로 개정되었다.

그러나 이즈음 시내 전차는 모터리제이션으로 인해 이용객이 점차 감소하고 있었다. 계속되는 승객 감소로 경영난이 개선되지 않던 상황에서 1972년에는 지테쓰비루마에-추코인마에 구간 1.4km가, 1973년에는 마루노우치-니시초 구간 0.9km가 폐지되었다. 1973년 영업을 마지막으로 60년을 달려온 순환선이 멈춰 섰다. 1961년 개통한 야마무로선 또한 이용객이 줄기는 마찬가지였다. 1980년대 운행 횟수는 하루 108회였지만, 평균 이용객은 고작 6명으로 버스 노선으로도 쉽게 흡수할 수 있는 수준이었다. 1984

* 1920년 경영 부진으로 8.9km의 궤도는 도야마 시에 이관, 1943년에는 교통 통합으로 10.8km의 시내 노선의 경영이 현재의 도야마 지방철도(주)로 인수되었다.

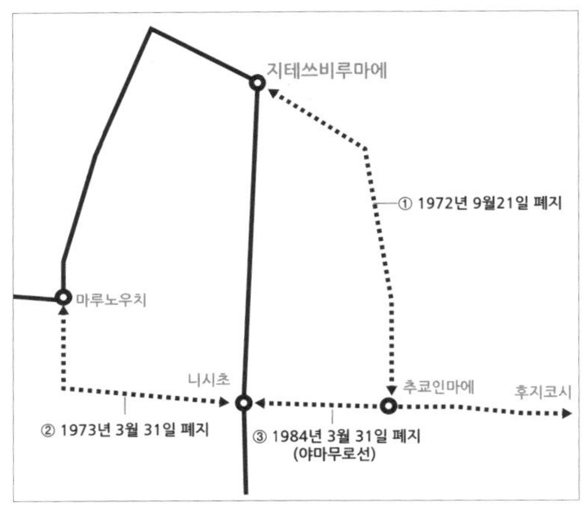

시내 전차 순환선의 변화

년 추쿄인마에 –후지코시 구간의 야마무로선 또한 폐지되었다. 전성기에는 10km 이상을 달리던 도야마 시내 전차의 노선은 2/3 이하인 6.44km까지 축소됐다. 결국, 도심과 교외를 연결하는 'U자' 형태의 노선만 남게 되었다.

도야마 시 도시정비부 자료에 의하면 도심지구(4.36㎢)의 야간인구*는 1963년 약 5.2만 명이었으나 2004년에는 절반인 2.4만 명으로 줄어든 반면, 주차장 면적은 1992년 약 0.27㎢에서 2004년에는 0.46㎢로 1.7배가 증가했다. 도심부에 살던 사람들이 교외로 이주하자 도로가 급속도로 정비되고 대중교통의 불편으로 자동차가 생활화된 것이다. 이런 이유로 도야마 시내 전차를 이용하는 사람이 줄어드는 것은 당연했다.

센트램 생성 배경

도야마 시는 왜 과거 시내 전차 순환선을 센트램으로 부활했을까? 그 이유는 마을 살리기에 있다. 도야마 시의 순환선 활성화 목표는 운임 수입이 아닌 활기찬 장소를 만드는 것이었다. 2005

* 지역의 야간 상주 인구수. 통근, 통학에 의해 낮과 밤의 인구 유동 형태가 달라지는데, 주간인구에 대비되는 단어다.

년 주변 시정촌의 합병으로 재시동을 건 도야마 시는 '공공교통의 편리성 향상', '활기 거점 창출', '마츠나카 거주 추진'에 중점을 두고 정부로부터 '중심시가지 활성화 기본계획(2012.4-2017.3)' 제1호로 인정받았다. 이 계획에서 중요한 프로젝트 중 하나가 시내 순환선화 사업이었다. 센트램 아이디어는 콤팩트한 마을만들기의 출발점이었다.

접근성 강화

도야마 시는 도야마 역 주변과 평화대로 주변 지구의 접근성을 강화했다. 도야마 역은 2015년 호쿠리쿠 신칸센 개통, 연속입체교차 사업 등 개발로 거점성과 중심성이 향상되었다. 평화대로 주변

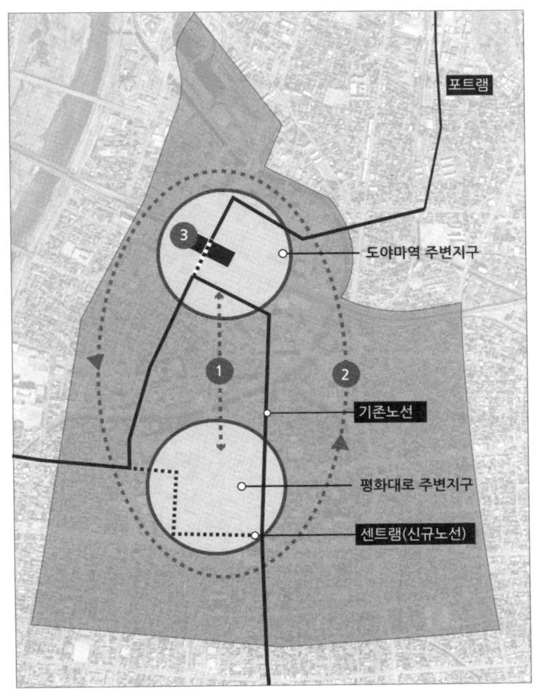

센트램 사업 배경

지구 역시 과거부터 상업이 번성했던 곳으로 다수의 재개발 사업에 의해 다시 기능의 집적이 추진되고 있다. 이에 도야마 역 주변과 평화대로 주변 구역을 대중교통으로 연결, 접근성을 강화함으로써 중심시가지 전체의 활성화를 촉진시킨다.

회유성 강화

더 많은 사람이 자동차를 두고 도심에 와서 오랜 시간 머문다면 이들의 보행활동이 증가하여 거리에는 생동감이 넘칠 것이다. 하지만 도야마 시 도심지구는 4.36㎢로 면적이 넓어 거주, 상업, 업무, 문화, 교류 등 제반 시설을 이용하는 데 보행만으로는 어렵다. 따라서 친숙하며 이용하기 쉬운 트램을 운행해 자가용 없이도 편리하고 살기 좋은 중심시가지를 실현해 지구 전체의 매력을 끌어올린다.

연계성 강화

도야마 시는 도야마 역 주변의 철도를 고가화함과 동시에 시의 남쪽 지역과 북쪽 지역을 트램으로 연결하는 사업을 진행했다. 교통 네트워크가 유기적으로 연결될 수 있도록 트램을 순환선화하면 운행노선이 편리하고 유연해진다. 도심의 다양한 용도를 대중교통으로 연계, 공백을 없애는 것이다. 이처럼 도심의 다양한 기능이 잘 연계되어 균형을 이룰 수 있도록 대중교통으로 묶어주는 것이 바로 순환선화 사업의 핵심이라 할 수 있다.

이 사업은 2005년 '도야마 시 종합 도시 교통 체계 마스터플랜'의 주요 사업으로 자리매김한 후, 도야마 시내 전철 순환선화 계획 검토위원회의 검토를 거쳐 2008년 2월 도시계획 변경과 함께 궤도 운송 고도화 시행 계획을 승인받았다. 2008년 3월, 가장 먼저 트램 운영에 영향을 미치지 않도록 지하 공간에 매설된 전선이나 수도 · 가스관의 이설 공사를 시작했다. 그리고 같은 해 12월 도야마 시와 도야마 지방철도와의 건설 협정 체결과 함께 본격적인 공사가 진행되었다. 2009년 1월부터는 차도 폭 넓히기, 가선 기둥 설치, 궤도 및 정거장 설치 등 선로 노반 공사를 차례로 착수했으며, 같은 해 선로 공사 완료와 함께 시범 운행을 시행했다. 그리고 2009년 12월 23일, 마침내 시내 전차 순환선이 개통됐다. 불과 1년 10개월이라는 단기간에 사업을 진행할 수 있었던 데는 신설구간이 900m밖에 없었던 것도 있지만 다수 관계자의 이해와 협력의 성과였다.

사업 개요

옛 순환선과 지금의 순환선은 경로가 다르다. 마을만들기 관점에서 생각하면 사람들이 더 몰리는 곳을 순회하도록 선정하는 것이 옳았기 때문에 도심부의 다양성과 활력, 역사적 자산과 장소적 매력을 높일 수 있는 위치에 신설 궤도를 정비하고자 했다. 새롭게 정비된 순환선은 마루노우치-오테마치-니시초 구역을 잇는 약 0.9㎞의 신설 궤도이며, 정류장과 주요 시설과의 거리를 고려하여 '고쿠사이카이기조마에', '오테몰', '그랜드플라자마에' 3개 정류장을 추가로 설치했다. 1989년 오테마치에는 도야마 시민 플라자가, 1999년에는 ANA 크라운 플라자 호텔과 도야마 국제회의장이 잇따라 건설되었다. 또한, 오테마치와 평화거리 주변 지구는 도야마 역 주변과 함께 도야마 시의 도심 핵으로 자리매김하였기 때문에 상업 요충지로 가치가 있어 이곳에 노선 시스템

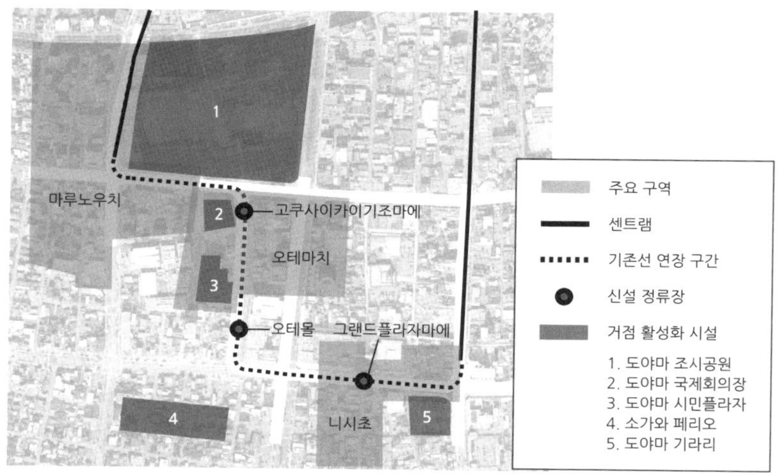

도야마 시내 전차 순환선 정비 내용

을 구축했다.

새롭게 정비된 센트램은 5개 도로를 운행한다. 일부 구간을 제외하고는 도로 폭을 넓히지 않고 보도 폭을 축소하여 궤도를 신설했으며, 자동차의 흐름을 원활히 하기 위해 차선 수도 그대로 유지했다.

현재, 도야마 역을 출발하는 센트램은 총 3.4㎞ 구간의 13개 정류장을 반시계방향으로 운행하는 노선으로, 도야마 역과 중심시가지의 상호보완적인 거점을 대중교통으로 연결하며 도심의 변화를 가져왔다. 평화거리 북쪽에는 상업 시설과 주차장을 일체화한 '니시마치 · 소가와 CUBY'가, 그 옆으로는 '다이와 도야마 백화점'과 복합 상업시설인 '소가와 페리오', 이벤트 광장인 '그랜드 플라자'가 개업했으며, 그 맞은편으로는 '도야마 기라리', 그리고 오테몰 정류장 옆으로는 시네마 콤플렉스 등 시설을 갖춘 '유타운 소가와'가 2016년 완공되었다.

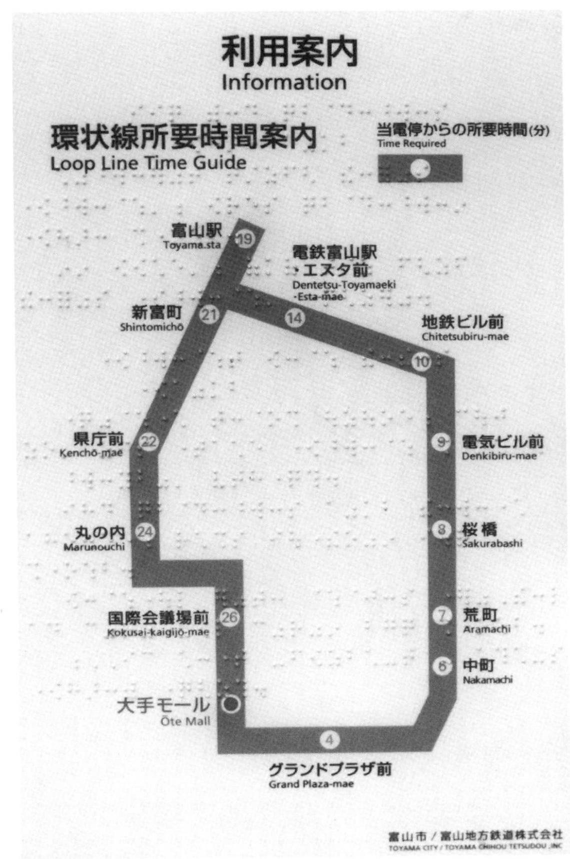

시각장애인을 배려한 센트램 노선도

차도의 단차를 없애 모든 대중교통이 원활히 주행 가능

보행자 중심의 공간 조성

매력 있는 도시 공간 창출을 위해 궤도를 연장하고 정류장과 시설의 거리를 고려하여 정류장을 추가로 설치하는 것만이 능사는 아니다. 중심시가지 대중교통을 활용한 중심시가지 활성화를 위해서는 이런 거점 기반의 재개발이나 정비의 운영도 함께 고려해야 한다.

센트램은 시내 전차로는 일본 최초로 국가와 민간, 도야마 시와 지방철도 주식회사가 함께하는 '상하분리上下分離 방식'을 도입해 주목받고 있다. 모리 시장이 이전부터 제창했던 '공설민영', '상하분리'의 구현인 셈이다. 이 방식은 2007년에 재정된 '지역 공공 교통 활성화 및 재생에 관한 법률'을 적용한 제1호 교통체제다. 기존에는 인정되지 않았던 방식으로, 궤도 정비사업자인 도야마시가 궤도와 차량을 소유하고, 도야마 지방철도는 궤도 운송사업자로 궤도나 차량을 사용해 운임 수입에 따라서 인건비 등을 조달하면서 시설 사용료를 도야마 시에 지급하게 된다. 궤도의 정비와 차량 구입에 필요한 비용은 정부(도야마 시)가 공적으로 부담하고, 운행은 민간(도야마 지방철도 주식회사)이 실시하기 때문에 도야마 지방철도는 새로운 설비 투자의 부담 없이 프로젝트에 참가, 시설 신설에 따른 재산세 · 감가상각비의 증가를 피할 수 있으며, 도야마 시는 도시 목표인 콤팩트한 마을만들기를 민간 활력에 의해 추진할 수 있는 장점이 있다.

센트램 사업비는 총 약 30억 엔이며, 항목별로 궤도 시설 및 도시 교통 시스템 정비 사업 약 14억 엔, 전차 주행 공간 개축 사업 약 8억 엔, 지역 공공 활성화를 위한 차량 구매 약 8억 엔으로 산출되었다. 재원은 포트램과 마찬가지로 국가부터의 지원을 유효하게 활용했다. 도야마 시는 행정, 경찰, 궤도사업자, 도로 관리자, 전문가 등으로 구성된 'LRT 프로젝트 추진 위원회'를 설치하고, '시내 전차 순환선 LRT 정비계획'을 책정하여 국가에 제출했다. 이것을 국가가 타당하다고 판단해 '도시 교통 시스템 정비 사업', '노면전차 주행 공간 개축 사업' 등 해당 LRT 정비계획에 근거하는 사업에 대해 지원받을 수 있었다. 그 결과 궤도, 정거장, 가선, 전기설비 등 궤도 시설 및 도시 교통 시스템 정비에는 2/3

에 해당하는 5억 엔을, 전차 주행 공간 개축 및 차량 구입에는 각각 4억 엔을 보조금으로 지원받았다.

총사업비 약 30억 엔 중 도야마 시는 17억 엔을, 정부는 12억 엔을 부담했다. 언뜻 보조금에 의존하는 사업이라 생각될 수도 있지만, 정부든 지자체든 모두 공적비용 투입이라는 점에서 공통된다고 본다. 작은 지자체에서 감당할 수 없는 수준의 프로젝트에 대해 일정 부분 정부가 지원하는 것은 국가 균형발전 차원에서 타당한 일이다.

디자인 특징

도야마 시내 전차 순환선 센트램 로고

센트램은 모던한 도심 풍경과의 조화와 매력 있는 도시경관 구축을 위해 차량, 정류장, 차도, 보도 등 모든 요

도심과 어울리는 모던한 디자인의 센트램(블랙 차량)

소에 종합 디자인 개념을 적용하였다.

도야마 역을 시작으로 공원과 백화점 등 상업시설이 밀집한 중심 지역과 현청과 시청 주변의 약 3.5㎞를 순환하는 순환선의 차량은 모두 바닥이 낮아서 쉽게 승하차할 수 있으며 창문이 커 다테야마 연봉, 도야마 성터 등 경치를 즐길 수 있다.

'센트램'은 시민들이 애착을 갖고 시내 전차 순환선을 이용하도록 도야마 시가 공모한 애칭으로, 접수된 총 670건 중 발음, 친근함, 재미와 의미, 전개 가능성의 관점에서 최종 결정되었다.

차량

차량은 향후 도야마 전차 남북 연결 사업을 고려하여 포트램과 같은 기종을 사용했다. 하지만 포트램과 구분하기 위해 3편이 도입되는 센트램 차량에는 현대적인 도심 풍경과 조화를 이루는 단색을 적용했다. 화이트, 실버, 블랙의 3가지 색상은 '자연', '미래', '역사와 전통'을 표현하고 있다. 종합 디자인을 추구하는 센트램

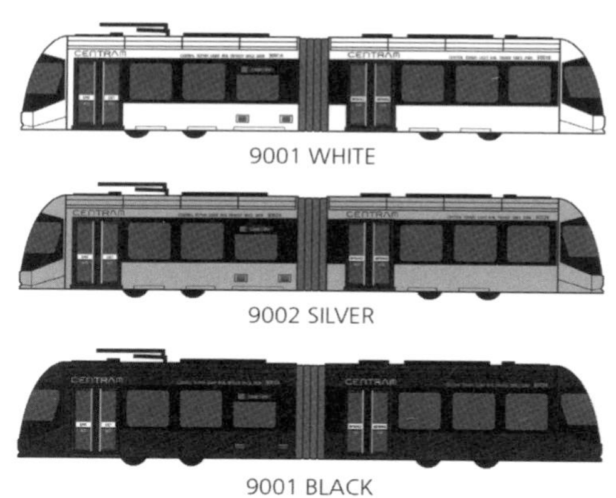

센트램 차량 디자인

은 포트램과 같이 대중교통을 상징으로 한 매력적인 도시경관을 만들기 위해 차량이나 정류장, 가선주, 도로, 조명 등의 형상과 색채와의 통일감을 표현하고자 했다.

센트램의 시트 또한 포트램과 다르게 주색을 베이지와 진회색을 사용해 따뜻한 느낌을 주었다. 롤 커튼은 도야마 현의 전통 공예품인 야쓰오와시*를 모티브로 디자인하였다.

차량 내부에는 승객의 편의를 고려한 디스플레이가 설치되어 있다. 전차 내부의 앞쪽과 뒤편에는 각각 2개의 디스플레이가 수직으로 설치되었는데 상단 화면에는 승하차와 관련된 정보를, 하단에는 주요 뉴스가 나온다. 상단 화면에는 이전 정류장–이번 정류장–다음 정류장 순으로 3개의 역을 파란색과 빨간색으로 구분해 보여준다. 또한, 흰색 바탕에 글자를 크고 밝게 하여 필요한 정보만을 화면에 보여줌으로써 가시성과 가독성이 뛰어나다. 손잡

손잡이, 하차 벨 등 많은 배리어 프리 디자인을 구현한 센트램 내부

* 와시는 일본의 전통 수제종이를 뜻한다. 야쓰오와시는 야쓰오 지역에서 제작되는 종이로, 약봉지 및 매약가방, 상비약 배치를 기록하는 장부 등에 사용되며 발전해 왔다.

이 높이도 달리 하여 남녀노소 다양한 연령대의 사람들이 사용할 수 있도록 배려하고 있다. 하차 벨은 뒤틀림 방지 프레임을 사용한 모든 안전봉마다 붙어 있어 이동하지 않고 어느 자리에서든 벨을 누를 수 있다. 옐로우 바디와 레드 버튼을 사용하여 눈에 띄도록 디자인된 것도 특징이다.

정류장

알루미늄과 유리를 활용해 도야마 지역 산업을 표현하고 있는 정류장 디자인 또한 눈에 띈다. 다목적 이용을 고려해 공간을 배치한 정류장은 진회색을 바탕으로 센트램의 컬러를 포인트로 활용하여 가시성을 확보하였다. 이를 통해 멀리서도 노선의 종류를 확인할 수 있으며, 전 정류장과 다음 정류장 표시 등 현 위치와 열차 진행방향을 쉽게 알 수 있도록 정보를 표출하고 있다. 또

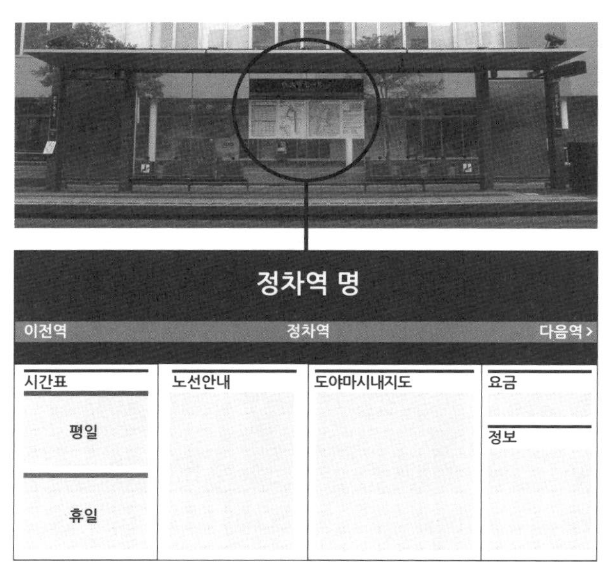

센트램 오테몰 정류장

정류장의 벤치와 기부 메달

다이가쿠마에로 향하는 2계통 트램(좌)과 미나미도야마 역으로 향하는 1계통 트램(우)

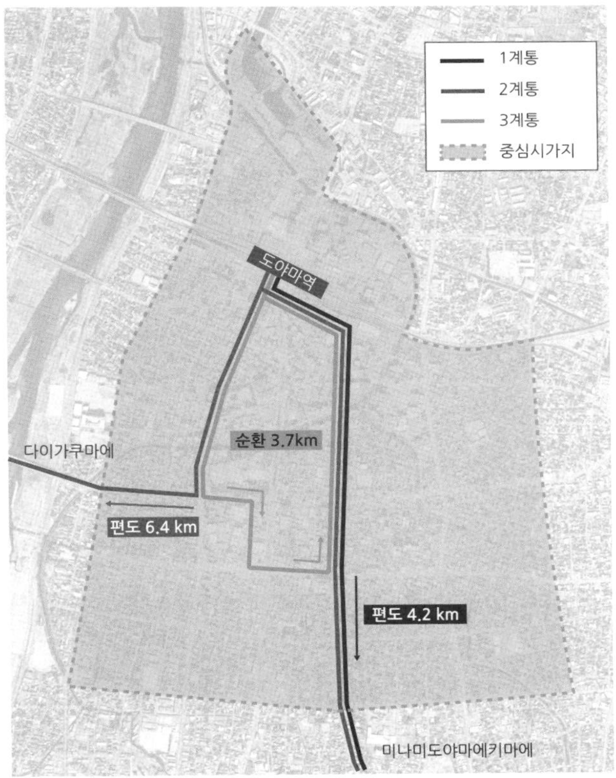

도야마 시내 전차 노선도

한, 센트램의 모든 노선을 안내하는 노선도, 평일과 휴일 운행시간표, 도야마 시내 지도, 요금 등 다양한 정보를 체계적으로 보여주고 있다.

센트램도 시설의 설치 · 유지를 위한 재원을 시민 · 단체 · 지역기업 등, 지역사회의 기부로 충당했다. 도야마 시내의 모든 트램 정류장의 벤치 위에 붙어 있는 메달이 기부에 대한 표식이다. 도야마 시는 센트램 시설 설치를 위한 지역주민들의 기부에 감사의 마음을 담아 기부자(단체, 기업)의 이름과 메시지를 동판에 새겨 벤치 위에 부착하였다. 심리적인 안정감과 행복감이 높아질수록 기부 행동이 증가한다고 한다. 도야마를 향한 지역주민들의 자긍심을 느낄 수 있었다.

도야마 시내 순환선의 모델은 모리 시장이 강한 인상을 받았던 비엔나의 도심을 빙 둘러싼 순환도로 링슈트라세Ringstrasse다. 링슈트라세는 구시가지를 둘러싸고 있던 성곽을 허물고 만든 도로로, 옛 수도를 둥그렇게 돌며 트램이 운행하기 때문에 목적지를 지나쳐도 다시 돌아갈 수 있고, 많은 관광 시설이 순환도로 연선에 있다.

도야마의 시내 궤도는 900m만 연결하면 순환 도로가 완성되어 온종일 트램이 주행하는 도심이 실현될 수 있었다. 제2차 세계대전으로 시가지의 대부분이 불타 망가진 도야마에 몇 백 년 된 건물이 들어선 거리를 만들 수는 없다. 하지만 도심에 광장이 있고, 트램이 달리며, 자전거 이용률이 높은 도시라면 순환 시스템을 만들 수 있을 것이라 확신했고, 이를 실현해 가고 있다.

버스

노선버스 · 커뮤니티 버스 · 피더 버스

노선버스

도심을 달리는 노선버스

노선버스는 도야마 역을 중심으로 방사형 네트워크를 형성하고 있어, 교외에서 중심부의 상업 · 업무시설 등에 직접 접근할 수 있는 편리성을 확보한다. 이러한 시스템은 도야마 시의 버스 이용 촉진을 위한 대책으로 지역과 지역, 지역과 도심을 연계하는 철도와 트램 그리고 버스의 복합 체계를 위한 버스 활성화 계획 시행의 결과다.

도야마 시내를 달리는 노선버스는 여러 계통이 있는데, 그중 콤팩트한 마을만들기의 실현에 중요한 역할을 하는 노선을 '주요 노선'으로 새롭게 정비했다. 주요 노선이란 운행 빈도가 높고, 이용자가 많은 노선으로 다음과 같이 분류된다. 첫째는 철도가 달리고 있는, 즉 이미 공공 교통축으로 자리매김하고 있는 인구 및 도시 기능의 집적을 위한 노선이다. 두 번째는 대중교통을 통해 일상생활과 도시 활동을 할 수 있는 각각의 지역생활거점과 도심을 잇는 대표 노선이며, 세 번째는 도야마 대학과 도야마 시립병원, 공항 등 많은 사람이 모이는 주요 시설과 도심을 연결하는 노선이다.

노약자, 장애인 등 교통약자의 이용 편의성을 위해 차체가 낮고 출입문에 경사로가 설치된 저상차량을 도입하고, 버스 행선지 표시, 문자 안내판, 교통약자용 좌석, 안내 및 노선도를 정비하였

도야마 역 앞 정류장에 설치된
실시간 버스 도착 정보 안내기

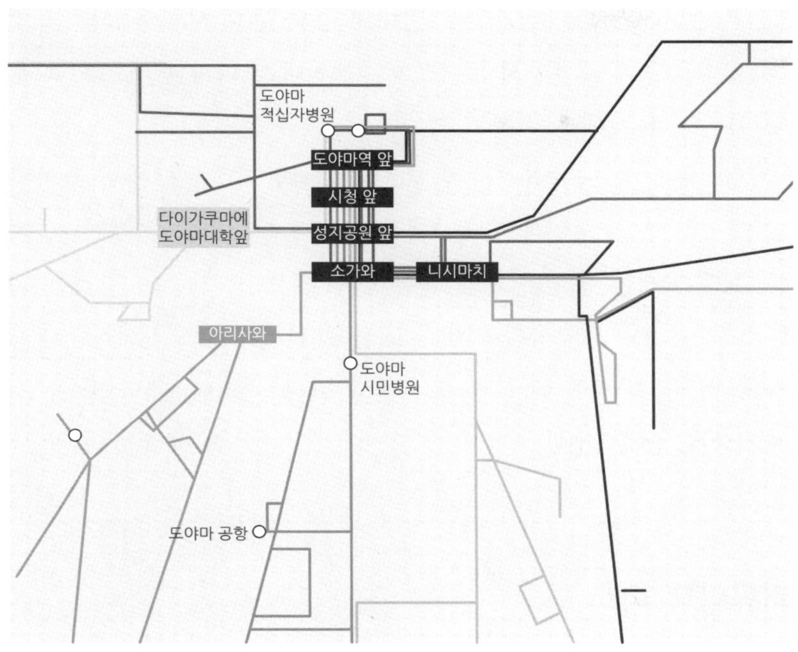

도야마 시내 주요 정류장 배치 및 노선 디자인

광고가 부착된 도야마 시청 앞 버스정류장

다. 특히 지역생활거점과 병원 · 학교 등의 주요 시설과 도심을 잇는 노선은 정부나 현, 시의 제도에 따라 버스 회사를 보조하고 운행 서비스 유지에 노력하고 있다.

도야마 시의 노선버스는 현재 (주)도야마 지방철도에서 운영하고 있으며, 도착지역에 따라 9계통 57개 노선버스를 운행한다. 이 중 주요 노선은 운행 빈도가 높은 인구 및 도시 기능의 집적을 위한 노선(13개), 지역생활거점과 도심을 연결하는 노선(5개), 대학과 병원, 공항 주요 시설과 도심을 연결하는 노선(6개)으로 총 24개 노선을 포함한다.

커뮤니티 버스

커뮤니티 버스는 시빌 미니멈Civil Minimum*의 확보와 중심시가지 활성화 및 지역생활거점에 대한 접근 향상을 기본으로 한다. 도야마 시내를 운행하는 커뮤니티 버스는 도야마 역을 중심으로 소형 버스를 이용해 비교적 짧은 구간을 순회한다.

주민의 고령화로 인하여 단거리 생활 교통 노선과 수단이 필요해져 도입된 대중교통으로 마을버스 개념으로 이해할 수 있다. '마이도하야'라고 불리는 하늘색 소형 커뮤니티 버스는 도야마 사투리로 '안녕하세요' 또는 '환영'을 의미한다. 이 버스도 고령자와 어린이 모두 이용하기 쉬운 저상형 디자인이며, 리튬 이온 배터리를 탑재한 전기 자동차로 배기가스를 배출하지 않는 친

* 일정 수준의 시민 생활을 유지하기 위해 도시가 당연히 갖추어야 할 최소한의 기준을 말한다.

커뮤니티 버스 '마이도하야'

환경 운송수단이다.

도야마 시의 커뮤니티 버스 운행은 1999년 무렵부터 논의되었으나 별 진전이 없었다. 2000년 여름, 도야마 상공회의소가 창립 120주년 기념사업의 하나로 커뮤니티 버스를 3개월간 시범 운행한 것이 계기가 되었다. 주민들이 시범 운행 동안 진행한 이용자 설문조사 결과와 이용 실적을 도야마 시 당국에 제출, 커뮤니티 버스를 제안하자 도야마 시가 움직이기 시작했다. 그 결과, 당시 민간기업, 지역 상가 등의 출자로 2000년 설립된 제3섹터 '(주)도야마 마을만들기(도야마 마치즈쿠리)'가 운영, 도야마 지방철도에 운행을 위탁하는 형태로 지금까지 이어져 오고 있다.

커뮤니티 버스 요금은 200엔으로 일반버스보다 저렴한데, 에코마이카, 파스카, 외출정기권을 이용할 경우 요금이 할인된다. 커뮤니티 버스는 하루 평균 약 580명, 연간 20만 명 이상을 수송하

도심을 달리는 커뮤니티 버스

커뮤니티 버스정류장
안내 표지판

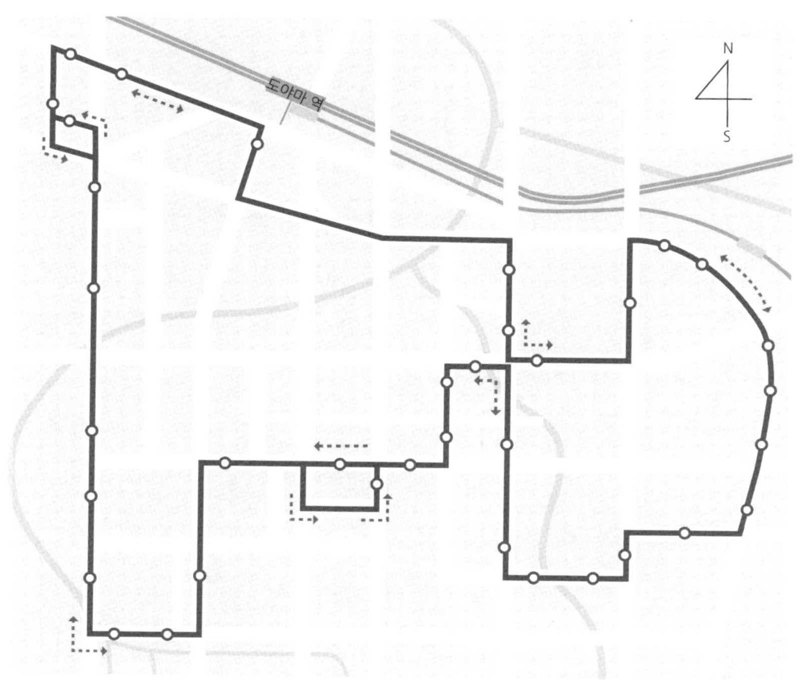

마이도하야 커뮤니티 버스 운행 정보

면서 연평균 이용객이 꾸준히 증가하고 있다. 이러한 수요에 따라 2017년 중앙노선은 일부 운행노선을 변경하고 버스정류장 5곳을 신설하였으며, 운행 횟수 또한 하루 31대로 증편하였다.

2001년 3월부터 운행을 시작한 중앙노선은 도야마 역을 기점으로 시내의 서쪽 구간을 운행하고, 2002년 4월부터 운행을 시작한 시미즈 노선은 동쪽 구간을 운행한다. 2021년 노선 및 운임 개정을 위한 사회실험이 시행됨에 따라 동쪽과 서쪽으로 나뉘어 한 방향으로만 운행되었던 2개 노선을 하나로 통합해 동일한 구간을 양방향으로 순행하는 시스템을 구축했다.* 시민들의 불편함을 그냥 넘기지 않고 세심하게 배려한 이런 시스템은 다양한 장소로의 접근성과 이동 편의성을 향상시켰다.

피더 버스

피더 버스는 자가용이 없어 목적지나 도심으로의 이동이 어려운 대중교통 공백 지역을 운행하며, 포트램 역을 기점으로 주거지역을 연결하는 이동수단이다. 피더feeder란 가지라는 의미로, 도심을 연결하는 포트램을 중심으로 뻗어 나온 버스 노선이다.

2007년 4월 포트램과 함께 운행을 시작한 피더 버스는 초기에는 도야마 시의 파일럿 테스트 개념으로 운행되었지만, 현재는 도야마 지방철도 주식회사가 영업권을 가지고 있다.

현재 운행되고 있는 피더 버스는 도야마항선의 하스마치 역에

* https://www.siminplaza.co.jp/maidohaya

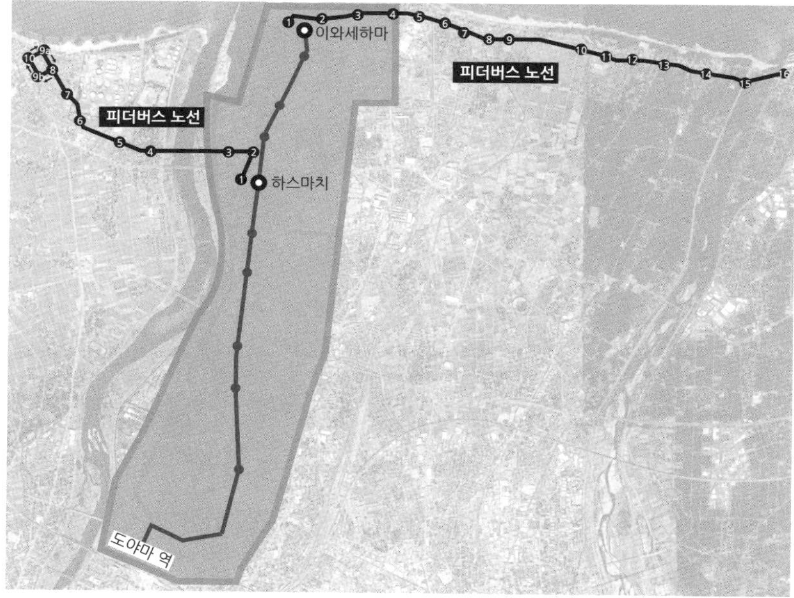

피더 버스와 노선도

서 진즈카와 건너편 서쪽을 오가는 노선과, 포트램의 종점인 이와세하마 역에서 동쪽을 왕복하는 노선 2가지가 있으며, 주중에는 포트램 2대당 버스 1대꼴로 운행한다.

이와세하마 역 정류장에 정차 중인 포트램과 피더 버스

피더 버스의 또 다른 특징은 정류장 디자인이다. 플랫폼을 사이에 두고 포트램의 맞은편에 버스가 정차해 내린 곳에서 바로 갈아타는 구조다. 이런 편리한 환승 구조는 대중교통 이용자들에게 대중교통을 이용하는 매력이 될 뿐만 아니라 환승이 어려운 장애인 또는 노약자를 배려한 시설이다.

공공자전거 공유 시스템

아뷔레

도야마 역 앞에 설치된 아뷔레

도야마 시는 '대중교통을 축으로 한 콤팩트한 마을만들기'를 실현하기 위한 도구이자 '환경 모델 도시'를 목표로 일본에서는 처음으로 2010년 3월 공공자전거* 시스템 아뷔레를 도입하였다. 공공자전거 시스템Public Bike System이란 공공기관에서 운영 · 관리하며 누구나, 언제, 어디서든지 편리하게 자전거를 이용할 수 있는 '공공자전거 공유 시스템Bicycle Sharing System'을 뜻한다.

도야마 시의 공공자전거 시스템은 시내 곳곳에 설치된 '스테이

* 공공자전거는 자전거를 단기간 대여하는 서비스로, 국내에서는 지자체에서 시설 및 차량에 투자하고, 민간에서 시스템을 운영하는 민 · 관 협력방식이 가장 많이 사용된다.(김광호, 국토정책 Brief, No.692, 2018.12.3., p.2)

션'에서 자유롭게 자전거를 이용하고 반납할 수 있는 새로운 교통 서비스를 제공한다. 대중교통망으로서의 편리성을 높임으로써 근거리 자동차 이용을 억제하고, CO2 배출량 감축과 동시에 중심시가지 활성화와 회유성 강화를 목적으로 하고 있다. 공공자전거는 주행 중 인력 이외의 에너지를 사용하지 않는 환경대책에 유효한 이동성이라는 측면과 함께 공공을 대상으로 하면서 개인적으로 이용되는 대중교통수단의 특성이 있으므로 대중교통시설로서 노면전차와 함께 콤팩트한 마을만들기를 실현하기 위한 도구로 자리매김하고 있다.

공공자전거 아뷔레는 프랑스 벨리브 등 세계 69개 도시에서 사용되고 있는 제이씨데코 그룹JCDecaux Group*의 시스템을 기반으로 한다. 원래 제이씨데코에서는 자신들의 커뮤니티 사이클 시스템을 '사이클로시티Cyclocity'라 부르고 있었다. 하지만 도야마의 공공자전거 시스템 서비스 시작에 맞추어 제이씨데코가 100% 출자한 일본 법인인 '사이클로시티 주식회사'를 설립하고 그것을 회사명으로 하였다. 이는 사이클로시티가 유럽 이외 지역에 공공자전거 시스템을 도입시킨 첫 사례다.

프랑스어로 꿀벌을 뜻하는 '아베이유abeille'와 거리를 뜻하는 '빌ville'의 합성어인 '아뷔레'라는 감각적인 이름**은 시민공모로 결정

* 1964년 프랑스에서 설립된 옥외미디어 글로벌 기업이다. 그룹의 설립자 장 클로드 드코(Jean-Claude Decaux)가 세계 최초로 개발한 가로시설물 광고사업을 시작으로 빌보드 광고, 교통광고, 버스정류장 광고, 공공자전거 대여 시스템 등을 통합적으로 운영하고 있다. 현재 전 세계 80개국 이상, 4,033개 도시에 진출해 있으며, 우리나라에서는 2001년 제이씨데코 그룹의 한국 법인으로 제이씨데코 코리아가 설립되었다. 현재 서울 시내의 중앙차로 버스 승강장을 비롯하여 택시 승강장, 강남고속버스터미널 환승센터, 서울역 환승센터 및 서초, 동작, 동대문구 마을버스 승강장 등을 운영하고 있다.

** 도야마 시 홈페이지

아뷔레 사이클로시티 로고

하였다. 꽃에서 꽃으로 꿀을 찾아다니는 꿀벌과 스테이션*과 스테이션 사이를 오가는 자전거가 닮아서 그럴 것이다.

현재 사이클로시티 사에게 일임한 아뷔레의 운영이 원활하고 안정적으로 실현되도록 도야마 시가 설치 이후에는 원칙적으로 보조하지 않음에도 불구하고 다음과 같이 지원하였다. 도야마 시가 초기 투자(하드웨어 구매비용과 공사비, 시스템 개발비 등)에 대한 보조금으로 사이클로시티에 지원한 1억 5,000만 엔 중 1억 3,500만 엔은 환경성의 '친환경 지역 만들기 추진 지원사업 보조금'이었으며, 1,350만 엔은 내각부의 '경제 위기 대책 임시 교부금'을 활용한 것이고, 나머지 150만 엔은 도야마 시의 지출이었다. 또한, 옥외광고물 게시 허가, 도로점용비용 감면, 도로 관리자 및 경찰 등 관계자와의 협의 등도 지원하고 있다. 사이클로시티는 자전거나 스테이션의 개발 · 제조, 설치, 필요한 허가의 신청과 취득, 광

* 자전거 셰어링에서는 자전거 주차장을 이렇게 부른다

고 공간 판매, 청소 등의 유지 · 보수, 등록 접수 및 콜센터, 홈페이지 운영 등 사업에 관련된 많은 부분을 담당하고 있다.

도야마 시의 아뷔레 성공 요소 및 특징을 스테이션의 위치 · 규모의 계획적인 접근, 내구성과 편의성을 고려한 디자인, 사용자의 상황에 맞는 대여 시스템, 안전한 자전거 이용 환경으로 정리하였다.

접근성을 고려한 스테이션의 배치 및 운영

스테이션의 위치는 도야마 시와 사이클로시티, 도로 관리자나 경찰, 설치 장소 근방의 현지 관계자가 협의하여 결정한다. 스테이션 간의 거리는 평균 300m로, 도야마 역, 시청, 도야마 조시공원, 호텔, 평화대로 등 사람의 왕래가 잦은 지역뿐만 아니라, 센트램과의 접근성이 좋은 도야마 역, 지테쓰비루마에, 그랜드플라자마에, 고쿠사이카이기조마에, 사쿠라바시, 아라마치, 마루노우치 근처에도 정류장을 배치했다. 스테이션의 약 2/3가 트램 정류장 가까이에 자리해 대중교통 거점으로서의 공공자전거 콘셉트가 잘 전해진다.

도야마 시는 2017년 3월 31일 도야마다이가쿠마에 등 3개의 새로운 스테이션을 시작으로 23개 스테이션에서 총 255대의 공공자전거를 운영하고 있다(2022년 7월 기준). 기존 교통 네트워크와의 연계성, 도시 내 공공시설이나 공원, 광장 등 주요 시설과의 접근성, 그리고 시민들의 이용 빈도 등을 고려해 스테이션의 위치와 규모를 차츰 늘려나갔다. 또한, '자전거 통행 환경 정비 모델 지구'로 지정되어 도야마 하천 국도 사무소, 도야마 현 경찰과 협력

도야마 시 사이클로시티 스테이션 배치 디자인

해 안전하고 쾌적하게 자전거를 이용할 수 있는 환경 구축에 힘쓰고 있다.

내구성과 편의성을 고려한 디자인

아뷔레는 일본 도로교통법을 준수해 핸들 폭을 좁혀 디자인한 것이 특징이다. 도야마 시 중심부의 자전거도로는 보도를 활용한

도야마 조시 공원 앞

도야마 역 앞 자전거의 대여 · 반납을 위한 스테이션의 터미널

곳이 많은데, 보도를 달리는 차량 폭을 60㎝ 이하로 제한하고 있다. 자전거나 오토바이는 핸들 폭이 넓어야 안전해 초기에는 파리의 벨리브처럼 핸들 폭을 넓게 디자인했지만, 도로교통법상 '경차량'으로 분류되기 때문에 핸들 폭을 좁혔다.

고장 및 손상이나 도난을 대비한 디자인도 주목할 부분이다. 일반 자전거보다 굵은 프레임을 바디로 사용하고 브레이크와 기어 케이블 등을 프레임에 내장된 구조로 제작, 핸들이나 뒷바퀴, 체인 부분에 커버를 씌워 녹슬거나 고장 나지 않도록 했다. 그리고 전조등과 후미등은 항상 켜지도록 하여 안전에 신경을 썼으며, 큰 앞 바구니와 흙받이 외에도 정지했을 때 사용하는 세움대 및 와이어 자물쇠도 장착했다. 공공자전거를 사용하는 시민들을 이해하고 배려한 디자인이다.

자전거나 스테이션의 색상은 도야마 시의 이미지 색상인 파란색 1가지만 사용하면 무거워 보일 수 있어 회색과 함께 경쾌하게 표현했다. 2가지 색을 조합한 로고는 눈에 띄고 도야마 시의 이미지와 정체성을 부각한다. '스테이션'에는 자전거를 대여 · 반납하는 무인 장비인 '터미널'이 있다. 두 개의 긴 타원형 디스플레이로 구성된 터미널에서는 자전거의 대여 · 반납, 근처 스테이션의 대여 상황이나 카드 등록, 이용규정, 요금 등을 확인할 수 있다.

사용자의 상황에 맞는 대여 시스템과 스마트카드

아뷔레는 도야마 지방철도 IC카드와 제휴해 트램과 연계하여 자전거를 활용할 수 있도록 도야마 시가 지원하고 있다. IC카드로 탑승할 수 있으며, 여행과 출장 등 단기간 사용자를 위한 2일

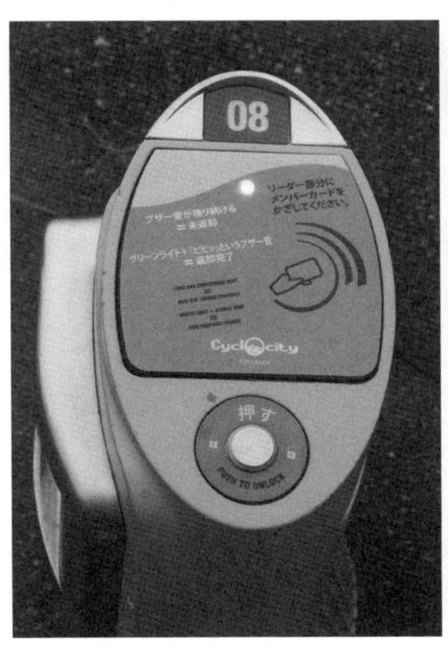

스마트 카드 대여 시스템

패스 · 7일 패스, 통근이나 통학 등 매일 자전거를 이용할 수 있는 정기권이 있다.*

안전한 자전거 이용 환경

환경 의식과 건강 의식이 높아짐에 따라 최근 자전거를 타는 사람이 많아졌다. 자전거 공동 이용 시스템이 아무리 훌륭해도 달릴 수 있는 길과 제도적 장치가 부실하면 소용없다. 도야마 시는 '도야마 시 자전거 이용 환경 정비계획'을 기반으로 자전거 이용 촉진을 위한 다양한 정책을 추진했다.

이 계획에서는 '달리다(자전거 주행 공간 정비)', '멈추다(주륜 환경 정비)', '살리다(자전거의 편리성 향상)', '지키다(규정 · 매너 의식 향상)'의 4가지 항목에 대해 10년에 걸쳐 정비해 가고 있다. 자전거 이용자의 안전과 편의를 도모하고 자전거 이용 활성화에 이바지함을 목적으로 보행자와 자전거 통행 위치를 표시하고, 구획선과 포장 블록을 색으로 구분하거나 주말 및 공휴일에는 자전거를 가지고 대중교통을 탈 수 있는 '사이클 트레인' 등을 실시하고 있다.

이미 유럽 선진국에서 주목받고 있는 친환경 대안 교통수단인 '공공자전거'는 국내에서도 서울시가 '따릉이'라는 시스템을 운영하는 등 자전거 이용 활성화에 관심이 높아지고 있다. 사실 서울시의 공공자전거 정책은 '따릉이'가 시초가 아니다. 서울시는 2010년, 서울시 마스코트인 '해치'를 그려 넣은 공공자전거 시스템을 도입, 여의도와 상암동 DMC 일대의 지하철역, 버스정류장, 교차로 등 43곳에 보관소를 설치하고 약 400대의 자전거를 비치

* 사이클로시티 주식회사 홈페이지: https://abo-toyama.cyclocity.fr

한정된 도로공간을 재분배하여 자전거 주행 환경 정비

하였다. 하지만 낮은 이용률, 분실이나 훼손, 홍보 부족 등으로 혹평을 받았고, 결국 2015년 4월 사업을 중단했다.*

자전거 출퇴근율을 높이겠다는 취지로 시작한 이 사업은 자전거도로 인프라 부족이 가장 큰 문제였다. 서울시의 자전거도로는 대부분 자동차 또는 보행자 겸용 도로다. 전용도로는 한강변을 제외하면 택시나 오토바이, 노점상 등이 자리를 차지해 자전거도로로서의 활용성을 잃고 있었다. 자전거를 안전하게 탈 수 있는 환경을 고려하지 않은 채 진행된 사업은 안전 문제로 자전거 활성화에 걸림돌이 되었다.

다음은 누구를 위한, 무엇을 위한 시스템인지에 대한 목적의 문제였다. 당시 자전거로 출퇴근하는 경우가 많지 않았는데, 이는 출퇴근을 위한 대중교통과의 연결 수단으로 서로 보완하고 통합된 교통 시스템이라기보다는 단일 교통수단의 느낌이 강했다. 레저가 아닌 일상생활 속 교통수단으로써의 자전거 이용에 대한 인식과 홍보가 부족했다. 자전거를 대여하고 반납할 '스테이션'은 여의도와 상암동 일대의 지하철역, 버스정류장에 한정되어 있어 필요한 사람들이 바로 이용하기 어려웠다. 자전거 활성화에는 자전거와 대중교통과의 유연한 연계가 반드시 필요하다.

IC카드 및 교통 활성화 카드

이 밖에도 도야마의 교통체계에서 간과할 수 없는 주요 개념 중 하나가 대중교통 이용 촉진을 위한 교통카드 시스템이다. 도야마

* https://aboutbike.tistory.com/111

시의 이동 정책은 새로운 노선을 개통하는 것으로 끝이 아닌 IC카드, 외출정기권 등 새로운 서비스를 도입하여 주민들의 외출을 장려한다. 또한, 서비스를 꾸준히 발전시켜 가며 항상 신선한 화두를 제공하여 주민을 끌어들이고 있다.

도야마에서 사용할 수 있는 교통카드는 도야마 지방철도가 발행하는 '에코마이카'가 있다. 'Ecology'와 'My card'의 합성어인 '에코마이카'는 센트램 개통과 함께 2009년 12월 IC카드로 제시, 2010년 3월 트램, 노선버스, 지방철도, 아뷔레 등 모든 대중교통에 사용할 수 있는 통합 교통카드로 본격 사용되고 있다.

고령자의 나들이를 돕는 외출정기권

도야마 시는 고령자의 외출을 장려해 건강도 증진하고 도심도 활기를 되찾고자 하였다. 대중교통을 이용하여 중심시가지까지 오가면 자연스럽게 활동도 늘어나므로 고령자의 외출 기회를 늘리고자 '외출정기권 사업'을 계획하였다.

외출정기권은 도야마 시에 거주하는 만 65세 이상 고령자를 대상으로 한 대중교통카드다. 도야마 어디서든 시가지로 나가는 데 1회에 100엔으로 대중교통을 이용할 수 있다. 뿐만 아니라 외출정기권을 제시하면 중심시가지에 있는 약 60개의 제휴상점에서 선물 증정 및 구매 할인을 받을 수 있으며, 체육시설 및 문화시설을 반값 또는 무료로 이용할 수 있다. 2004년 중심시가지 활성화 방안의 하나로서, 노선버스를 시작으로 진행된 외출정기권 사업은 2008년부터는 운행 버스 수가 적은 지역으로도 대상을 확대, 노선버스, 경전철, 지방철도 등 교통수단에도 도입하였으며 2011년부

손자와의 외출 지원사업 홍보물

터는 IC카드화하여 요금 할인을 시작하였다.*

도야마 시의 외출정기권은 이용자 부담금(1,000엔)과 유효기간(1년)이 있음에도 신청자 수가 매년 증가하고 있다. 도야마 시 고령인구의 약 20%(2016년 기준 65세 이상 인구 11만 9,022명)가 외출정기권을 소유하고 있는 셈이다. 하루 평균 이용자 수도 점점 늘어나 2004년 이후 하루 평균 이용자 수는 2,632명으로 약 2.9배 증가했다.

외출정기권 사업은 실제로 고령자들에게 외출의 기회로 작용하였다. 정책 시행 이후 실시한 조사에 따르면 외출정기권을 이용한 경우 1명당 소비금액이 많았는데, 주로 식사비였다. 자동차 위주였던 운송수단을 대중교통으로 유도하자 식사를 하며 술을 곁들이게 된 것이다. 시내의 특산물 총판점 이용자 중 65세 이상

* 도야마 시 홈페이지

이 50%를 넘었으며, 이들의 절반은 걷거나 자전거를 타고 가게를 방문하였고, 이용자의 60% 이상이 일주일에 한 번 이상 찾아오는 것으로 조사되었다.*

'손주와 외출 지원 사업' 또한 고령자의 외출 기회를 촉진하고 있다. 손주와 외출 지원 사업이란 시내에 있는 공원, 박물관, 과학관, 민속자료관, 미술관 등, 시의 시설을 조부모가 손주나 증손주와 함께 방문하면 입장료가 전액 무료인 서비스다. 이 정책이 실행되자 고령자들은 손주와 적극적으로 즐기고 시간도 돈도 아끼지 않았다. 손주를 위해 지갑을 열게 되니 고령자의 외출이 지역경제에까지 공헌하는 셈이다.**

외출은 고령자의 건강뿐만 아니라 지역의 문화와 역사, 과학에 관한 관심을 모든 연령층으로 폭넓게 확산시켰고, 더 나아가 가족의 유대를 증진하는 동시에 세대 간 교류에도 큰 역할을 하였다.***

이처럼 대중교통 이용 촉진 시스템은 고령자들의 외출을 장려하고 중심시가지에 활력을 도모할 뿐만 아니라 건강을 유지하는데 중요한 역할을 한다. 외출을 통한 소통은 그들이 도시에 사는 것을 넘어 도시를 이루는 한 구성원으로써 자연스럽게 사회 참여를 유도한다.

외국인 관광객을 위한 무료 승차권

도야마 시내 호텔에 숙박하는 외국인 관광객에게는 트램 탑승권 2매를 무료로 제공하고 있다. 이 승차권은 도야마에서 운행되

* 후지요시 마사하루, 이토록 멋진 마을, 황소자리, 2016, p.94.

** 후지요시 마사하루, 이토록 멋진 마을, 황소자리, 2016, pp.67–68.

*** https://www.city.toyama.toyama.jp/kyoikuiinkai/shogaigakushuka/magotoodekake.html

는 모든 트램을 이용할 수 있다.

1971년 개통한 '다테야마 구로베 알펜루트', 중부 국립 산악공원에 있는 '구로베 협곡과 우나즈키 온천'은 도야마의 인기 관광지로 항상 관광객으로 북적인다. 반면 도야마 시내에서는 관광객을 찾아볼 수 없었다. 도야마 관광청에서는 도야마 시내로 관광객을 유입시키고자 홍보용으로 무료 승차권을 준비하였다. 관광객들이 승차권을 이용해 시내를 둘러보거나 이와세 마을을 방문하는 등 도야마 시내에 머무는 시간이 점차 늘었고 도심의 활기로 이어졌다. 실제로 2009년에는 연 370회였던 관광객 무료 승차권 이용이 2013년에는 943회, 2017년에는 2,902로 약 8배나 증가하였다.

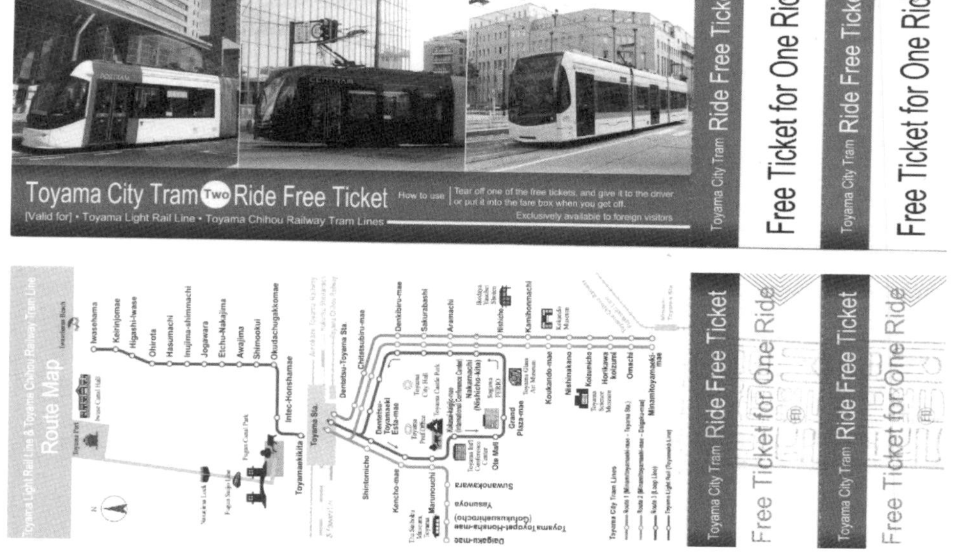

외국인 관광객을 위한 트램 무료 승차권

자전거 주차장

도야마 시내 곳곳에서는 자전거 주차장을 볼 수 있다. 도야마 시는 단거리 이동에 적합한 자전거를 대중교통 시스템의 보완재로 활용하기 위해 다양한 사업을 추진하고 있는데 그중 하나가 자전거 주차장이다. 자전거를 쉽게 주차하고 대중교통을 이용할 수 있도록 역, 정류장, 쇼핑센터, 주요 건물 내부 또는 가까운 곳에 자전거 주차 공간을 별도로 마련해 대중교통과 자전거의 원활한 연결 고리를 구축하였다. 이는 대중교통 이용을 쉽게 할 뿐만 아니라 지속 가능한 도시로서 탄소 배출 감축을 위해 대중교통 이용을 적극 장려하고 있음을 보여준다.

포트램 조가와라 정류장에 설치된 자전거 주차장

도야마 시청 전망대의 자전거 주차장

도야마 역 지하의 자전거 주차장

제 4 장

상업·행정

JR

도시는 다양한 요소의 복합체로 사람이 모여 공간을 이용하면서 활기를 찾는다. 도야마 시는 인구가 줄어든 만큼 도시의 몸집도 줄이고, 그에 맞는 인프라를 구성하여 줄어든 공간에서 삶의 질을 높일 수 있는 기반을 마련하고자 했다. 도시 기능을 수행할 주요 시설들은 도심으로 모아 재배치해 상업, 주거, 편의시설 등의 밀도를 높여 효율적이고 복합적인 토지 사용을 도모한 것이다.

도야마 시는 도심부로의 일극집중이 아닌 다중 네트워크형 도시를 지향한다. 시의 전체면적은 1,242㎢며, 이를 도심지구(4.36㎢), 지역생활거점(5.67㎢), 역 · 정류장 등 도보권(28.55㎢)의 세 구역으로 구분하고, 각 특성에 맞도록 기능을 집약시켜 거점을 활성화했다. 도심지구는 도야마 역, 시청, 병원 등 다양한 도시 기능 시설을 포함하는 중심시가지를 말하며, 이는 다시 중심지구, 거주환경 협력지구로 구분된다. 도심지구를 제외한 지역생활거점과 도보권은 거주촉진지구다. 여기서는 철도역에서 500m, 버스 정류장에서 300m를 도보권으로 설정하고 주거 · 업무 · 상업 · 복지 등 생활 필수시설을 집약해 거주를 유도한다. 지역생활거점은 새롭게 구축하지 않고 대중교통 연선 지역을 정비해 기존의 거점을 그대로 활용하고 있다. 도심지구와 지역생활거점은 그 역할이 명확히 다르다. 상업, 업무, 문화예술, 교류 등 도시와 어울리는 광역적인 도시 기능의 집적을 도모하는 역할을 하는 지역은 도심이고, 지역 특성을 살린 마을만들기를 진행해 나가는 것은 지역생활거점이다.

본 장에서는 다양한 도심 기능을 정비해 시민들의 삶을 풍요롭게 하고, 지역에 활기를 불어넣는 도야마 시의 도시 공간 사례를 살펴보고자 한다.

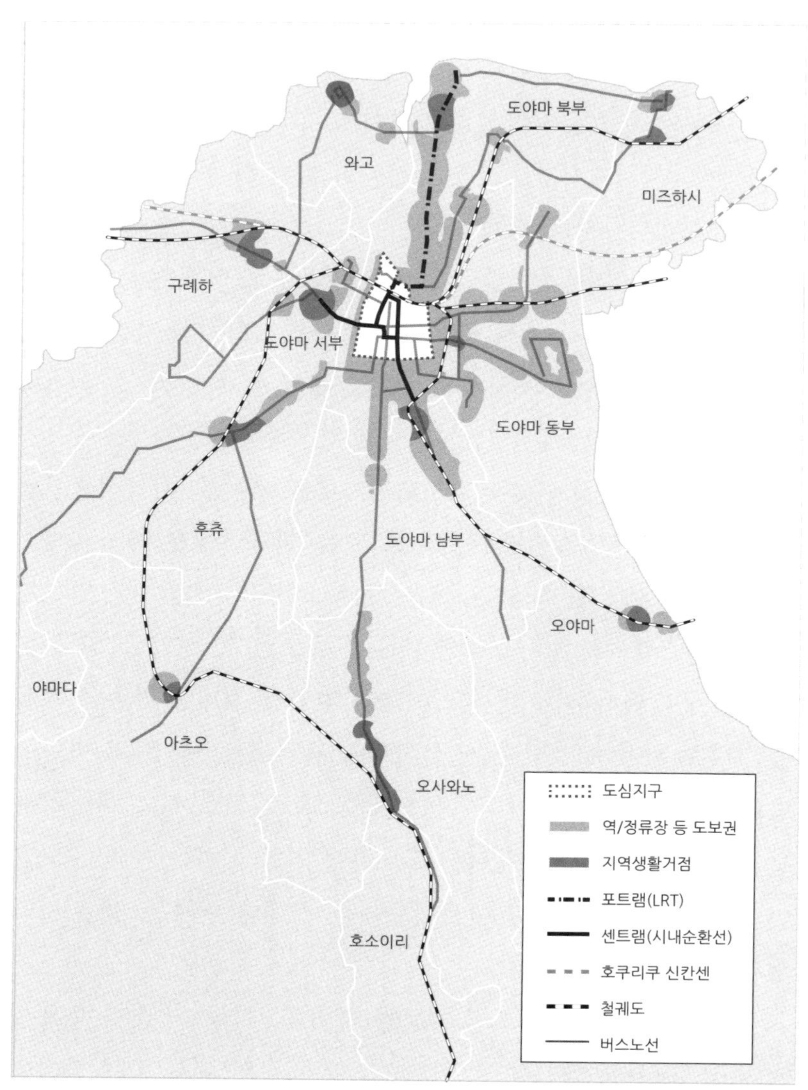

도심 지구를 중심으로 전 구역을 연결하는 도야마 시 대중교통

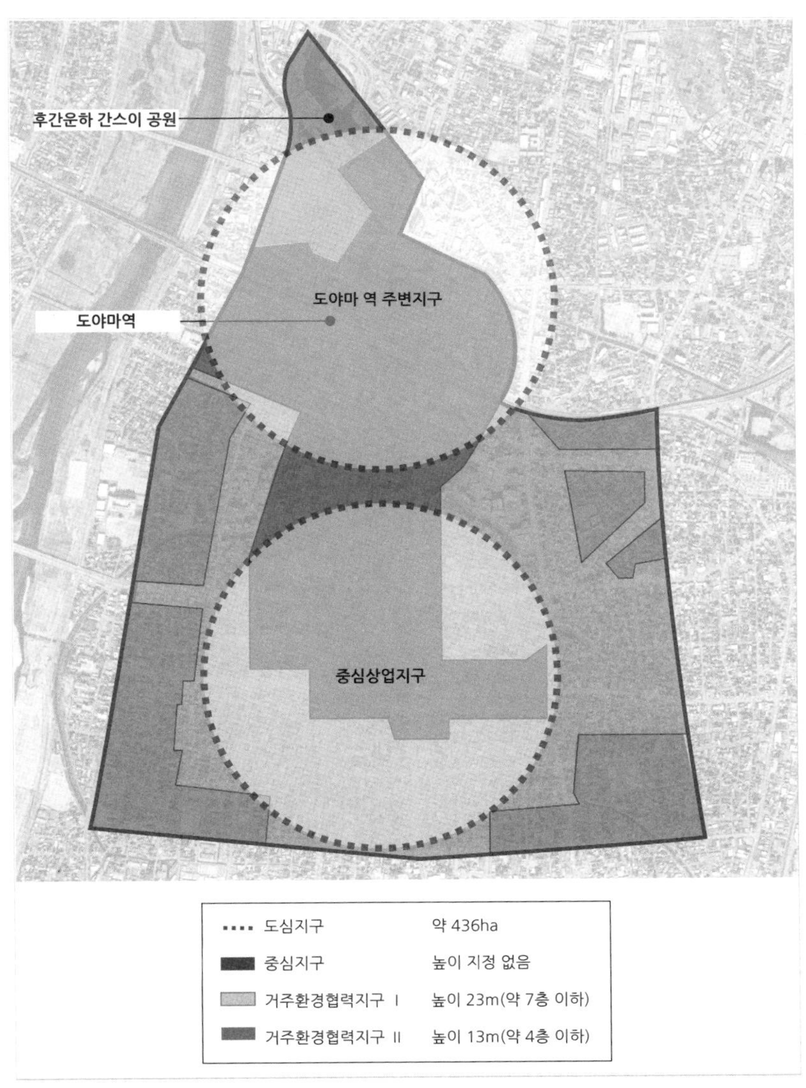
후간운하 간스이 공원
도야마 역 주변지구
도야마역
중심상업지구
도심지구
약 436ha
중심지구
높이 지정 없음
거주환경협력지구 I
높이 23m(약 7층 이하)
거주환경협력지구 II
높이 13m(약 4층 이하)

도야마 시 구역 공간구조

도야마 역

도야마 역의 시작

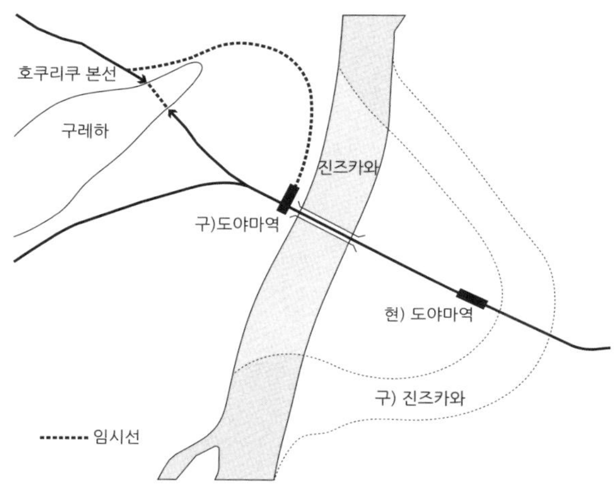

과거와 현재의 도야마 역 위치

1899년 3월 호쿠리쿠선의 다카오카-도야마 간 개통과 함께 시작된 도야마 역은 초기에는 지금의 위치가 아닌 진즈카와 서쪽에 임시로 있었다. 당시 도야마 시 중심을 흐르던 진즈카와의 잦은 홍수를 막기 위한 수로 공사가 계획되어 있었기 때문에 개량공사의 영향을 받지 않는 서쪽 지역을 역사로 선택했다.* 역 또한 현재 호쿠리쿠 본선과 직각으로 교차하는 방향으로 배치되어 있었다.

* 富山から拡がる交通革命, ライトレルから北陸新幹線開業にむけて, p.35.

1908년 진즈카와 수로 공사 완료 그리고 호쿠리쿠선 경로 변경과 함께 현재 위치로 이전했다. 신역사는 당시 호쿠리쿠 선의 역 중 가장 신식구조를 한 건물이었으며, 노선 또한 종점인 도야마에서 우오즈 역까지 연장되었다.*

1945년 제2차 세계대전 공습으로 역 건물은 모두 소실되었다. 이후 두 차례의 공사를 거쳐 1953년 새로운 도야마 역이 문을 열었다. 1899년 건설된 도야마 역은 이후 꾸준히 변화해 현재에 이르렀다. 이제 도야마 역은 도시의 이미지를 상징하는 가장 중요한 랜드마크이자 도야마의 관문으로써 사람 · 문화 · 정보가 교류하는 새로운 장의 역할을 하고 있다.

현재 다카야마 본선의 종착역이기도 한 도야마 역은 JR 서일본의 호쿠리쿠 신칸센, 재래선**의 JR 다카야마 본선, 아이노카제 도

현재 도야마 역

* 도야마 시 홈페이지: https://www.city.toyama.toyama.jp/etc/muse/tayori/tayori27/tayori27.htm

** JR 그룹의 노선 중에서 신칸센이 아닌 노선을 전부 재래선이라 한다.

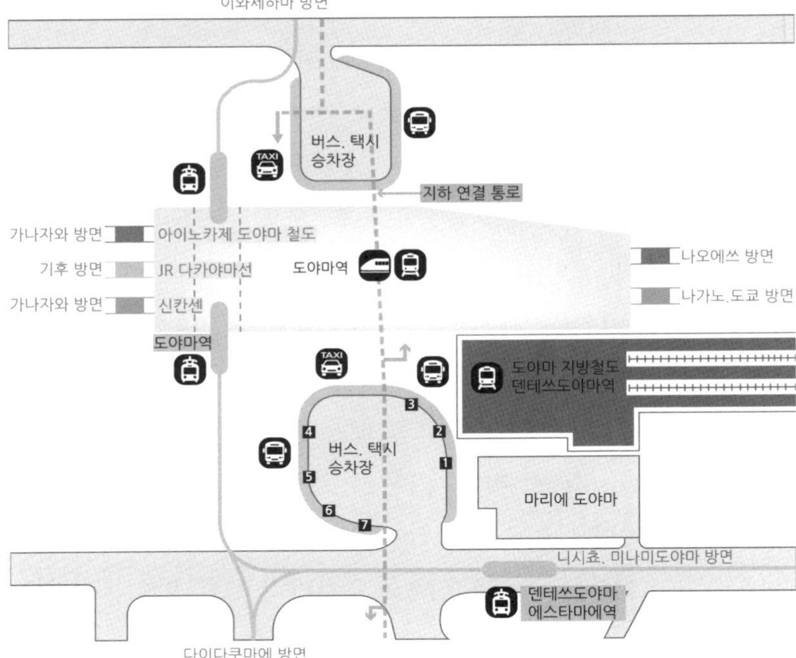

도야마 역 공간구조 디자인

야마 철도선의 아이노카제 도야마 철도, 도야마 지방철도의 트램을 운행한다. 도야마 역의 승강장은 JR 호쿠리쿠 신칸센 승강장, 아이노카제 도야마 철도 · 다카야마 본선 승강장, 트램 승강장으로 구분된다.

도야마 역 주변 정리 사업

도야마 역은 도야마의 관문이자 교통의 거점이지만 역을 기준으로 도시가 남부와 북부로 단절된 상태였다. '도야마 역'이 현재

도야마 역 주변 정리 사업		
기본방침	특 징	세부 사업
1. 도야마의 새로운 얼굴 만들기 2. 다양한 대중교통을 편리하게 연결 3. 도시거점으로서의 기능	• 콤팩트한 연속 입체 교차 • 남북 도시의 축 • 역과 마을을 잇는 3개의 로터리 • 동서남북으로 가르는 공공 보행 통로 • 도야마의 매력을 살린 공간 디자인	• 호쿠리쿠 신칸센 건설 사업 • 도야마 역 부근 연속 입체 교차 사업 • 도로 정비 사업 • 도야마 역 주변 지구 토지 구획 정리 사업 • 자유 통로 정비 사업 • 트램(노면전차) 남북 연결 사업

도야마 역 주변 정리 사업

의 위치로 이전한 지 약 100년이 지난 2015년 3월, 호쿠리쿠 신칸센 개통을 계기로 시작된 '도야마 역 주변 정리 사업'은 도야마를 더욱 새롭게 변화시키고 있다.

도야마 시는 도야마 역 남측의 센트램과 북측의 포트램을 도야마 역 고가 밑에서 연결하는 '트램(노면전차) 남북 연결 사업'을 진행해 대중교통의 편리성 향상을 도모하고자 했다. 호쿠리쿠 신칸센의 개통에 맞춰 고가 아래 남쪽 출입구에서 역 앞 광장까지 제1구간을 준공하고, 신칸센과 재래선이 오가는 고가 아래에는 센트램 정류장을 신설하였다. 도야마 역 그리고 역 주변은 신칸센, 트램, 재래선, 버스 · 택시 정류장이 자리한 대중교통 네트워크의 거점으로 거듭났다. 대중교통 도로선 정비뿐 아니라 구획 도로, 보행자 전용도로, 역 앞 광장 등도 정비해 각종 도시 기능의 집적을 꾀하고, 도야마 시의 현관 이미지에 알맞은 도시 기능과 탁월한 도시 공간을 형성한 것이다.

기본 방침

도야마 역 주변 정리 사업의 기본 방침은 다음과 같다. 첫 번째는 도야마의 새로운 얼굴 만들기다. 도야마의 도시 정체성을 드러내는 표상으로써 도야마의 역사와 자연의 특성을 살린 디자인을 통해 매력적인 도시 공간을 창출한다. 두 번째는 대중교통의 편리한 이용을 도모해 역과 지역을 하나로 연결하는 것이다. 세 번째는 지역 경제를 활성화할 복합 기능을 갖춘 도시 거점 기능이다.

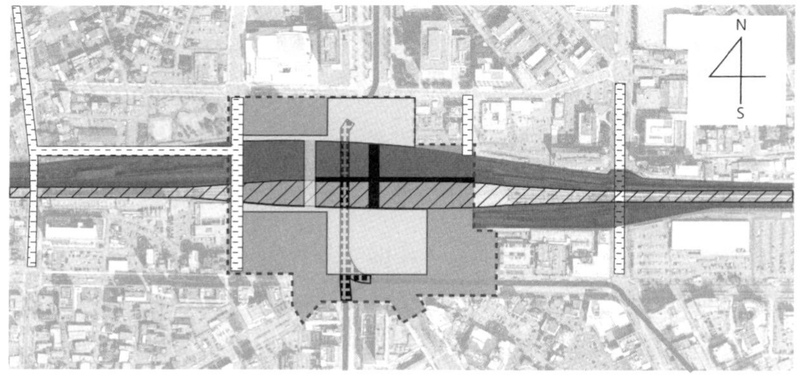

1. 호쿠리쿠 신칸센 연결 사업
2. 도야마 역 부근 연속입체교차 사업
3. 관련 도로 정비 사업
4. 도야마 역 주변 지구 토지 구획 정리 사업
5. 자유통로 정비 사업
6. 트램 남북 연결 사업

역 앞·교통광장 범위

도야마 역 주변 정리 사업 세부 상황

세부 사업

도야마 역 주변 지역의 일체적인 도시 만들기를 추진하기 위해 위와 같은 방침을 기본으로 한 도야마 역 주변 정리 사업은 2001년 호쿠리쿠 신칸센 건설 사업 공사 실시 계획 인가와 함께 시작되었다. 그 후 도야마 역 부근 연속입체교차 사업, 관련 도로 정비 사업, 도야마 역 주변 지구 토지구획 정리 사업, 자유 통로 정비 사업, 트램 남북 연결 사업의 6개 사업을 종합적으로 진행해 나가고 있다. 도야마는 철도의 고가화 및 주변 시설 재정비 등을 통해 남부 지구와 북부 지구로 나뉜 시가지가 통합된 마을만들기의 실현을 목표로 하고 있다.*

① 호쿠리쿠 신칸센 연결

호쿠리쿠 신칸센은 도쿄에서 나가노, 도야마를 거쳐 오사카에 이르는 약 700km의 노선이다. 나가노-가나자와 구간은 2015년 3월에 개통되었으며, 도야마 역은 신칸센 개통과 함께 재정비되었다. 신칸센 개통으로 주요 도시 간 운행시간이 단축되었는데 특히 도야마에서 도쿄까지 단 2시간 8분이 소요된다.

② 연속입체교차 사업

재래선 철도와 신칸센이 교차하는 도야마 역은 도야마 시의 관문이자 현청 소재지(현의 중심이 되는 도시)에 어울리는 교통 거점으로 지역의 분단을 피하고 한정된 토지를 효과적으로 활용하기 위해 도야마 현이 사업 주체가 되어 고도차를 활용해 도로를 정비했다.**

* 도야마 시 홈페이지

** 협력업체는 JR 서일본, 도야마 지방철도(주), 도야마 시다.

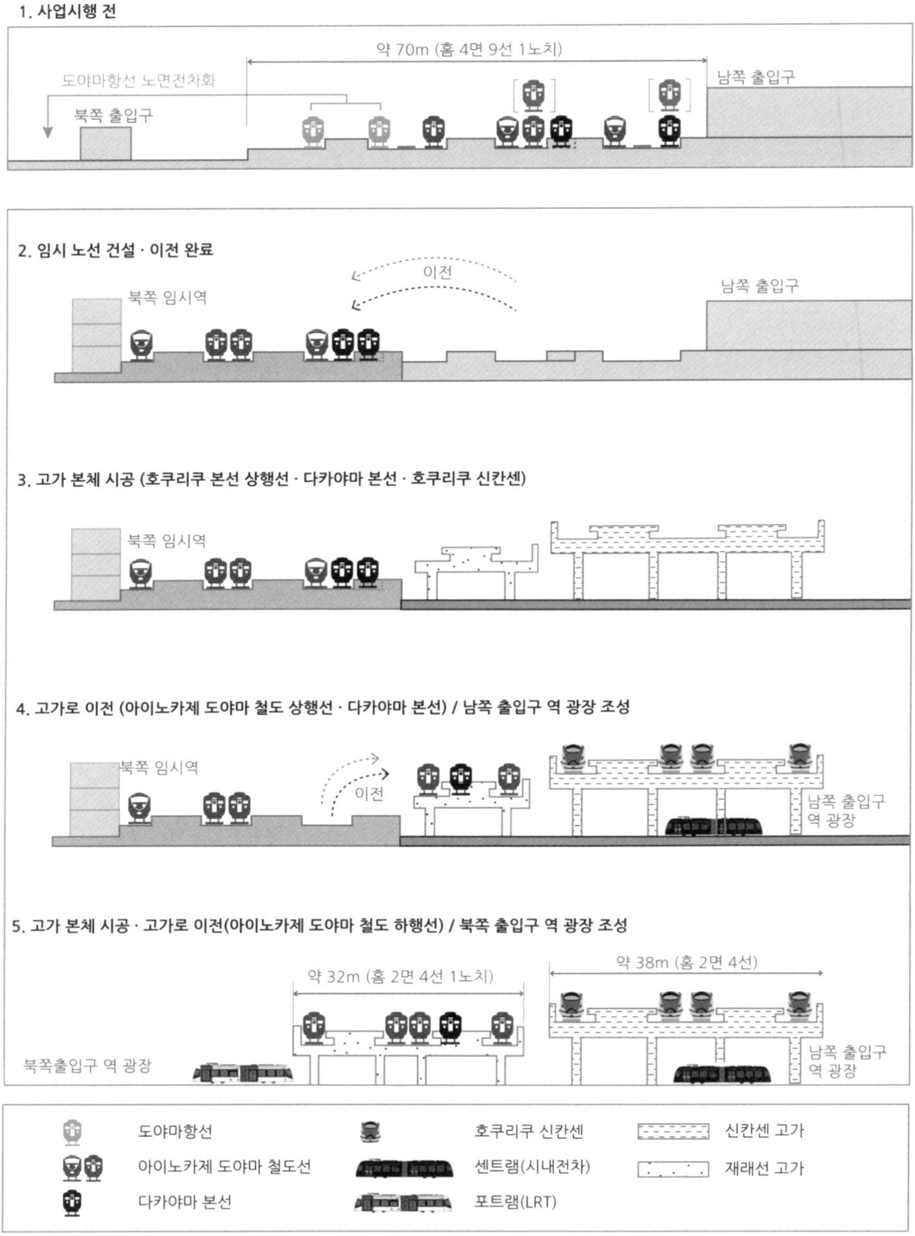

1. 사업시행 전
약 70m (홈 4면 9선 1노치)
도야마항선 노면전차화
남쪽 출입구
북쪽 출입구
2. 임시 노선 건설 · 이전 완료
이전
북쪽 임시역
남쪽 출입구
3. 고가 본체 시공 (호쿠리쿠 본선 상행선 · 다카야마 본선 · 호쿠리쿠 신칸센)
북쪽 임시역
4. 고가로 이전 (아이노카제 도야마 철도 상행선 · 다카야마 본선) / 남쪽 출입구 역 광장 조성
북쪽 임시역
이전
남쪽 출입구
역 광장
5. 고가 본체 시공 · 고가로 이전(아이노카제 도야마 철도 하행선) / 북쪽 출입구 역 광장 조성
약 32m (홈 2면 4선 1노치)
약 38m (홈 2면 4선)
북쪽출입구 역 광장
남쪽 출입구
역 광장
도야마항선
아이노카제 도야마 철도선
다카야마 본선
호쿠리쿠 신칸센
센트램(시내전차)
포트램(LRT)
신칸센 고가
재래선 고가

연속입체교차 사업 프로세스

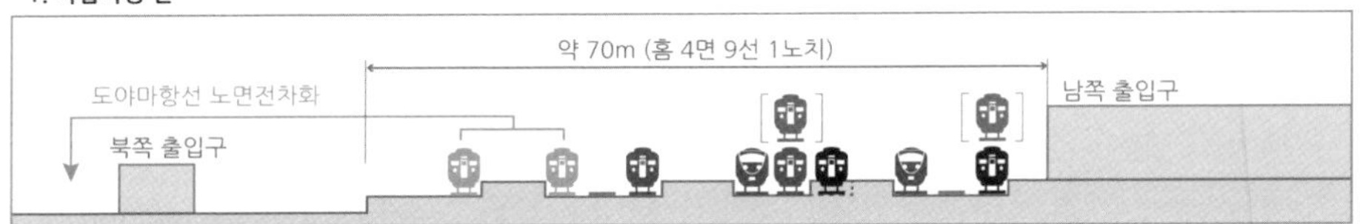

1. 공사 착수 전(사업 시행 전)

그림 1은 연속입체교차 사업 시행 전의 모습이다. 당시에는 도야마항선, 아이노카제 도야마 철도선, 다카야마 본선이 모두 같은 홈에 있었다. 도야마항선은 남북 일체 마을만들기를 목표로 역을 북쪽으로 이전, 트램화하는 사업이 진행되고 있었다.

2. 임시선 건설, 이전 완료

재래선 운영을 위해 북쪽에 임시 노선을 건설하고, 다카야마 본선(JR 재래선)과 아이노카제 도야마 철도선을 약 5년에 걸쳐 모두 이전했다.

3. 고가 본체 시공

모든 철도가 이전하고 남은 공간에 호쿠리쿠 본선 상행선, 다카야마 본선, 호쿠리쿠 신칸센을 위한 고가를 시공했다. 신칸센 노선 정비를 우선하여 진행하기 위해 상층부에는 폭 38m의 호쿠리쿠 신칸센의 고가 홈을, 하층부에는 폭, 약 17m의 재래선 고가 홈을 설치했다.

4. 고가로 이전

상층부의 홈(2면 4선)에는 호쿠리쿠 신칸센을 이전시키고, 신칸센 고가 아래에는 다카야마 본선과 아이노카제 도야마 철도 상행선을 차례로 이전시켰다. 동시에 남쪽 출입구 광장이 조성되어 센트램이 고가 아래까지 운행될 수 있도록 노선이 변경되고 도야마 역 정류장 또한 개통되었다.

5. 고가 본체 시공 · 고가로 이전

다카야마 본선과 아이노카제 도야마 철도 상행선 이전 후 남아 있던 가선을 철거하고 그 공간에 하행선을 시공했다. 이로써 기존 폭 17m였던 하층부의 재래선 고가 홈이 32m(2면 4선)로 확장되었다. 임시 역에 놓여 있던 아이노카제 도야마 철도 하행선도 고가로 이전되었다. 모든 재래선이 지상 홈으로 이전하고 남은 공간은 북쪽 출입구 교통광장으로 정비되었다. 고가 아래로는 센트램과 남과 북을 잇는 포트램이 운행한다.

사업비 약 297억 엔으로 12년간 진행된 연속입체교차 사업은 아이노카제 도야마 철도와 JR 다카야마 본선, 도야마 지방철도 본선, 호쿠리쿠 신칸센을 고가화하였다. 호쿠리쿠 신칸센 개업과 동시에 남쪽의 도야마 지방철도 시내 전차 궤도를 신칸센 고가 밑까지 뻗어 센트램 등 남측의 모든 노면전차가 호쿠리쿠 신칸센 도야마 역 고가 아래까지 운행할 수 있도록 노선을 정비하였다. 신칸센의 보조교통이자 도야마 시민들의 다리가 되는 대중교통이 역 안, 신칸센 개찰구 바로 앞까지 정비되어 누구든 편리하게 시내로 이동할 수 있는 구조를 취한 것이다.

1층 도야마 역 고가 밑 궤도 공간

1층 도야마 역 트램 정류장

2층 아이노카제 도야마 철도 · JR 다카야마 본선 개찰구

2층 아이노카제 도야마 철도 · JR 다카야마 본선 플랫폼

3층 호쿠리쿠 신칸센 플랫폼 개찰구

3층 호쿠리쿠 신칸센 플랫폼

③ 관련 도로 정비 사업

도야마 시는 호쿠리쿠 신칸센 개통 및 연속입체교차 사업에 의한 재래선의 고가화*와 함께 교통체증이 발생하는 도로를 정비하였다. 해당 구간은 도시계획 도로인 우시지마 이나가와선과 호리카와선이다. 기존 폭 17.5m, 19.5m 도로를 폭 27m(왕복 4차로) 규모로 확장했다. 이 사업은 도로 폭을 넓혀 차량과 보행자 모두에게 안전하고 쾌적한 가로 환경을 제공하는 것이 목적이다.

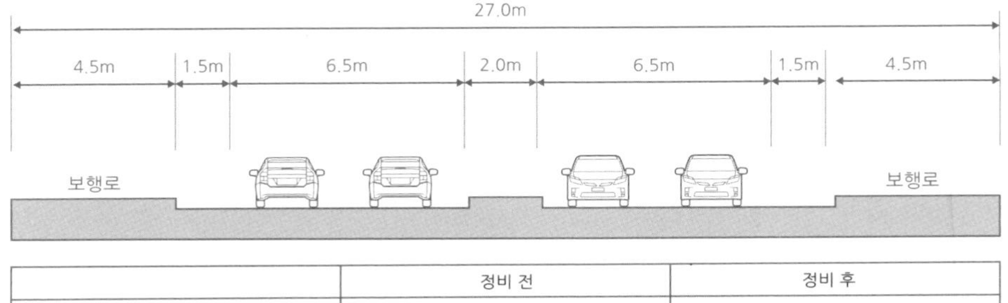

	정비 전	정비 후
우시지마 이나가와 선(牛島蛯川線)	W= 17.5m	W= 27.0m (4차로)
호리카와 선(堀川線)	W= 19.5m	W= 27.0m (4차로)

도야마 역 주변 관련 도로 정비 사업

④ 도야마 역 주변 지구 토지구획 정리 사업

역전광장은 도시 교통을 처리하는 기능과 함께 이동과 휴식, 다양한 사회·문화적 행위를 위한 공간이다. 도야마 시는 사회적 교류의 장으로써 도야마 역 주변 약 0.104㎢ 구역을 정리하는 사

* 역사의 고가화는 선로와 플랫폼 등 주요 역사기능이 고가에 위치하는 것을 말하며, 역사의 교상화는 선로를 포함한 역사의 주요기능이 지상에 위치하며, 선로의 각 플랫폼 간에 상부 다리를 만들어 이동하는 형태를 말한다(송준환, 지역을 연결하는 철도역 자유통로의 장소 만들기, 대한건축사협회, 2017, p.126).

보행공간을 확장한 도야마 역 남쪽 출구 광장

업을 시행했다.

가장 먼저 도보 공간과 환경을 구축하기 위해 보도와 차도의 동선을 분리하면서 공간을 확대했다. 남쪽 출구 광장은 기존 9,460m²에서 1만 2,000m²로, 북쪽 출구 광장은 6,100m²에서 1만 100m²로 넓혔으며, 서쪽 출구 광장은 고가 아래 5,000m²를 새롭게 조성해 총면적을 2만 7,100m²로 넓혔다. 또한, 다른 교통수단으로 원활히 환승하기 위해 교통광장*의 구성을 대중교통과 개인 교통으로 구분하였다. 역을 중심으로 버스, 택시 등의 대중교통시설은 남측과 북측 출구 광장에 배치하고, 승용차 등 개인 차량은 서쪽 출구 고가 아래로 배치하였다.

* 교통광장은 효율적으로 교통을 처리할 목적으로 설치되는 광장을 말하며 교통광장이 설치되는 위치에 따라 교차점 광장, 역전광장, 주요 시설 광장으로 구분할 수 있다. 교차점 광장은 도시 내 주요 가로의 교차점에 설치하는 광장이며, 역전광장은 철도역에 접속하여 설치하는 광장이고, 주요 시설 광장은 교통을 원활히 하기 위해 당해 시설에 접속하여 설치하는 광장이다.

도야마 역 북쪽 출구 광장

도야마 역 남쪽 출구 광장의
택시 정류장

도야마 역 남쪽 출구 광장의
버스정류장

도야마 역 서쪽 출구 광장

고가 밑 공간을 살린 도야마 역 서쪽 출구 교통광장

⑤ 자유통로 정비 사업

자유통로란 철도역사 내를 횡단하기 위한 통로로 철도 이용자뿐만 아니라 모든 보행자를 위한 공간을 말한다. 많은 수의 보행자가 여러 방향으로 통행하고자 할 때 통행의 출발점이자 도착점이 되는 광장이다.

도야마 시는 도야마 역을 기점으로 남과 북으로 갈라져 있다. 남북을 연결하는 수단은 오직 역의 지하통로였다. 도야마 시는 동쪽 출구와 서쪽 출구, 남쪽 출구와 북쪽 출구를 연결하는 보행자 전용 통로를 위해 철궤도 고가 아래, 도야마 역 1층 공간을 재정비했다. 보행자 전용 지상 통로를 갖춤으로써 보행자들의 원활한 이동을 돕도록 구획되었다. 동서남북 사방으로 열린 개구부를 통해 역으로 들어오면 보행자 통로를 통해 JR 다카야마 본선 및 아이노카제 도야마 철도선의 승강장, 호쿠리쿠 신칸센 승강장, 트램 승강장을 이용하는 승객뿐만 아니라 보행자들도 아무 장애물 없이 이동하도록 디자인하여 자연스럽게 시가지로 유입될 수 있도록 유도한다. 또한, 도야마 역은 교통 시설의 역할과 동시에 시민을 위한 소통의 공간이자, 개방된 공간으로 활성화될 수 있도록 서쪽 출구 화장실, 종합안내소, 다목적 데크 등 공공시설을 구축했다. 이용자들은 자유통로와 이어진 트램 정거장 상층부, 약 2층 정도의 높이에 설치된 다목적 데크에서 만남과 휴식, 다양한 이벤트를 경험할 수 있다.

⑥ 트램(노면전차) 남북 연결사업

트램이 신칸센 밑을 지나 시내 곳곳에 갈 수 있다는 것은 지금까지는 없었던 매력적인 도시구조이자 신선한 광경이다. 도야마

보행 공간 확보 및 대중교통 환승의 원활화를 위해 정비된 자유통로

자유통로 1층 트램 플랫폼과 2층의 다목적 데크

도야마의 남과 북을 이어주는 도야마 역 트램 정거장

도야마 역 고가 밑 트램 플랫폼

역 북쪽 포트램과 도야마 역 남쪽 센트램을 도야마 역 고가 아래서 연결해 도야마 역 북쪽 시가지의 대중교통 활성화를 추진했다.

2015년 3월 14일 호쿠리쿠 신칸센 개통과 함께 도야마 역 남쪽 출구 광장에서 호쿠리쿠 신칸센 도야마 역 고가 밑까지 이어지는 트램 남북 연결사업의 제1기 구간을 개통했다. 호쿠리쿠 신칸센과 아이노카제 도야마 철도 고가 아래로 트램 운행과 함께 새로운 '도야마 역 정거장'이 자리하게 되었다. 따라서 이용자들은 신칸센이나 재래선의 개찰구에서 나와 날씨에 상관없이 바로 트램을 갈아탈 수 있어 환승 및 접근성이 매우 편리하다. 현재는 제2기 사업으로 센트램과 포트램을 연결하고 있는데 완성되면 도야마 시의 남북이 연결되는 것이다.

잘 설계되고 관리된 공공영역은 지역사회가 자부심을 느끼게 하며 긍정적인 이미지를 창출한다. 도야마 역사를 잘 지어 하나의 랜드마크로 끝나는 것이 아닌, 살기 좋고 기억에 남는 도야마 시를 위해 역 주변도 정리해 공공환경의 전반적인 질을 높였다.

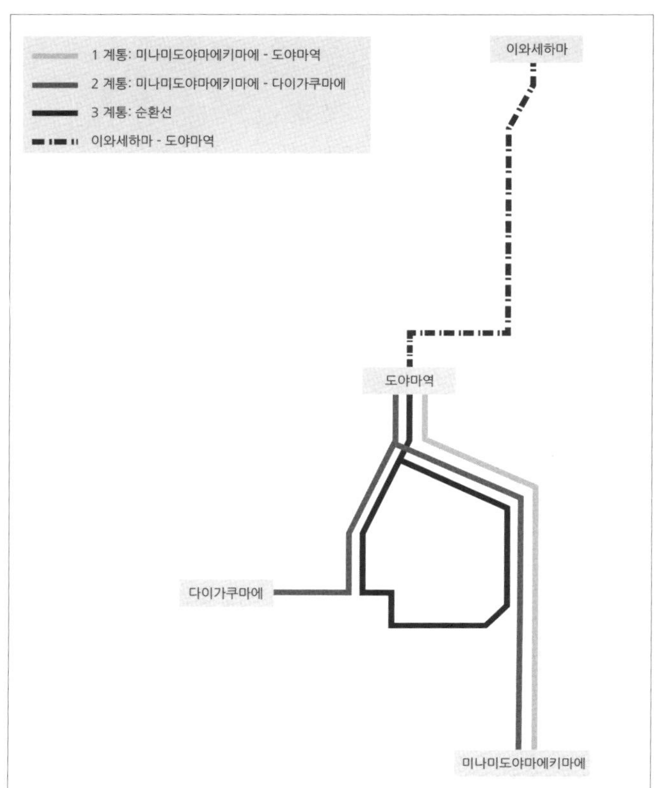

남북 연결 후 전차 노선도

도야마 역 앞 도로

도야마 역의 아름다움

다테아마 연봉과 삼나무 숲, 눈을 이미지화한 디자인의 도야마 역

도야마 역의 특징 중 빼놓을 수 없는 것이 디자인이다. 2017년 굿디자인상Good Design Award*을 받은 도야마 역은 고가 밑에 신설된 트램 승차장과 광장이 잘 어우러진 도시적이고 상징적인 디자인으로 기존 역과는 전혀 다른 인상을 준다.

도야마 역으로부터 연속적으로 배치된 'ㅠ'형태의 조형물은 일본의 상징이라고 할 수 있는 신사 입구에 세워진 도리이鳥居**를 표현한 듯하면서도, 조명이 켜진 모습은 마치 미래로 향하는 문門이라는 한자 이미지를 형상화한 듯하다. 이 조형물들은 도시와 도

* 공익재단법인 일본산업디자인진흥회가 주최하는 디자인상이다. 세계 4대 디자인어워드(독일의 Red Dot Design Award, iF Design Award, 미국의 IDEA) 중 하나로 1년에 한 번씩 굿디자인에 수여하며, 1957년에 창립된 이래 현재까지 국제적인 디자인 프로모션에 기여하고 있다.

** 전통적인 일본의 관문으로 일반적으로 신사 입구에서 발견된다.

시를 잇는 관문으로써 참신하고 재미있는 공간을 연출하고 있다. 'ㅠ' 형태의 조형물은 가선 기둥架線柱*이다. 이 가선 기둥은 전체적으로 2가지 모노톤을 조합해 단순함과 통일성을 강조하고 시각적인 안정감을 보여줌으로써 경관과 조화를 이루고 있다.

또한, 심플하고 세련된 이미지 표현을 위해 가선catenary** 지지대, 신호, 사인, 스피커, 감시카메라 등의 시설을 가선 기둥과 일체화하였다. 궤도를 따라 이어지는 연속된 가선 기둥의 빛은 아름다운

가선 기둥에는 LED 조명과 사인 등을 부착하여 다목적 용도로 활용

* 길가에 있는 전차 가선을 받치는 기둥.

** 전차에 전기를 공급하기 위해 위에 설치된 하나 이상의 전선을 말한다. 2017년 한국철도시설공단은 《알기 쉬운 철도 기술용어 순화해설집》에서 가선을 공중전선, 전기선 설치라고 순화해 표현했다.

선이자 공간으로서 그 아름다움을 뽐내고 있다. 도야마 시는 역사를 주변 경관과 조화롭게 하고 궤도 시설 또한 경관 형성의 중요한 요소로 삼으며 도야마만의 디자인 아이덴티티를 확립하였다.

도야마 역 야경

도야마 역에 설치된 가선 기둥 및 궤도 전경

미니멀리즘을 강조한 가선 기둥 디자인

도야마 역의 경관을 위한 가선 기둥의 조명은 공간의 쾌적성과 안전을 중요시했다. 따라서 광원이 눈에 보이지 않는 간접 조명 방식의 라인형 LED 바를 배치, 자연스러운 빛을 연출하고 있다. 도야마 역 승차장에는 선형 조명 요소 외에 플랫폼을 따라 소형 스포트라이트(스폿 조명기구)가 추가로 설치되어 있다. 스포트라이트에는 확산 렌즈를 부착했는데, 심플한 디자인 아이덴티티를 살리고 빛의 효율을 높이기 위해서다. 승객들이 전차를 타고 내릴 때 안전감을 느낄 수 있고, 통행에 지장이 없도록 승차장의 벽 쪽으로 빛이 집중되거나 도보 공간에 빛의 얼룩이 생기지 않고 도보 공간을 부드럽게 비춤으로써 플랫폼의 필요한 조도를 확보하는 등 빛의 효율성을 높였다. 또한, 단색조의 알루미늄 기둥과 모노톤 계열의 자연석 바닥이 어우러져 현대적인 감각이 돋보이는 내부 승강장 벽면의 유리 작품은 마치 차량 전시장 같은 느낌이다.

도야마 역 벤치의 낮과 밤 전경

기부자 이름이 새겨진 벽면의 원형 메달과 패널 디자인

인클루시브 디자인

인간은 외부로부터의 정보를 인지하고 처리함으로써 자신의 행동을 결정한다. 그 때문에 이용자의 편리를 위해 정확한 정보를 신속하게 전달하기 위한 사인Sign의 역할이 중요하다. 특히, 역과 같은 복잡한 환경에서는 보행자 이동을 원활하게 하기 위해 사인

도야마 역 내부 흑백 명도 대비의 사인

도야마 역 내부 인포메이션 패널 시스템 사인

도야마 역 외부 디스플레이 패널 시스템 사인

으로 정보를 명확하게 전달해야 한다. 도야마 역은 사인디자인을 통해 시각체계를 강화함으로써 대중교통 이용을 촉진하고 있다.

도야마 역에 들어서면 잘 정리된 깔끔한 모노톤으로 통일된 다양한 사인 시스템을 만날 수 있다. 누구나 쉽게 알아볼 수 있도록 다크그레이를 기본 컬러로 하고 흰색의 기호 및 문자(고딕 계열 글씨체)를 넣어 대조에 의한 가독성을 극대화하였다. 야간에도 뚜렷이 보일 수 있도록 무광택 흰색 패널 뒤에 광원을 부착하여 반투명 확산판으로 빛을 분산시키는 백라이팅(후광 조명기법)을 적용했다.

도야마 역 곳곳에는 시각장애인 보행의 특성인 직선 이동, 방향 전환, 목적지 발견의 요소를 고려하여 점자블록이 설치되어 있다. 점자블록은 다른 보행 장애물로 인해 선형이 변형되거나 끊기지 않도록 했다. 시각장애인의 손이 닿을 수 있는 위치에 설치된 도야마 시내 전차 승차장 안내 사인은 안내도와 촉지도를 구분하지 않고 하나로 결합해 비장애인도 한곳에서 정보를 입수하도록 했다. 이 또한 도야마 사인 시스템 이미지 컬러인 다크그레이와 화이트를 기본으로 사용하였으며, 최소한의 단서로 사용자가 원하는 목적을 달성할 수 있도록 간결화하였다. 이러한 디자인은 장애인, 비장애인을 넘어 국적, 언어능력, 연령에 관계없이 누구나 쉽게 이해할 수 있도록 설명하고 있었다.

특정 지점의 위치 확인, 주요 시설물의 방향과 거리 등의 정보를 제공하기 위한 유도사인도 핸드레일(손잡이)에 설치되어 있다. 유도사인은 점자도 병행하여 표시하였으며, 밝은 색을 바탕색으로 하고 화살표와 문자는 대비되는 색을 사용하여 시인성을 높였다.

시각장애인 점자블록과 안내 사인

강철 기둥과 재생 목재를 사용한 정류장 벤치

도야마 역 주변의 복합 상업공간

철도 개통과 함께 상권이 발달된 도야마 역 주변 지구는 도야마 역 부근의 시장과 1950년 문을 연 영화관을 중심으로 음식점들이 모여 있던 '시네마 식당가'로 항상 사람들이 붐볐다. 하지만 산업 환경 변화, 자가용 대중화로 역의 역할이 축소되었고, 대형 점포도 교외로 이전되면서 주변 상권은 점점 쇠퇴해 갔다. 이에 도야마 시는 대중교통 네트워크 정비와 함께 사회 변화에 따라 방치되던 도야마 역 주변 공간에 활기를 불어넣기 위한 계획을 추진하였다. 그리고 지역 상권 및 도시 활성화를 위해 주거, 쇼핑, 교육 그리고 다양한 커뮤니티 시설의 복합적인 환경 조성을 목표로, 기존의 낙후한 이미지에서 벗어나 개발된 도시 중심지로의 새로운 이미지를 만들어가고 있다.

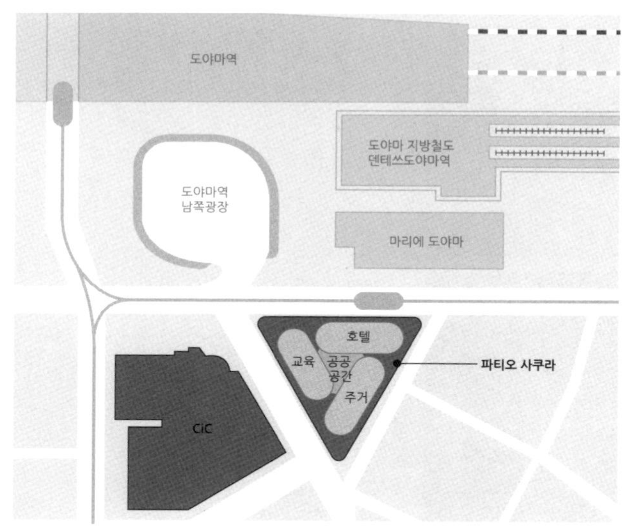

CiC와 파티오 사쿠라

CiC

도야마 역 남쪽 출구 정면에 있는 'CiC'는 도야마 시 안에 새로운 또 하나의 '시市'가 태어난다는 의미를 담은 'City in City'와 불어 'Chic'의 합성어다. '세련된, 산뜻한'이란 뜻에서 '시크'라는 애칭으로도 불린다. CiC는 도야마 역 앞이라는 입지조건을 활용해, 지하 1층부터 6층은 상업시설과 공공시설로, 7층부터 15층은 호텔시설로 구성되어 있다.

1992년 3월에 문을 연 복합 상업시설인 CiC는 제2차 세계대전 이후 폐허가 된 넓은 공터를 장터로 삼은 데서 시작된다. 자연스럽게 형성된 역전 암시장(자유시장)에 건물이 세워지면서 시장으로서의 모습을 갖추게 되었고, 1947년 '시라쿠라 시장'이라 이름 붙여졌다. 1953년 시장이 있던 도야마 역 남쪽 출구 정면 부지에

스다빌딩이 세워졌다. 당시 스다빌딩은 물론이고 주변으로 다양한 상업시설이 번창하면서 도야마 시의 핵심 장소로 여겨지기도 했다.

1992년 스다빌딩은 복합 상업시설인 'CiC'로 다시 태어났다. CiC는 신시가지 개발이 아닌, 도야마 역을 중심으로 주변 원도심 지역 활성화를 위한 상업 건물을 개선한 것이 핵심이다. 하지만 대형 상업시설의 교외화와 인구감소로 2002년 운영관리자인 도야마 역전 개발은 파산하고 민사재생법의 적용을 받아 재생을 진행했으며 도야마 시도 힘을 모았다. 이후 하나둘 비어 가던 점포의 주요 층을 주민들에게 내어줌으로써 공공시설로 개조하는 작업을 적극적으로 지원하고 있다. 현재는 특산품 판매점, 레스토랑뿐만 아니라 도야마 어린이 플라자, 가족 지원센터, 일본 복지대학 도야마 사무실, 도야마 시민 교류관, 대학 컨소시엄 도야마 등 공공시설이 이전, 50개가 넘는 시설이 입주해 있다.

또한 도야마 역 지하통로 연결 등 시민들이 필요로 하는 인프라 구축 및 서비스 활성화를 통해 다시 예전의 활기를 되찾고 있다. 이처럼 지역민들을 위한 시설로 개조한 데는 다른 건물과 같은 과정을 밟지 않겠다는 의지이자 오랜 역사를 가진 건물에 대한 궁극의 애프터서비스가 아닐까 생각한다.

CiC에는 시민을 위한 다양한 시설 중 4층 '도야마 어린이 플라자'가 주목받고 있다. 2013년 개관한 육아 지원 공간으로 어린이 광장, 어린이 도서관, 육아 상담실(육아 안심 스테이션), 도야마 역 남쪽 도서관, 가족지원센터 등을 갖추고 있다. 어린이들에게는 마음껏 뛰어놀 수 있는 장소를, 부모들에게는 자녀와 함께 독서의 즐거움을 체험할 수 있는 장소를 제공한다. 육아지원센터, 가족

4층 도야마 어린이 플라자 · 도야마 역 남쪽 도서관

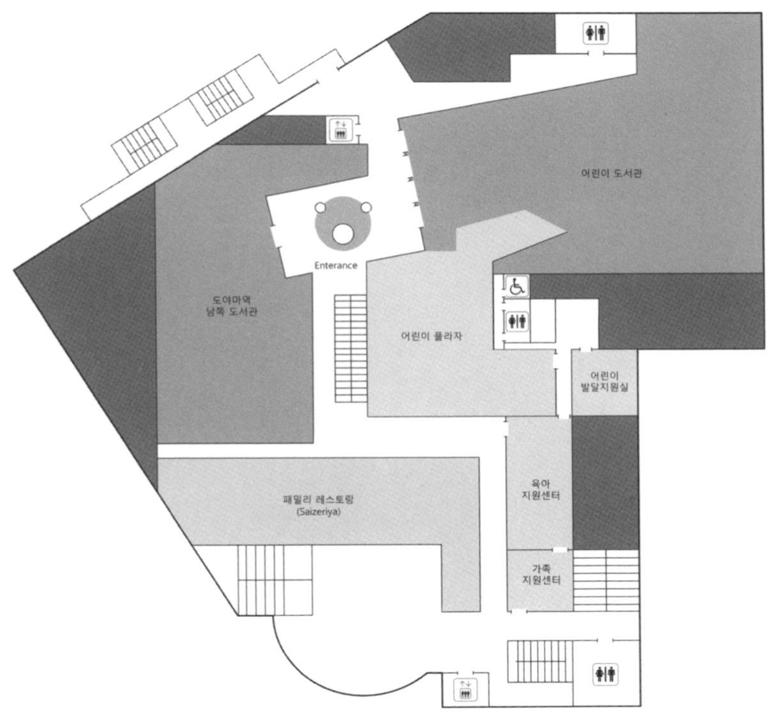

4층 도야마 어린이 플라자 · 도야마 역 남쪽 도서관 평면도

지원센터에서는 아이 돌봄 서비스 소개, 24시간 전화 상담 서비스 등을 통해 육아에 관한 상담이나 정보를 교류할 수 있다. 출산 장려금, 돌봄 서비스 또는 육아비용으로 쓸 수 있는 보조금과 같은 이벤트성 현금 지원에 집중된 정책으로 젊은 세대의 이주를 부추기는 것이 아닌 어려움 없이 양육할 수 있는 환경을 제공하는 도야마의 노력을 볼 수 있다.

지하 1층, 지상 15층으로 도야마 역 앞이라는 입지적 장점이 있는 CiC는 본 건물을 상업시설로만 활용하지 않고 주요 층을 시민들을 위한 공익 시설로 내어주었는데, 정부가 이런 방식에 적극적으로 참여한다는 점이 눈에 띈다. 오랫동안 머물고 다시 찾는 공간을 위해 복합적 토지이용계획을 조성하고 역세권 지역의 상권 활성화를 도모하고 있다는 점에서 시사하는 바가 크다. 도야마 시의 CiC는 지속 가능한 삶의 터전으로 젊은 세대에게는 아이를 키우기 좋은 공간을, 주민들에게는 교육 및 휴식의 공간을 제공한다.

파티오 사쿠라

도야마 역 남쪽 출구로 나오면 삼각형 모양의 독특한 건물을 만날 수 있다. 도야마 시 사쿠라마치 재개발사업의 일환으로 도시 기능이 저하된 옛 시네마 식당가 부지에 2018년 새롭게 문을 연 '파티오 사쿠라'다.

파티오 사쿠라라는 명칭은 건물로 둘러 싸인 정원을 뜻하는 스페인어 '파티오Patio'와 재개발 구역의 '사쿠라마치'에서 유래했다.

75세대가 거주할 수 있는 주거 건물(18층), 314개 객실을 보유한 호텔 건물(18층), 전문학교가 있는 교육시설(6층)의 3개 동으로 구성되어 있으며, 각 건물의 주벽이 도로 방향과 일치해 삼면이 도로에 둘러싸여 있어 개방감과 인지성이 뛰어나다. 3개 동에 둘러싸인 중앙 정원은 큰 지붕을 덮어 비가 와도 이벤트 및 상업적 활용이 가능하다.

도야마 역 원도심 기능을 회복하고, 전통과 혁신이 융합된 활기 거점 창출을 목표로 진행된 파티오 사쿠라는 주거 · 상업 · 교육 · 호텔의 복합 시설 공간으로써 새로운 가능성을 보여주고 있다.

중심시가지

도야마 시의 중심시가지는 오래전부터 현청 소재지와 광역 중심 거점 역할을 담당했다. 중심시가지는 도시의 역사적 · 문화적 원점이고 시민 생활의 중심이자 도시의 얼굴이다. 이에 도야마 시는 지역 문화를 조성하고 사람들이 붐비는 다양성과 활력을 지닌 공간으로 도심을 변화하고자 했다. 중요한 것은 현대적 도심 기능의 수용을 위한 신시가지 개발이 아닌, 과거 번성했지만 도시 성장 과정에서 쇠퇴의 길을 걸었던 옛터에 다시 사람이 모이도록 한 것이다. 주민과 행정이 힘을 합쳐 지속 가능한 삶의 터전을 만들어가고 있다.

중심시가지의 역사와 역할

도야마 시는 1543년 무렵 건립한 도야마 성을 중심으로 형성된 성하마을城下町*이다. 메이지 시대(1868–1912년)에는 별원別院들이 세워지고, 그 주변으로는 상점가, 음식점, 기념품 가게들이 모여들면서 몬젠마치門前町**로 성장했다. 1945년 종전 이후에는 전쟁 피해 부흥 토지구획 정리 사업의 일환으로 도로 정비와 구획 정리가 진행되면서 이 지역은 도야마 시 중심시가지로 발전했다. 도야마 성은 중심시가지가 마을로 형성된 유구遺構를 보여주는 역사적

* 거성(居城)을 중심으로 형성된 마을.

** 신사나 절 앞에 이루어진 마을, 시가(市街).

도야마 시 중심시가지인 오테마치와 소가와

자원이다. 도야마 시는 옛것을 없애는 것이 아니라 역사적 가치와 정취가 살아 숨 쉬는 도시 정체성을 중요요소로 삼았다.

이 중심시가지는 1954년 복원된 도야마 성을 중심으로 도야마 조시 공원, 마츠카와 공원 등의 도시 공원과 도야마 시청, 도야마 현청 등 관청, 백화점을 중심으로 한 상점가와 음식점, 지역 금융기관 본점 등을 비롯한 사업소 등이 자리한 곳으로 과거로부터 현재에 이르기까지 다양한 도시 집적이 진행되고 있다. 현재 도야마 시의 중심시가지는 도야마 역에서 남쪽으로 약 1.4km 떨어진, 도야마 성 주변의 오테마치와 소가와 지역을 포함한다.

오테마치

오테마치大手町는 도야마 성의 정문인 오테몬이 있던 자리에 형성된 도시다. 오테마치라는 명칭은 오테몬 앞 마을이라는 뜻에서 유래한다. 도야마 성으로부터 남쪽으로 뻗은 길이 약 290m의 도로를 중심으로 그 양쪽 구역이 오테마치다. 이 도로는 도야마 성과 오테몬을 이어 만든 길이라 하여 '오테마치 거리'라고 이름 붙여졌으며, 현재는 '오테몰'이라 불린다.

과거 도야마 성의 일부였던 오테마치 거리는 시간이 지나 성이 해체되고 도시가 형성되어 가는 과정에서 새롭게 정비된 도로다. 1871년 처음 도야마 현청이 만들어진 후 1930년 소실될 때까지 도야마 성지는 오랜 시간 현청 부지로 사용됐기에 오테마치 거리는 도야마의 중심 도로였으며 현청 앞 도로라 불리기도 했다.

쇼와 초기(1930년대) 오테마치는 시청, 도야마 시 공회당, 보건

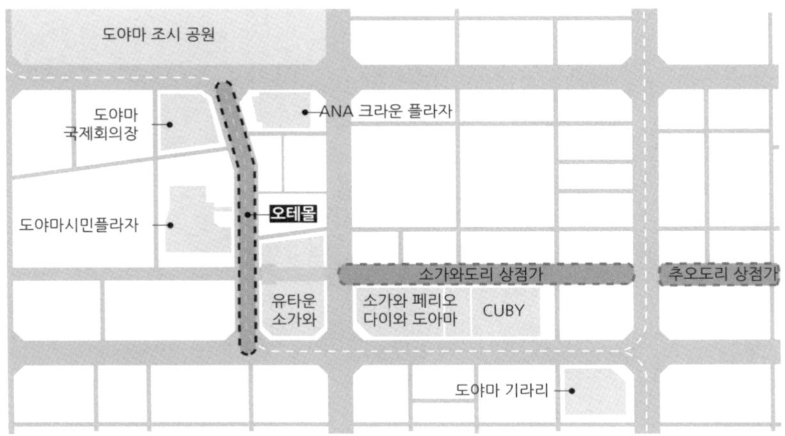

오테몰과 오테마치 공간구조 디자인

소, 도야마 시민병원, 학교, 도서관, 신문사, 우체국 등 주요 시설이 자리한 도야마 시의 중심 거리로 번창해갔다. 또한, 소가와와 이어져 있어 이른 아침에는 아침 시장이, 여름이면 야시장이 열려 떠들썩했다. 그러나 1945년 8월 도야마 대공습으로 모든 것이 전소되었다. 이후 도야마 역을 기점으로 남북도로가 정비되고, 각종 시설 또한 도야마 역을 중심으로 이전하면서 오테마치 거리는 서서히 잊혀졌다.

1989년 시민 플라자가 개장과 함께 오테마치 거리는 오테몰이라는 이름으로 정비되었다. 오테몰을 중심으로 도야마 시 공회당 부지에는 ANA 크라운 플라자 호텔이, 1999년 보건소 자리에는 도야마 국제회의장이 잇따라 건립되었다. 2009년에는 센트램이 개통되어 오테몰 정류장과 국제회의장 앞 정류장이 설치되었다. 2016년에는 복합 문화상가인 유타운 소가와가 문을 여는 등 중심 시가지 역할이 이어졌다.

소가와

소가와總曲輪는 도야마 성의 해자*가 있던 자리에 만들어진 구역이다. 소가와라는 명칭은 성곽 방위의 기본이 되는 도야마 성의 해자를 구루와曲輪**라고 불렀던 것에서 유래한다.

소가와는 인근의 오테마치와 함께 도야마 시의 최대 번화가였다. 하지만 도시 재개발 사업으로 상업 중심축이 소가와 지역에서 도야마 역 앞으로 이동, 교외화 현상과 함께 상업의 중심을 빼앗겨 점점 활기를 잃었다. 2002년에는 대형 슈퍼마켓이, 2006년에는 백화점이 차례로 문을 닫으며 지역은 급격하게 쇠퇴하기 시작했

* 적의 침입을 막기 위해 성 밖을 둘러 파서 못으로 만든 곳.

** 일본의 성곽 내외의 토지를 석벽이나 해자 등을 이용하여 일정 구획으로 나눈 구역.

다. 역전 지역의 발전은 눈부셨지만 낡은 저층 목조건물만이 밀집한 소가와는 대중의 기억에서 잊혀졌다.

소가와 지역은 콤팩트한 마을만들기 시책에 따라 본격적으로 변화하기 시작했다. 도야마 시는 지속 가능한 시가지로서 변화에 대한 논의와 함께 재개발 준비 조합을 설립하고, 백화점 · 호텔 · 사무실로 구성된 복합 시설을 설치하는 등 성장을 전제로 기본계획을 책정하였다. 그 시점에 시내에서 영업중이던 야마토 도야마 백화점이 재건축을 예정하고 있었다. 2003년 당시에는 백화점과 현지 병원의 분원이 들어설 예정이었지만, 분원이 의사 확보에 어려움을 겪으면서 관리 및 운영을 위해 ㈜소가와시티가 설립되었다.

중심시가지 활성화에 있어 도야마 시는 먼저 인근의 노후화된 백화점을 이전, 신축하는 등 기존 상가의 재생을 통해 지역의 핵심 상업시설을 정비하였다. 그리고 2007년 9월, 백화점과 대형 상점으로 이루어진 '소가와 페리오'가 오픈했다. 아울러 소가와 페리오 옆으로는 실내 광장인 그랜드 플라자를 정비하고 다양한 이벤트를 개최하는 등 공공공간의 정비와 관리에 있어서도 파급 효과를 보여주고 있다.

소가와도리 상점가는 1895년 조도신슈浄土真宗의 별원에 참배하는 사람들로 번성한 것으로 시작된다. 이후 상점, 극장, 요세라 불렸던 만담장 등이 들어서며 도야마 시의 최대 번화가로 발전했다. 1912–1926년에는 전국 최초의 상가 단체인 '상성회'도 탄생했다. 1965년 무렵에는 영화관이나 레코드 가게, 다방 등 100개 이상의 상점이 있는 쇼핑, 문화예술의 거리로 휴일이면 약 4만 명이 방문했지만, 교외화 현상 및 도시 재개발과 함께 상업의 중심을 빼앗

소가와 전경

기며 쇠퇴해갔다. 현재는 약 360m 거리에 전통 점포, 카페, 식당, 패션 상점, 셀렉트 숍, 지역 특산물 판매점 등이 들어서며 전 세대를 아우르는 쇼핑 및 휴식공간으로 다시 태어났다. 또한, 소가와 페리오, 다이와 도야마 백화점, 그랜드 플라자 등과 맞닿아 있는 지리적 특징으로 다시 활기를 되찾고 있다.

소가와도리 상점가를 걷다 보면 유모차나 휠체어 사용자를 배려한 도로가 눈에 띈다. 상점 입구와 도로 사이의 턱을 없애 접근성을 높였는데, 누구든지 공공장소에 동등하게 접근할 수 있어야 한다는 인식이 공유되어 있다는 것을 보여준다. 사회적 약자에 대한 작은 배려가 디자인 자체로 공공성이 녹아 있음을 알 수 있다.

소가와도리 상점가 동쪽으로는 길이 약 470m의 '주오도리 상점가'가 이어진다. 주오도리 상점가는 1800년대부터 전해 내려온 포목점, 약재상 등 도매상이 들어서다 1913년 시내 순환선의 개통으로 소매상, 음식점, 극장, 영화관 등이 생겨났다. 1923년에는 도야마 현 최초의 백화점인 '오카베 포목점'이, 1961년에는 호쿠리쿠 은행 본점이 개업하는 등 소가와도리와 함께 도야마 시의 번화가로 자리했다. 그러나 주오도리 역시 시대의 변화를 따라가지 못하고 서서히 잊히게 되었다. 점포 대부분이 문을 닫고 호쿠리쿠 은행만이 덩그러니 남았다.

도야마 시는 중심시가지의 활성화와 예술문화의 진흥을 위해 호쿠리쿠 은행과 협력해 활기찬 거리 만들기 활동을 시작했다. 2008년에는 라이브 음악 공연장이자 만담장인 데루테루테이*를 개업해 다양한 공연과 지역의 젊은 예술가 육성을 위한 활동을 지원했다. 2012년에는 밀레 갤러리를 오픈했는데, 작품과 전시 공간은 호쿠리쿠 은행이 제공하고 도야마 현 도야마 시, 도야마 대학, 주오도리 상점가 진흥조합으로 구성된 운영위원회가 운영하고 있다. 또한, 호쿠리쿠 은행 본점 쇼윈도에는 사단법인 도야마 현 예술문화협회의 기획전을 개최한다.**

아케이드 형태의 소가와도리 상점가

주오도리 상점가에 자리한 호쿠리쿠 은행 본점

* https://teruteru-tei.jp/

** https://www.hokugin.co.jp/company/culture.html

페리오 소가와

도야마의 중심시가지에 있는 복합 상업시설인 페리오 소가와는 1992년 지역 상인들이 중심이 되어 조합을 설립, 2004년 소가와도리 남쪽 지구 시가지 재개발 조합으로 전환한 후 공사가 시작되었다. 페리오 소가와의 개업은 소가와도리 남쪽 경관을 크게 바꾸었다. 페리오 소가와는 다이와 도야마 백화점과 함께 중심시가지의 새로운 랜드마크가 되었다.

2007년 9월 21일 지상 7층, 지하 1층 건물로 재탄생한 페리오 소가와는 다이와 도야마 백화점을 중심으로 다양한 상점으로 구성되어 있으며, 7층 전체는 기노쿠니야 서점이 입점해 있다. 소가와 페리오의 페리오Ferio는 행복 · 행운을 뜻하는 이탈리아어 'Felicita'와 큰 강을 뜻하는 스페인어 'Rio'의 합성어로, 소가와 지역 중심

소가와 페리오 옆에 자리한 그랜드 플라자와 CUBY 주차장 전경

시가지의 휴식처가 되겠다는 뜻을 담고 있다.*

페리오 소가와는 주 출입구를 대다수의 쇼핑몰처럼 큰길에 배치하지 않고 소가와도리의 보행자들이 바로 들어올 수 있도록 배치했다. 출입구도 그랜드 플라자나 CUBY 주차장에서 오는 사람들의 동선을 고려하여 동쪽으로는 1층에, 에스컬레이터와 연결된 2층에, CUBY 주차장의 공중통로와 연결된 3층에 두었다.

소가와 페리오 서쪽에 있는 다이와 도야마 백화점은 1932년에 니시초 지역에 처음 문을 열었다. 그 후 여러 차례 건물을 증축·확장하는 등 중심시가지 백화점으로서 활발하게 운영되었다. 그러나 점포 규모, 노후화, 사회구조 변화 등으로 방문객이 서서히 줄어 폐점 위기에 놓였다. 그리고 2007년 9월 니시초 지역에 있던 백화점이 재개발 빌딩인 '소가와 페리오'에 주요 세입자로 입주하며 현재의 소가와 지역에서 새롭게 문을 열었다. 현재 다이와 도야마 백화점은 도야마 중심시가지에 있는 유일한 백화점으로서 지역의 활동을 융합한 종합형 쇼핑몰로 중심시가지의 매력을 향상하는 데 큰 역할을 하고 있다.

* http://www.ferio.ne.jp/company

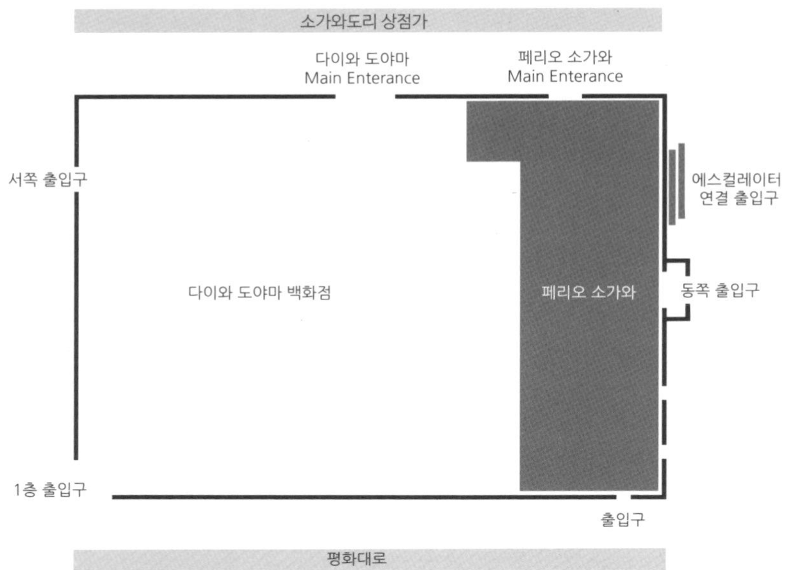

페리오 소가와, 다이와 도야마 백화점 공간구조 디자인

다이와 도야마 백화점의 모습

그랜드 플라자

도야마 시는 쇠퇴해 가고 있는 중심시가지에 사람들을 모으기 위한 시가지 재개발 사업에 따라 시민들이 언제나 도심에 모여 공연도 즐기고 교류할 수 있는 광장을 조성하고자 했다. 도야마 시는 건물과 건물 사이 작은 공간을 선택했다. 백화점과 상점가, 주차장이 만나는 지점에 지역의 특색 있는 다목적광장을 만들고 다양한 행사를 개최한다면 제일 번화해질 것으로 생각했다. 재개발 사업 후에도 지속적인 활기찬 마을만들기를 지원할 수 있는 공간이 되리라는 확신이 있었다. 그리고 2007년 9월 17일, 도야마 시의 중심시가지인 소가와 지역에 다목적광장 '그랜드 플라자'가 오픈했다. CUBY 입체 주차장과 소가와 페리오 · 다이와 도야마 백화점, 소가와도리 사이에 있는 유리 천장으로 덮여 있는 이곳은 누

구나 무료로 언제든지 이용할 수 있는 대형 광장이다.*

마치 거대한 유리 상자가 도심 한복판에 있는 듯하다. 길이 65m, 폭 21m, 천장 높이 19m의 1,400m²에 달하는 이곳은 궂은 날씨에도 공간을 즐길 수 있는 유리 지붕 광장이다. 도야마 시는 일년 중 눈, 비가 오는 날이 절반 이상이다. 날씨에 구애받지 않기 때문에 시민들이 준비했던 행사를 연중무휴로 진행할 수 있다.

1,100장의 유리로 만들어진 이 공간은 아트리움** 성격을 지닌 다목적 공공광장이다. 건물 내부로 들어가면 옥외 광장과 같은 공간적 기능을 제공한다. 광장 중앙에는 277in(약 3.5m×6m) 대형 LED 스크린이 설치되어 있으며, 승강식 무대, 전기, 수도, 음향설비, 이동판매 부스, 상담 부스, 수제잡화 판매, 음식 이벤트, 무대 이벤트 등이 가능해 저마다의 방식으로 여유롭게 긍정적인 체험을 할 수 있다.

도야마 그랜드 플라자는 재개발지구(소가와도리 남쪽 지구, 니시마치 · 소가와 지구) 2곳의 사용되지 않는 도로를 일정 구역에 집약시켜 시민의 교류를 촉진하기 위한 면面 형태***의 도로공간을 조성한 것이다. 중심 상가에 인접한 두 지역에서 백화점을 중심으로 한 재개발(소가와도리 남쪽 지구)과 주차장을 중심으로 한 재개발(니시마치 · 소가와 지구)도 같은 시기에 계획되어 있었다. 이들 사이에는 '그랜드 대로'라는 도로가 있었는데, 두 개의 재개발 건물은 사업 주체가 달라서 이 도로를 사이에 두고 개별적으로 개발이

* 도야마 현 상공회의소 홈페이지: http://www.ccis-toyama.or.jp/toyama/magazine/h19_m/0823tokusyu.html

** 아트리움(Artrium)은 건물로 둘러싸인 작은 안뜰을 뜻한다.

*** 도로를 선이라고 지칭한다면 선과 선이 모여 면이 되는 개념으로 공간을 구성.

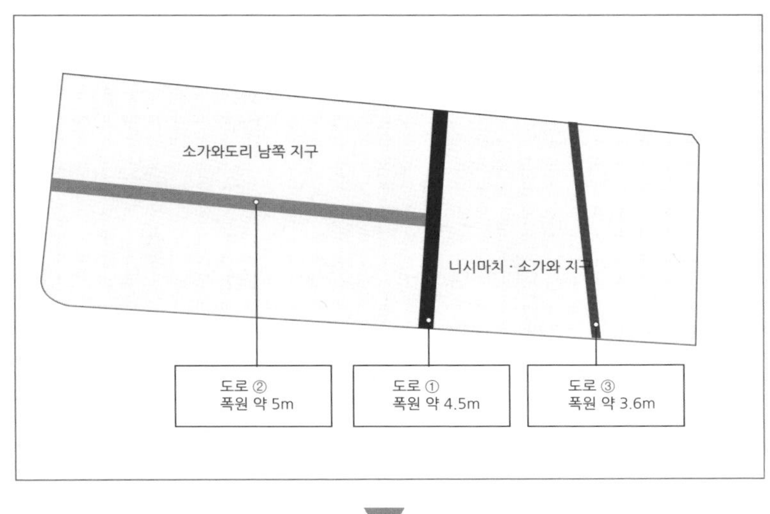

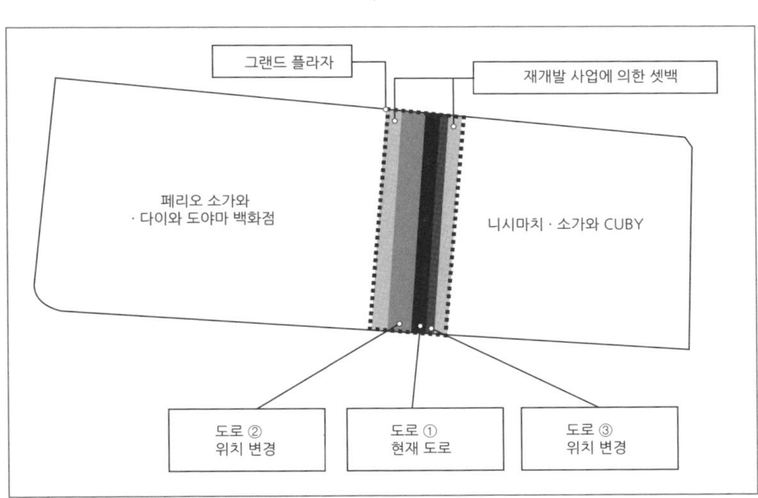

도야마 그랜드 플라자 정비계획 및 특징

진행되었다. 그랜드 대로를 비롯해 이 두 지역 내에는 몇 개의 도로가 더 있었는데 도야마 시는 노후화된 도심의 도로를 폐쇄하고 도로들을 한곳에 모아 폭 21m의 넓은 공간을 만들고자 했다. 처음에는 이 공간을 소가와 페리오의 물품 반입을 위한 주차장 출입구로 이용하는 방안이 나왔다. 하지만 두 개의 건물을 일체화하고, 폐지된 세 개의 도로를 모아 중심시가지에서 시민의 교류를 촉진하고 활기를 창출하기 위한 광장으로 정비, 현재와 같은 열린 공간의 그랜드 플라자가 탄생하였다.*

그랜드 플라자 사업은 도야마 시가 약 15억 엔을 부담하였고, 운영은 공설 민영으로 진행되었다. 현재는 제3섹터인 '(주)도야마 마치즈쿠리'가 지정관리자로서 운영하고 있다. (주)도야마 마치즈쿠리는 그랜드 플라자의 임대료 수익으로 운영하고 있으며 지역 농산물을 판매하는 지바몬야 상점도 운영한다.

365일 24시간 개방된 그랜드 플라자는 시민들에게 휴식처를 제공하고, 유리 속 건물이라는 특별한 공간적 특성을 창출했다. 2008년 제18회 AACA상(장려상), 2008년 도야마 현 건축상(일반부입상), 2009년 제7회 환경 · 설비 디자인상(환경 디자인 부문 최우수상), 도시경관대상(아름다운 도심 거리 특별상), 2012년 제13회 공공건축상 등의 수상 이력이 증명하듯, 사람들이 서로 교류할 수 있는 매력적인 장소이자 정체성이 뚜렷하게 나타나는 흥미로운 공공 공간이 되었다.

플라자 양옆으로는 도야마 최대 상가이자 백화점인 다이와 도야마 백화점 · 소가와 페리오 그리고 대형 주차장이 연결되어 있다. 뒤편으로는 오랜 역사를 자랑하는 소가와도리 상점가가 있다. 이 길을 관통하면 뒷골목 분위기의 소가와2초메 지구가 나타난다. 모두가 연결되는 구심점 역할을 하는 그랜드 플라자에는 개

* 日本建築学会大会 都市計画部門 研究協議会資, 2014, p.136

그랜드 플라자의 열린 공간

설 이후 매일 같이 다양한 이벤트가 진행되고 있으며, 시민들의 자발적인 교류를 촉진하고 도심에 활기를 불어넣고 있다. 그랜드 플라자를 통해 도야마의 과거와 현재 그리고 미래를 넘나든다.

니시마치 · 소가와 CUBY

1층에 자리한 1935년 창업 카페 체리오(チェリオ)

다양한 사람들이 다양한 목적으로 방문하는 중심시가지의 특성을 고려한다면, 공공주차장은 주차한 후 걸어서 여러 가지 목적을 수행할 수 있는 장소로서 목적지와 잘 연결돼야 한다. 공공주차장은 도심에 사람들을 모을 수 있는 직접적이며 기본적인 편의장치다.

2005년 소가와 중심시가지에 문을 연 '니시마치 · 소가와 CUBY'는 공공주차장으로 쇼핑과 연계된 상업시설뿐 아니라 도야마 시의 오랜 역사를 지닌 소가와도리 · 주오도리와의 접근성을 기반으로 도심 활성화에 적극적인 역할을 하고 있다. 니시마치 · 소가와 CUBY 역시 재개발 사업의 하나로 진행되었다. 이 사업의 특징은 지상 1층에서 8층까지 약 2만 3,000여 평의 면적에 630여 대 규모

소가와 페리오와 그랜드 플라자 그리고 CUBY 주차장을 연결해주는 공중보행로

의 주차장과 주차장을 'U'자로 둘러싸는 17개의 점포가 1층과 2층에 함께하는 것이다. 1935년에 창업한 카페를 비롯해 커피숍이나 바, 음식점, 보석 및 수공예 상점, 패션 등 전통 있는 점포들도 입점해 있어 소가와 지역의 역사성 또한 느낄 수 있다. CUBY와 소가와 페리오는 공중통로로 연결되어 있고 그 밑에는 그랜드 플라자가 있어 보행환경이 쾌적하고 방문객의 이동도 편리하다. 또한 IT 시스템을 도입해 각 점포와 주변 쇼핑센터에서의 구매금액을 합산하여 주차요금도 할인 · 감면받을 수 있도록 했다.

주차장과 거리를 연관 지어 지역의 상업 시설과 문화 시설을 잇는 '토털 디자인'을 통해 모든 사람이 쉽게 도심에 접근할 수 있는 환경을 제공한다.

지바몬야 총본점

도야마 시 중심시가지에서는 (주)도야마 마치즈쿠리를 중심으로 도시 활성화를 위한 다양한 사업이 진행되고 있다. 2010년 소가와도리 상점가에 문을 연 '지바몬야 총본점'도 그중 하나다. 지바몬야 총본점에는 매일 도야마 각지에서 수확한 농산물과 지역 특산물을 이용해 만든 다양한 제품들이 모여든다. 지역에서 생산된 농산물을 그 지역에서 판매하는 지산지소 소비를 장려하는 지바몬야 총본점은 지역 농산물에 대한 정보교류와 판매 촉진을 도모하는 로컬푸드 중계소라 할 수 있다.

도야마는 쌀 외에 다른 농산물 출하량은 전국에서 가장 낮은 수준에 머무는 등 농업 구조가 벼농사에만 치우쳐 있었다. 농업 진흥 관점에서는 도야마 시 합병 전, 구 시읍면에서 독자적으로 진행해 온 판매방식을 새로운 도야마 시로 일체화하여 추진해 갈 필요가 있었다. 또한, 식자재 안전에 대한 의식이 높아지는 가운데

‘맛있는 현지 식재료를 시민에게 알리자’라는 생각으로 중심시가지에 지역 농산물 직매장을 만들고, 정책적으로 지역의 중소농민과 소비자들을 연결하고 있다.

이런 인식을 바탕으로 2007년 책정된 도야마 시 농림어업 진흥계획으로 중심시가지에 있는 본점을 중심으로 네트워크를 구축하였다. 도야마 곳곳에서 생산된 신선한 농산물(특산물)을 시가지 중심의 지역 네트워크에 의해 소개 · 판매하는 시스템을 구축하고, 생산자와 소비자의 교류를 위한 역할을 하고 있다. 지역 네트워크에서는 지역점(홍보거점), 가맹점(판매거점)을 설치하고 지역 특산품임을 한눈에 알 수 있도록 ‘지바몬야’ 명칭과 로고를 사용하여 시민들에게 지역 특산품의 우수성을 알리는 데 앞장섰다. 또한 판매품의 가격을 생산자가 결정하는 새로운 비즈니스 모델을 제공하고 있는데, 일반 출하와는 달리 출하량과 규격에 제한이 없어 다양하고 새로운 농작물을 재배해 판매할 수 있다.

약 1,200㎢에 달하는 도야마 시 전역에서 생산되는 지역 농산물을 오프라인으로만 구매할 수 있는 지바몬야 총본점은 농산물을 재고 없이 당일 판매하는 것을 원칙으로 한다. 오프라인 판매만을 하되 생산자의 부담을 줄이기 위해 시내 6곳에 마련된 장소에서 마을만들기 직원이 생산물을 수거한다. 오프라인으로만 판매하는 또 다른 이유는 지바몬야를 중심시가지 활성화 시책과 연계하여 사람들을 시가지로 유인하기 위해서다. 실제로 도야마 시 중심시가지에서 시행하는 도야마 시 대중교통 이용촉진 시책 중 하나인 ‘고령자 외출정기권’과의 시너지 효과로 꾸준히 이용객이 증가하고 있다.

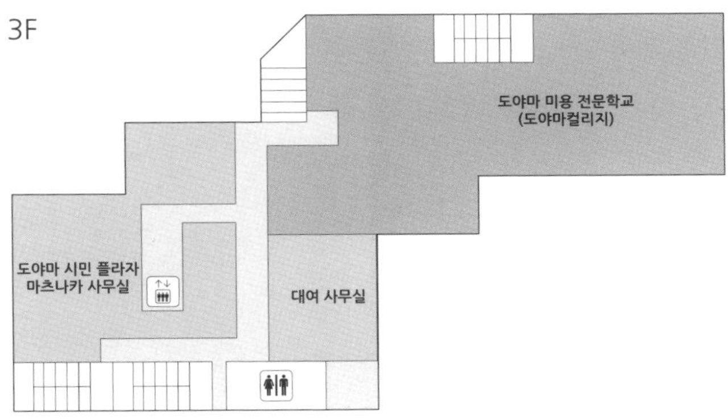

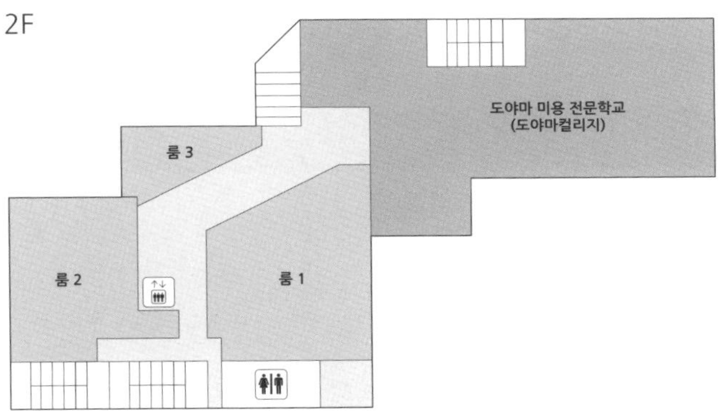

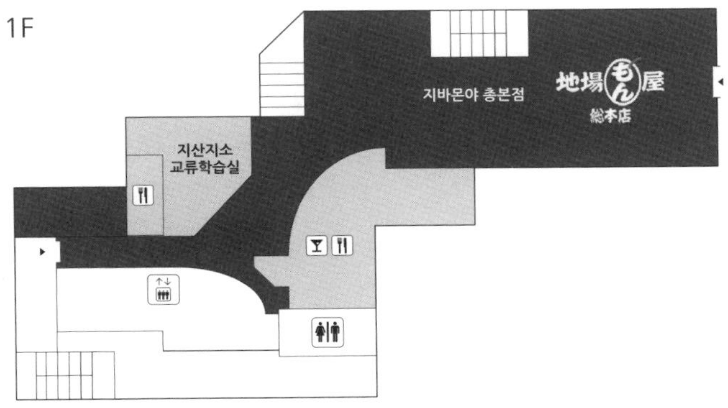

지바몬야 본점 층별 공간구조 디자인

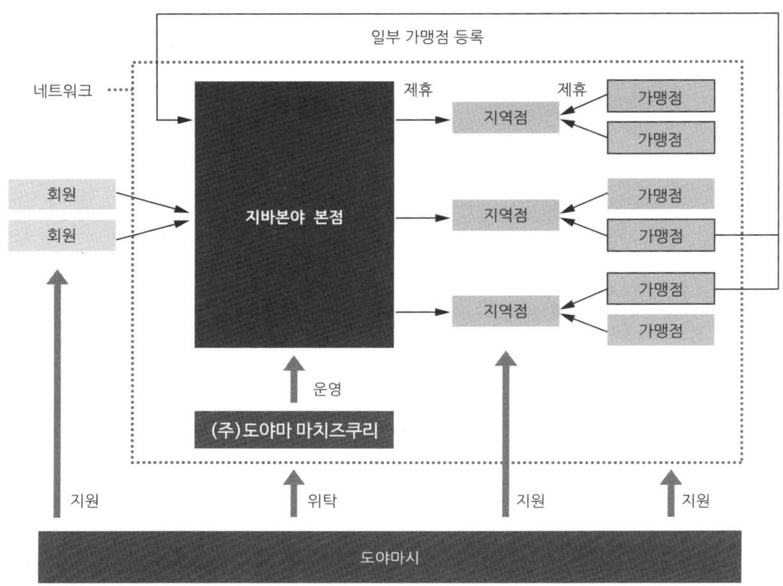

도야마 시와 지바몬야 비즈니스 모델

지바몬야는 도야마 시에서 설립하였으나 (주)도야마 마치즈쿠리에 운영권을 위탁하였다. 현재 도야마는 지바몬야 본점 1점포, 지역점 7점포, 가맹점 180점을 운영 중이다.

본점(지산지소 추진거점)

중심시가지에서 지역 농수산물을 판매하고 그것을 식재료로 한 요리의 보급 · 전수 등을 통해 지역 농수산물의 홍보와 판매 확대를 도모한다. 로컬푸드가 지역 내에서 유기적으로 연결되어 선순환하면서 식품체계를 활성화한다. 도시와 중산간 지역의 교류를 촉진함과 동시에 중심시가지에 활기 넘치는 공간과 볼거리를 창출한다.

지역점(지산지소 홍보거점)

특색 있는 지역 특산물의 유통 확대와 지역 소비 촉진을 위해 7개 지역에 거점 홍보시설을 운영 중이다. 지역점은 홍보 장소로서 본점과 같은 '지바몬야' 명칭과 로고가 담긴 배너 및 판촉물을 통해 우수한 농특산물 홍보와 지역 경제 활성화에 기여한다.

가맹점(지산지소 판매거점)

가맹점(지방 농산물을 직접 판매하고 있는 개인 또는 그룹, 인숍in-shop* 등 공모로 가입 요건을 충족하는 것)은 '깃발'을 설치하여 지방 농수산물의 판매거점임을 시민에게 알린다.

이처럼 지바몬야는 특산물의 소개와 판매를 넘어 지역 브랜드를 개발하는 등 시대의 변화에 적응하고 지역 농업의 진흥을 도모한다. 현재 200개 이상의 산지업자들과 계약을 맺고 있으며, 1일 평균 약 670여 명, 연평균 24만 명이 방문하고 있다.**

* 가게 안 가게(shop in shop)의 줄임말로, 백화점이나 마트 등의 대규모 매장 안에 또 다른 매장을 만들어 상품을 판매하는 새로운 매장형태다.

** 일본 주요 도시의 스마트 축소 도시재생 전략 면담조사 및 사례조사, 건축도시공간연구소, 2015, p.40.

유타운 소가와

유타운 소가와는 도야마 시 소가와 서쪽 지구 재개발 사업에 따른 재개발 건물이다. 2016년 6월에 문을 연 이곳은 전체면적 약 6,100㎡의 복합 상업시설이다. 유타운은 자동차와 자전거를 주차할 수 있는 '주차동', 영화관이 있는 '시네마동', 온천 및 숙박시설이 있는 '호텔동', 아파트로 이루어진 '주거동'으로 나뉘며, 그 사이는 길이 약 50m의 다목적광장이자 메인 통로인 '웨스트 플라자'로 연결된다. 건물 1층에는 음식점, 주점, 카페, 옷가게, 편의점 등 시설이 입주해 있다. 웨스트 플라자의 동쪽으로는 소가와 페리오가, 서쪽으로는 센트램 정류장인 오테몰 역이 연결되어 있어 대중교통 및 상업시설로 접근하기 쉽다. 이것은 일정 수의 유동 인구가 광장을 이용하도록 유도하는 장점이 된다. 이곳 역시 유리

유타운 소가와 주변 구조

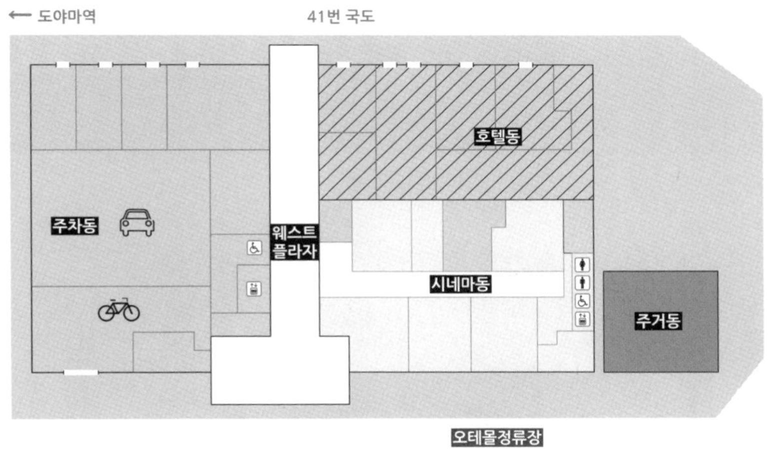

유타운 소가와 공간구조 디자인

로 천장을 만들어 날씨에 상관없이 이용할 수 있으며, 24시간 도보나 자전거로 통행할 수 있는 열린 공간으로 거주자와 방문자 모두에게 편의를 제공한다.

트램 정류장 오테몰 역

유타운 소가와 로고 디자인과 실내 모습

공공성을 높이기 위한 광장 전경

도야마 국제회의장

1999년 개관한 도야마 국제회의장은 도야마 시의 중심부인 오테마치에 있는 컨벤션센터로 '오테마치 포럼'으로도 불린다. 1997년 도야마 보건소의 교외 이전으로 공터가 된 부지가 국제도시 도야마를 위한 거점 시설로 다시 태어났다.*

프리츠커 건축상**을 수상한 마키 후미히코槇文彦가 설계한 이 건축물은 동쪽과 북쪽을 향하는 창 전면에 유리 커튼월과 나무 격자 스크린을 조합해 디자인하였다. 지상 4층, 지하 2층으로 구성된 국제회의장은 국내 · 국제 회의를 중심으로 다양한 교류장소

* 도야마 시 홈페이지: https://www.city.toyama.toyama.jp/etc/muse/tayori/tayori39/tayori39.htm

** 1979년 미국인 사업가인 제이 프리츠커(Jay A. Pritzker)가 설립, 프리츠커 가문이 운영하는 이 상은 현재 세계 최고의 건축상이다.

로 폭넓게 이용할 수 있다. 6개국어 동시통역 설비를 갖춘 800명 이상 수용 가능한 메인홀은 물론, 다양한 크기의 대 · 중 · 소 회의실, 교류 갤러리, 공간 분할이 가능한 전시실, VIP 특별 회의실, 연회장 등을 갖추고 있다.

도야마 국제회의장은 오테몰을 사이에 두고 동쪽의 ANA 크라운 플라자 호텔 도야마와 지하 1층 통로로 연결되어 있다. 이 점을 주목한 이유는 이 통로가 관광 비즈니스 발전과 더불어 호텔, 상업 활동 등을 지원함으로써 도시의 시너지 효과를 일으키는 촉매 역할을 하기 때문이다. 지방 소도시들의 마이스MICE* 산업은 도시 경제 성장과 일자리 창출을 위한 핵심 키워드로 지방 경제 성장의 밑거름이 된다. 호텔 및 회의 · 컨벤션 시설은 방문객뿐만 아니라 지역주민에게도 다양한 기회를 제공한다. 대다수 소도시에선 이런 컨벤션센터가 지역의 다목적 시설로 활용되며 도시 외곽에 위치해 있다. 하지만 도야마 시는 도야마 역에서 15분 거리에 마이스를 위한 주요시설을 집중시켰다.

도심에 있는 도야마 국제회의장 주변에는 센트램 정류장과 공공자전거 사이클로시티 정류장이 있어 역과의 접근성뿐만 아니라 시설 간의 이동도 편리하다. 과거 성문이 있던 역사적 가치와 중심시가지라는 중요한 위치에 매력 있게 지어진 도야마 국제회의장은 도야마 시민 플라자, ANA 크라운 플라자 호텔 도야마, 도야마 조시 공원 그리고 도야마 시청이나 도야마 현청 등의 관공서 지구와 같은 주요한 공공 어메니티 시설과도 가까워 컨벤션 도시

* 기업회의(meeting), 포상관광(incentives), 컨벤션(convention), 전시(exhibition)를 지칭하는 고부가가치 서비스 산업을 뜻한다.

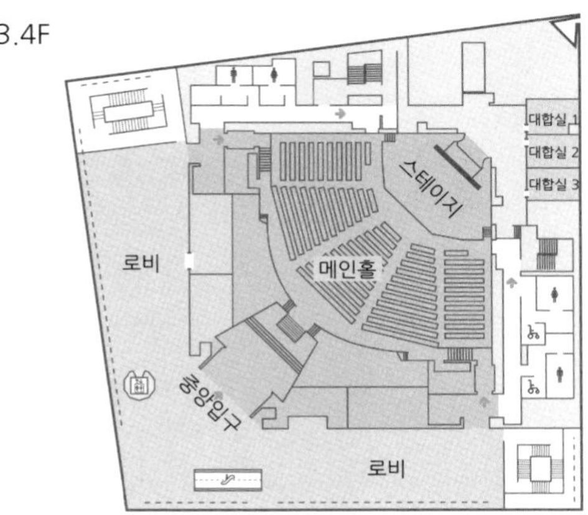

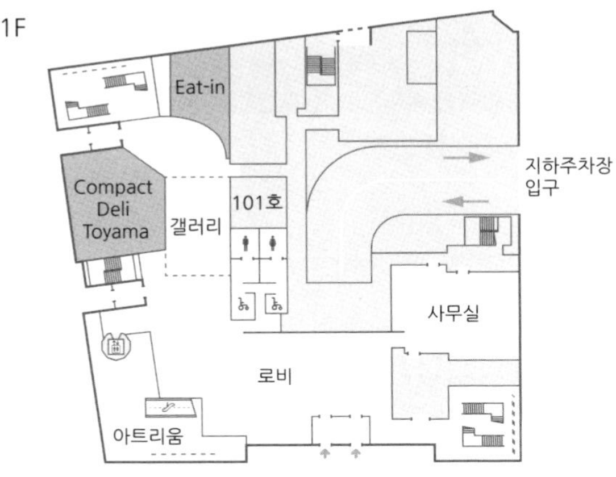

도야마 국제회의장 층별 공간구조 디자인

도야마 국제회의장 주변 구조

국제회의장 바로 앞에 자리한 고쿠사이카이기조마에 트램 정거장

로서 이상적인 환경을 제공하고 있다.

이처럼 컨벤션 도시로서 복합적인 기능을 할 수 있도록 국제회의장을 배치하고 근처 상권을 살린 콤팩트 시티 도야마는 마이스에 최적인 환경이 무엇인지 그리고 도야마 국제회의장이 도심 활성화에 중요한 자극제가 되고 있음을 보여준다.

행정구역

도야마 시청사

도야마 시청사의 역사는 1889년 소가와 상공회의소 건물에 임시 개관한 것으로부터 시작된다. 최초의 독립된 시청 건물은 1892년으로 현재 도야마 시민 플라자 맞은편인 오테마치에 자리했다. 하지만 화재, 폭설, 지진 등을 겪으며 소실과 복원, 이전을 거듭했다. 특히 1945년 공습으로 청사는 모두 전소했다. 그 후 현청 건물, 구 소가와 초등학교 터 등을 오가며 임시 청사 형태의 운영이 계속되었으며, 1954년 박람회 개최를 계기로 지금의 위치로 이전했다. 현재의 청사는 도야마 시 제도 시행 100주년을 맞아 1992년에 착공되었다.

누구나 부담 없이 이용할 수 있는 열린 공간을 제공하는 도야마 시청은 지하 2층, 지상 8층 규모로 업무를 위한 시설인 동관 · 서관 그리고 도시 전망을 위한 전망대로 구성된다. 동관 · 서관 건물은 도야마 역에서 직선으로 이어지는 도시의 축을 따라 배치되었으며, 큰 대로를 향해 남쪽으로 열린 구조다. 그리고 두 건물 사이에는 도시 전망을 위한 전망대를 조성해 시민과 관광객에게 인기가 있다. 시청 직원들이 업무를 보는 공간과 방문객의 동선이 분리되어 있어 방문객이 아무리 많아도 업무에 지장을 초래하지

	서관	전망대	동관		
8F	기획관리부		활력도시창조부	의장	회의실 위원회실
7F	상공노동부 · 활력도시창조부		교육위원회 사무국	의장	도서실 회의실
6F	건설부		활력도시창조부	의회 · 의회사무국	
5F	시장실 · 부시장실 · 기획관리부		기획관리부	기획관리부	
4F	재무부 · 감사위원사무국	아트리움	농림수산부 · 재무부	농업위원회 · 건설부	
3F	복지보건부 · 어린이가정부 · 건설부		시민생활부 · 복지보건부	선거 관리위원회	
2F	정책감실 · 출납과 · 재무부		재무부 · 보건복지부	환경부	
1F	시민생활부 · 복지보건부	시민홀 종합안내	시민생활부 · 복지보건부	레스토랑	
B1F	감시센터 [야간 · 휴일접수]		주차장		
B2F	감시센터 [야간 · 휴일접수]		주차장		

도야마 시청 층별 구조 디자인

않게 설계되었다.

관광객들에게 도야마 시청 최상층인 8층 전망대는 필수 코스다. 아름다운 다테야마 연봉을 연상시키는 아트리움 지붕을 지나 지상 78.8m 높이의 전망대에 오르면 360도 전면 유리창을 통해 도야마 시내를 감상할 수 있다. 날씨가 좋은 날에는 동쪽으로는 만년설을 머리에 인 다테야마 연봉과 북쪽의 도야마 항, 그리고 붉은 해가 창가에 머무는 밤이면 도야마의 야경을 조망할 수 있다. 전망대는 무료이며 공휴일을 제외하고 언제든 이용할 수 있다.

도야마 시청 광장

도야마 시청 전망대에서 바라본 다테야마 연봉

도야마 현청사

도야마 현청사는 도야마 현 도야마 시 신 소가와 지역과 그 주변에 있는 건물군의 총칭으로, 본관 · 남쪽 별관 · 동쪽 별관 · 의사당 · 경찰본부로 구성된다. 이 중 가장 오래된 건물은 현청사 본관이다. 요시쿠니 오쿠마大熊喜邦가 설계한 이 건물은 1935년 준공된 이후 현재까지 도야마 현 행정의 중심 역할을 하고 있다.*

본관은 제2차 세계대전 공습의 피해를 받지 않은 몇 안 되는 건물 중 하나이기에 그 의미가 더 크다. 2015년에는 등록유형문화재로 등재되었으며, 1971년 일부 개보수되기도 했지만, 전국의 도도부현 중 5번째로 오래된 청사로 역사적 의의가 있다. 또한, 청

* http://www.ccis-toyama.or.jp/toyama/magazine/h16_m/h16_m_h.html

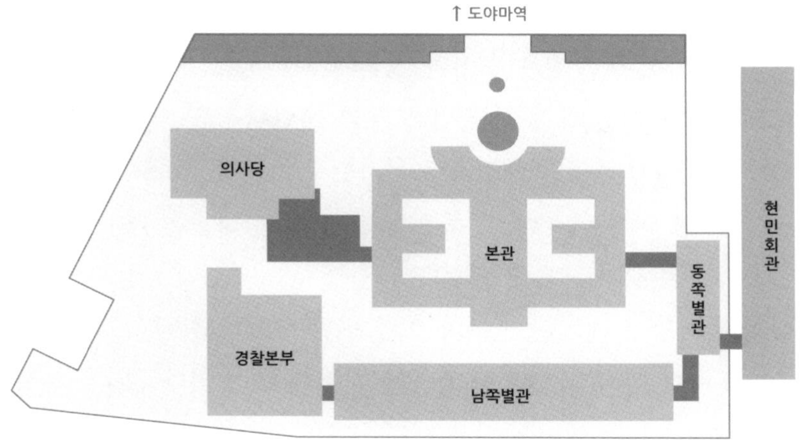

도야마 현청사 주요 건물 배치 디자인

사 본관 옥상의 일부를 녹지화하고 일반인에게 개방하고 있다.

도야마 현청은 1871년 새로운 도야마 현이 탄생하며, 도야마 성 혼마루 어전*에서 업무를 본 것을 시작으로 한다. 하지만 같은 해 11월 도야마 현은 니카와 군, 도나미 군과 합해져 니카와 현으로 변경되고, 현청 또한 우오즈로 옮겨졌다. 1876년 니카와 현이 폐지되고 이시카와 현으로 통합되면서 현청이 가나자와로 이전하였다. 현재의 도야마 현이 탄생한 것은 1883년 이시카와 현으로부터 독립하면서부터다. 청사 또한 다시 도야마 성지로 이전하면서 이 지역은 현청 부지가 되었다. 1899년 현청사가 소실되고 이듬해 재건되었지만, 이 또한 1930년 대화재로 전소되었다. 이후 현청사의 이전에 대한 여러 논의가 있었으나 최종적으로 도야마 성의 북쪽(현재의 위치)으로 정해졌다.

* 성주가 머물던 곳.

1871년도 첫 현청이 설치된 후 1930년 화재로 소실될 때까지 오랜 시간 도야마 현청은 도야마 성지에 자리했다. 앞에서 언급한 오테마치 거리를 과거 현청 앞 도로라 불렀던 것도 이 때문이다. 1935년 현청사 준공을 시작으로 1961년 남쪽 별관, 1964년 현민회관, 1971년 의사당, 1986년 동쪽 별관, 1994년 경찰본부가 차례로 준공되며 현재의 모습이 되었다.

현재 현청 주변에는 도야마 현민회관, 도야마 시청, 도야마 현 종합복지회관, NHK 방송국 등 공공시설이 모여 있다. 또한, 북쪽과 남쪽으로는 공원이 자리해 시민들의 휴식처 역할을 하고 있다.

제 5 장

문화·예술 네트워크

케빈 린치Kevin Lynch는 "좋은 도시란 현재의 감각을 강조하면서 과거 혹은 미래와 적절히 연계되어야 한다"고 했다.* 도시는 시간과 공간을 초월하여 존재하는 것이 아니라 시간의 흐름 속에서 지역적 특성에 따라 다양한 형태로 나타난다.** 도시는 물리적 환경 개선과 함께 사람을 끌어모으는 요소들이 있어야 한다. 문화 · 예술이 상존한 시설은 도심을 여가 및 방문 목적지로 자리 잡도록 하며 도시의 이미지와 삶의 질을 높이는 데 도움이 된다. 이러한 시설은 도심 이용자 수를 늘리고 소비 지출을 증가시킬 뿐만 아니라 살기 좋은 환경으로 도시의 매력도를 높인다.*** 또한, 공공 예술은 도시와 공공장소에 강한 시각적 인상을 심어주고 대중의 문화적 소양을 높임으로써 도시의 개성을 더욱 뚜렷하게 드러낸다.****

도야마 시는 그들만의 역사적 정체성을 문화 · 예술 공간으로 표현, 지역의 매력을 끌어내고 있다. 활기 넘치는 도시 공간 만들기를 목표로 중심시가지에 다양한 문화 · 예술 공간을 구축, 사람들이 모이는 환경을 조성하였다. 이러한 역사적 · 문화적 자산을 지역 문화 · 예술과 결합하는 것은 관광을 통한 경제적 효과와 함께 시민의 문화적 삶을 향상하는 효과가 있다.

본 장에서는 역사적 특성을 강화해 지역 브랜드를 육성하고, 교류 인구를 증가시키는 점에 주목한다. 예술 · 문화를 통해 지역을 바꾸고 시민들의 삶의 질을 높이고 있는 도야마 시의 사례를 살펴보고자 한다.

* 김세훈, 도시에서 도시를 찾다, 한숲, 2017, p.106

** 남영우, 도시공간구조론, 제2판, 법문사, 2015, p.3.

*** 사이 포미어, 활기찬 도심 만들기, 도서출판 대가, 2018, p.71.

**** 장디페이, 도시를 생각하다, 안그라픽스, 2013, p.279.

유리의 도시 도야마

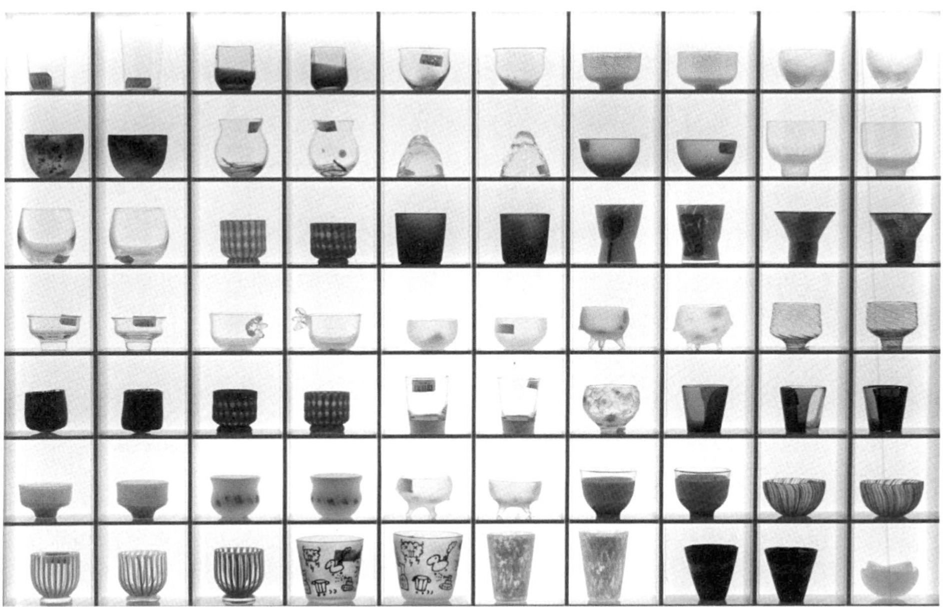

도야마 유리의 역사는 '약' 판매에서 유래한다. 도야마는 에도 시대부터 방문 판매 전국 1위인 '매약'의 중심지로 유명하다. 300년 이상의 역사를 가진 매약산업은 도야마 2대 번주(오늘날 현의 지사)인 '마에다 마사토시'가 복통에 특효가 있는 '한콘탄反魂丹'*을 만들어 판매한 것이 시초라 전해진다. 약재 생산과 판매를 번의 주 수입원으로 삼고자 했던 마에다 마사토시의 정책에 따라, 이 시기

* 식중독 · 복통 등에 특효가 있는 환약으로, '혼을 불러온다', 즉 죽은 사람도 살리는 약이라는 의미가 있다.

부터 도야마 약재상(보부상)들은 전국을 돌아다니며 한콘탄을 비롯한 도야마산 생약을 판매하였고, 매약산업이 장려되었다.* '매약'이란 당시 비싼 약재를 상비약으로 갖추는 것이 부담이었던 서민들에게 도야마 약재상들이 선용후리先用後利라는 후불 정책을 도입해 각 가정에 상비약을 먼저 주고 반년마다 방문해 사용한 만큼 약값을 받고 다시 약을 채워주며 약을 팔던 방식을 말한다.

일본 전역에 약을 판매하다 보니 자연스럽게 유리 약병의 제작도 늘어났다. 당시 도야마 역 주변을 중심으로 가마를 갖춘 유리 공방이 10곳 이상이었고, 유리 장인 또한 많았다. 도야마는 이러한 역사를 바탕으로 예술 · 문화의 보존과 발전을 위해 '유리의 도시 도야마' 구축에 힘쓰고 있다. 1985년 일반 시민을 대상으로 '도야마 시민대학 유리공예 코스'를 시작으로, 1991년에는 유리공예 작가를 양성할 일본 최초의 유리공예 공립학교 '도야마 유리조형

CiC 건물 앞에 설치된 도야마 매약상 동상

* 모종린, 골목길 자본론, 다산북스, 2017, p.103.

연구소'를 설립, 1994년에는 유리 산업과 유리공예 작가의 자립을 지원하는 '도야마 유리공방'을 개설했다. 그 후로도 시대에 발맞춰 새로운 교육과 예술문화산업의 진흥을 목표로 '도야마 시 유리 마을 조성사업'을 수립하는 등, 유리를 주제로 다양한 정책을 진행해 나가고 있으며, 2015년에는 도야마의 상징이자 감상공간인 '도야마 시 유리미술관'을 개관했다. 이처럼 30년 넘게 꾸준히 진행된 다양한 사업을 통해 많은 시민이 유리공예에 관심을 두고 즐기게 되었다. 또한, 유리조형연구소의 졸업생과 유리공방 작가, 현 내에 거주하는 유리공예 작가 등이 국내외에서 눈부시게 활약하며 도야마 유리를 알리고 있다.

거리의 미술관 · 도심 속 박물관

도심 쇼케이스

도야마 시는 하나의 커다란 박물관처럼 느껴진다. 도야마 역에서 오테몰에 이르는 길을 걷다 보면 곳곳에 전시된 유리 작품을 볼 수 있다. 도야마는 문화와 전통을 살려 거리 전체를 박물관 같이 개성 넘치는 거리로 만들고자 '스트리트 뮤지엄 프로젝트'를 계획하였다. 덕분에 시민들뿐만 아니라 도야마를 방문하는 사람들은 시내 곳곳에서 자연스럽게 공예 작품과 조형물, 설치미술 작품 등을 감상할 수 있다.

도야마 조시 공원, 시가지의 보도 등 실내 · 외 공간에는 유리 작품이 들어 있는 작은 진열 상자가 있다. 이 작은 전시장에는 도야마 시가 소장하고 있는 작품과 국내외에서 활약하는 도야마 현의 유리 작가 작품이 전시된다. 현재 대형 진열 상자 외에도, 미니 진열 상자, 광고 패널 진열 상자가 설치되어 있으며, 전시작품은 1년에 2회 교체된다.

공간을 활용한 진열 상자 역시 무채색과 직선을 디자인 요소로 적용해 통일감을 주고 있다. 야간에는 주황색 빛이 내부 천장에서 은은하게 발산되어 따뜻한 기운이 도는데, 보행자와 운전자의 안전을 배려해 인지성과 작품의 시각적인 아름다움을 연출하고 있다.

시내 곳곳에서 만날 수 있는
전시 진열 상자

광고 패널 전시 진열 상자

도야마 역의 조명

2017 굿디자인상을 수상한 도야마 역 트램 정류장

도야마 역 노면전차 정류장에서도 벽면을 가득 채우고 있는 유리작품인 '교통 · 조명 · 벽Transit Lighting Wall'을 만날 수 있다. 이 작품은 도야마 유리공방에서 제작한 크고 작은 유리조각 약 3만 장을 적층시킨 아트 패널로, 전체 크기는 높이 7m, 폭 36m에 달한다. 이 오브제는 다양한 색의 빛을 구현할 수 있는 LED의 특성을 이용, LED 조명기구를 패널 내부에 설치해 산과 강이 어우러진 아름다운 도야마의 자연을 다양한 색의 변화로 나타내고 있다. 이 벽은 첫차-일몰 전, 일몰 전-오후 8시, 오후 8시-오후 10시, 오후 10시-막차시간에 따라 4차례로 색이 변한다. 시간대별로 유리와 빛의 조화를 이용해 도야마의 다양한 표정을 즐길 수 있다.

도야마 역 중앙 통로엔 화려하게 반짝이는 바닥이 기다리고 있다. '바닥 샹들리에'라 불리는 이 작품은 도야마 유리공방에서 제작한 가로 15㎝, 세로 15㎝, 두께 3㎝의 유리블록 약 800장으로 구성되어 있으며 직경 약 5m에 이른다. 도야마의 자연을 모티브로 한 이 작품은 산과 강의 아름다움을 화려한 색으로 펼쳐지는 빛으로 표현한다.

바닥에 삽입된 유리 블록의 표면은 미끄럼 방지를 위해 코팅을 하였으며 블록 아래쪽에는 도금으로 처리해 빛을 반사한다. LED의 빛과 색이 유리를 만나 역동적인 공간을 체험하게 한다.

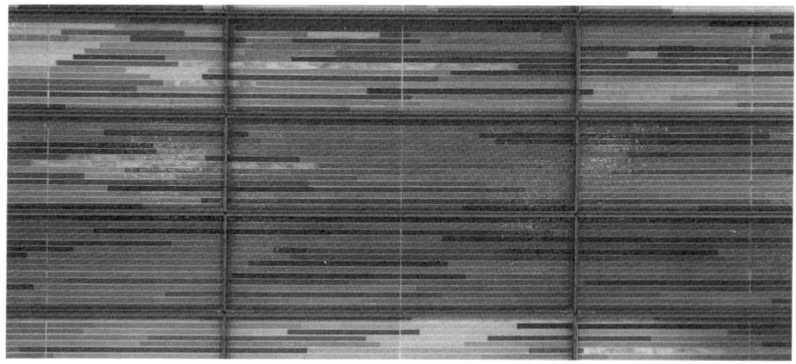

도야마 역 내부 벽면 유리 패널

바닥 샹들리에

마리에 도야마 & 소가와 레가토 스퀘어

도야마 역을 나오면 자연스럽게 전시된 또 다른 유리공예품을 감상할 수 있는데, 바로 마리에 도야마 쇼핑몰 앞 전시 공간이다. 덴테츠도야마 역과 다양한 쇼핑몰과 접해 있어 오가는 사람들의 눈길을 끈다. 소가와 레가토 스퀘어는 유리공예 디자인을 건물 내부의 유리 아트 전시장과 공공시설물에도 적용해 도야마만의 특색을 표현하고 있다.

마리에 도야마 앞 전시 공간

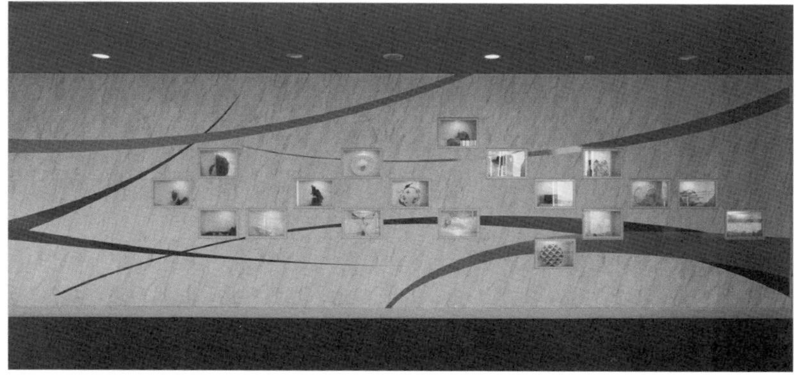

소가와 레가토 스퀘어 전시 공간

포트램 정류장 디자인

유리는 빛과 시선 등이 투과되는 성질 외에도 반사되는 성질을 통해 공간의 구분을 모호하게 한다. 도야마 시는 이런 유리의 특성과 색상을 정류장 디자인에 적용해 도시 환경과 어우러지도록 구현했다. 반대편에 있는 사람들 모습이 은은하게 보이는가 하면, 낮의 자연광이나 저녁의 인공광과 어우러져 각기 다른 매력을 뽐낸다.

유리의 특성을 적용한 포트램 정류장

도야마 기라리

1932년 니시초에 처음 문을 열었던 구 다이와 도야마 백화점은 한때 도야마의 상징이었다. 하지만 인구변화와 교외화로 사람들의 발길이 끊기자 도시는 점차 활력을 잃었으며, 건물의 노후화와 더불어 2007년 소가와 재개발 지구의 신축 건물로 이전하였다. 다이와 도야마 백화점이 떠나자 과거 상업의 중심지였던 니시마치는 점차 변두리로 전락하고 말았다. 세월의 흐름에 따라 더는 제 기능을 하지 못한 채 옛 건물은 오랫동안 도시 한가운데 흉물스럽게 방치되어 있었다. 이에 도야마 시는 새로운 예술과 문화

가 창조되는 중심시가지의 형성을 위해 '도야마 중심시가지 활성화 기본계획'에서 제시된 '니시마치 남쪽지구 시가지 재개발 사업'의 하나로 다이와 도야마 백화점 철거지를 복합 공공시설로 정비하고자 했다.

2010년 11월 '니시마치 남쪽 지구의 공익시설 정비에 관한 기본구상' 공모형 프로포절에서 R・I・A, 구마 겐고 건축도시설계사무소, 도야마 시에 본사를 둔 345건축연구소의 3사로 구성된 공동기업체가 설계자로 결정되었다. 그리고 2013년 마침내 다이와 도야마 백화점은 80년의 역사를 뒤로한 채 철거되었다.

총면적 2만 6,792.82㎡, 높이 10층에 달하는 반짝반짝 빛나는 건물인 도야마 기라리는 2015년 8월 오픈, 연간 100만여 명이 방문하고 있다. 30년에 걸쳐 유리를 주제로 한 만들기를 진행해온 도야마 시의 집대성이라 할 수 있는 '도야마 시 유리 미술관'뿐만 아니라 '도야마 시립도서관', '도야마 다이치 은행 본점'이 함께 하고 있다.

일본을 대표하는 건축가 구마 겐고隈研吾*가 설계한 이 건축물은 외장이 독특하다. 유리 조각들을 모아놓은 것 같은 외관은 화강암, 유리, 알루미늄의 이색적인 소재의 패널을 조합한 결과다. 외벽에 배치한 3가지 재료의 각도에 변화를 주어 시간과 날씨에 따라 빛이 다르게 반사되어 건물이 다양한 표정을 짓는 것 같다. 계

* 사람의 감성을 자극하는 아름다움과 기능성을 겸한 건축으로 전 세계의 주목을 받는 구마 겐고는 안도 다다오, 이토 도요를 잇는 일본의 건축가다. 1954년 요코하마에서 출생, 도쿄 대학 및 동 대학원에서 건축을 전공했다. 컬럼비아 대학 객원연구원 등을 거쳐 현재 구마 겐고 건축도시설계사무소의 대표이며, 도쿄 대학교 교수로 재직 중이다. 시세이 칸 교토 예술디자인 대학, 도쿄 아사쿠사 여행 안내소, 후쿠오카 현의 스타벅스 매장, 가든 테라스 호텔 나가사키, 중국 예술박물관, 2020년 도쿄올림픽 주경기장 등 현재까지 20개국이 넘는 나라에서 활발히 활동하고 있다.

자연광이 유입될 수 있도록 경사각으로 설계된 채광창

절에 따라 변화하는 다테야마 연봉을 모티브로 한 건물의 외관 디자인은 맑은 날이 적은 겨울의 도야마 시에 아름다운 빛을 발하여 차갑지만 화려함을 선사한다.

외부에서 보는 건물은 차갑지만 세련된 모습이라면, 내부 공간은 아늑하고 따뜻함이 느껴진다. 2층에서 6층까지 나선형으로 이어진 공간 내부를 비스듬히 관통해 들어오는 커다란 빛이 가득 채우고 있다. 공간으로 스며드는 따뜻한 빛은 나무, 유리, 거울이라는 재료와 어우러져 부드럽게 반사된다. 나무를 사랑하는 건축가답게 도야마 기라리의 내부구조는 도야마 현산 삼나무를 이용하였다. 재미있는 부분은 각기 다른 각도를 이루고 연결되어 있는 작은 루버louver 조각이다. 루버를 활용한 탁 트인 구조와 함께 각도에 따라 빛의 방향을 변화시킴으로써 숲과 같은 체험을 할 수 있는 개방적인 공간을 창출해낸다.

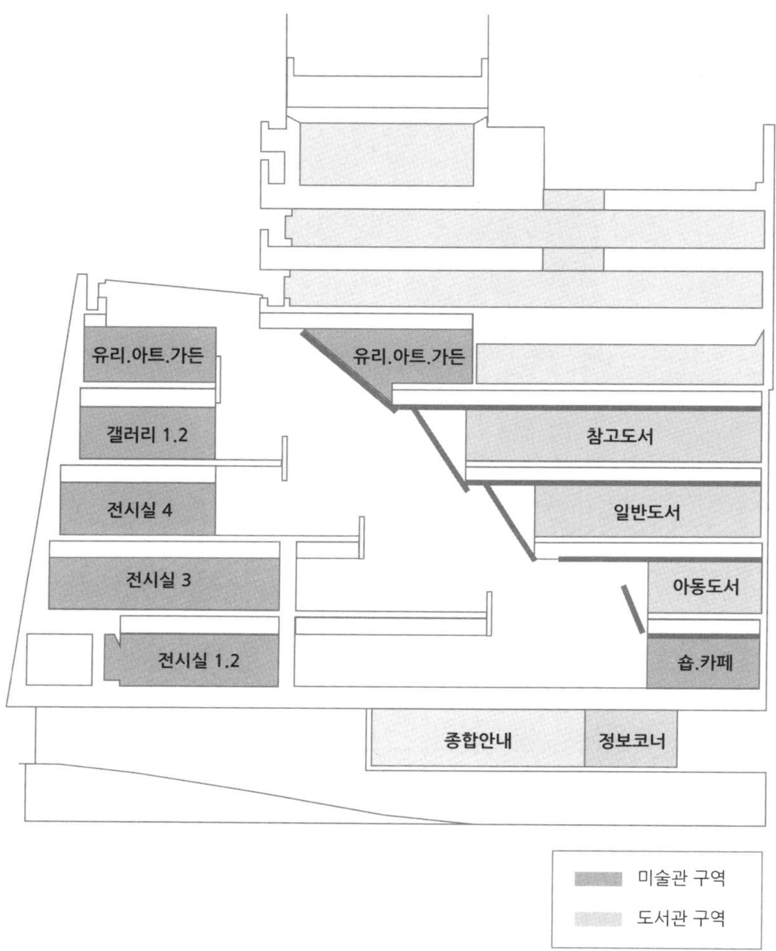

도야마 기라리 공간구조 디자인

도야마 유리미술관

2015년 8월 22일에 개관한 도야마 시 유리 미술관은 유리를 주제로 한 미술관으로는 세계 최고를 자랑한다. 2층에서 6층까지 총 5개 층으로 이루어진 도야마 시 유리 미술관에는 카페, 레스토랑, 뮤지엄 숍, 전시장 등의 시설이 구성되어 있다. 도야마 출신 작가의 작품과 다양한 콘셉트의 유리 작품을 만나볼 수 있다. 2, 3층은 1950년대 이후의 현대 유리 미술작품을 비롯한 미술작품이 기획 전시되어 있다. 4층의 상설전시실에서는 유리의 도시 도야마를 목표로 도야마 시가 30년 동안 수집해 온 도야마 시 소장의 현대 유리 작품을 만날 수 있다. 5층에 있는 2개의 갤러리는 유료 대여 공간으로, 시민들의 창작 활동과 작품 발표 및 전시가 이루어지며 대관을 통해 누구나 이용할 수 있다. 6층의 글래스 아트 가든은 미국 유리공예의 핵심인물로 불리는 데일 치훌리Dale Chihuly의 대표 작품 5점을 소장하여 전시하고 있다.

도야마 기라리에서는 전시실이 아닌 곳에서도 유리 작품을 만날 수 있다. 바로 2-4층에 걸쳐 구성된 글래스 아트 파사주다. 글래스 아트 파사주는 전시실의 벽면 및 도서관 내의 공공공간을 이용해 도야마에 연고가 있는 작가들의 작품 약 50여 점을 열린 공간에 전시한 것으로, 자연스럽게 작품을 감상할 수 있도록 한 도야마 시 유리 미술관만의 특징이다.*

역사적 유래가 풍부한 도야마 시 유리미술관은 도심 속 미술관으로 누구나 쉽게 문화 · 예술의 즐거움을 향유할 수 있다. 유리라

* 도야마 기라리 홈페이지: https://toyama-glass-art-museum.jp/

는 콘텐츠를 통해 외부인(관광객)과 내부인(시민) 모두를 위한 문화 · 예술의 정보 제공 및 광역적인 관광 교류의 장으로써 중심시가지 상업 기능을 활성화하고 있다.

뮤지엄 숍과 전시실 전경

도야마 시립도서관 본관

도야마 시립도서관은 도야마 현의 두 번째 공공도서관이자 도야마 현 최초의 시립도서관으로 1909년 개관했다. 현재 도야마 시에는 본관, 6개의 지역관, 16개의 분관, 도야마 역 남쪽 도서관 · 어린이 도서관(도야마 시민교류관 도서 코너), 그리고 이동도서관* 을 포함해 총 25개의 도서관이 있다. 이곳 도야마 기라리에 있는 도서관은 도야마 시립도서관 본관으로 2015년 도야마 조시 공원 북서쪽(마루노우치)에서 이전해 온 것이다. 역사적으로 상징적인 장소에서 도서관을 이전한 이유는 건물의 노후도 있었지만 도야

* 도시를 순회하는 자동차 문고로, 자동차 및 지역관 · 분관 등의 책 등을 운반해 연락하는 차량.

도야마 시립 도서관의 1층 휴식공간

마 기라리가 자리 잡은 이곳이 도시 기능 집약화를 위한 실질적인 생활 커뮤니티 중심지였기 때문이다.

도야마 시립도서관 본관은 도야마 지역의 아이덴티티를 대표하는 공공도서관으로 폐쇄적이고 정적인 공간이 아닌 부담 없이 즐길 수 있는 도심 공공 공간으로 모두에게 열린 장소다. 전문도서, 일반도서, 어린이 도서와 함께 문화, 예술, 비즈니스 잡지 등 약 45만 권을 소장하고 있으며, 다양하게 책을 둘러보거나 읽을 수 있는 공간도 구성되어 있다. 또한, 어린이, 학생, 부모, 고령자 등을 위한 다양한 독서문화 프로그램과 학습강좌를 운영하는 등 시민들에게 유익한 콘텐츠를 제공한다.

자료에 따르면 2014년 도야마 시립도서관의 입장객 수는 22만 5,550명이었으나, 도야마 기라리로 이전 후 입장객 수는 2016년 62만 3,534명으로 약 3배 증가하였다. 이처럼 도야마 시립도서관은 독서와 휴식을 함께할 수 있는 독서문화 공간을 제공하고 자료와 열람자 간의 접근을 극대화한 열린 공간으로 폭넓은 세대에서 이용되고 있다. 사람들이 책을 읽을 목적이 아닌 자연스럽게 방문하고 쉴 수 있는 접근성과 기능성이 강화된 장소로 지역 커뮤니티의 활성화를 이끌어간다.

공간을 재생한다는 것은 지역의 역사적인 중심가로서 보유했던 시각 이미지와 기능을 다시 회복하거나 강화하는 것을 의미한다. 여기서는 지역 자산을 발굴, 혼합된 복합 시설이자 시가지의 매력을 창출할 수 있는 거점 공간으로 자리매김한 것이 핵심이다.*

* 도시재생산업단, 역사와 문화를 활용한 도시재생 이야기, 한울 아카데미, 2012, p.28.

도야마 시민 플라자

1983년 도야마 시민병원 신축 이전으로 공터가 된 부지는 시민을 위한 공간으로 다시 태어났다. 도야마 시정 100주년 사업의 일환이자 중심시가지의 활력을 높이기 위해 건설된 '도야마 시민 플라자'는 시민들의 문화 서비스를 지원하기 위한 연면적 2만 2,748㎡(지하 2층, 지상 7층)의 복합 문화시설이다. 1989년 개관한 도야마 시민 플라자는 다양한 시민참여를 위해 '보기 · 듣기'로부터 '만들기 · 행동하기'의 문화 · 예술 활동을 지향한다. 이곳은 시민에 의한 소통공간이자 생활에 대한 새로운 가치창출을 위한 공간으로,* 공공기관, 민간의 상업시설이 입주해 있다. 또한, 도야마 역

* 도야마 시민 플라자 홈페이지: https://www.siminplaza.co.jp/?tid=100009

에서 도보 15분 거리라는 위치적 장점과 도심을 순환하는 센트램과 커뮤니티 버스인 마이도하야 정류장이 바로 앞에 있어 대중교통 편의성이 높다.

지하 2층, 지상 7층으로 구성된 시민 플라자의 층별 구조를 살펴보면 다음과 같다.

1층은 휴식공간과 상업시설로 구성된다. 쇼핑, 카페, 스포츠 등 취미활동을 위한 시설을 운영하여 어린이부터 어른까지 폭넓은 세대를 위한 시설과 강좌를 갖춘 열린 공간이다.

1층에 자리한 'ma room'은 언뜻 보면 놀이 공간 같지만 '0세부터 고객'을 콘셉트로 엄마와 아이가 편안하게 쉴 수 있는 런치 카페다. 기존 카페와는 다르게 어른을 위한 메뉴와 어린이 메뉴, 어린이 음료, 이유식이 있으며 장난감, 수유실, 기저귀 교체 침대를 갖추고 있다. 어린이 의자를 따로 준비하지 않아도 아이가 뛰다 넘어져 다칠 염려도 없는, 아이와 엄마 모두가 즐겁게 시간을 보낼 수 있는 장소다.

2-4층은 각종 이벤트 및 문화공간이다. 시민들의 자발적인 참여와 전시 그리고 체험행사가 이루어지는 공간으로 수시 대관을 통해 누구나 이용할 수 있다.

3층과 4층은 교육 공간이다. 임대공간으로는 창업, 창작 등 다목적 활동을 지원하는 스튜디오가, 공공기관으로는 도야마 시 시민학습센터, 시민대학이 있다. 이곳에서는 지역 전문가 아카데미, 문화예술 수업, 부모 자녀를 위한 수업 등 다양한 주제의 강좌가 진행, 시민들의 체계적 · 지속적인 학습을 위한 다양한 콘텐츠를 다루고 있다.

5층-7층은 도야마 시에서 운영하는 전국 유일의 공립 외국어

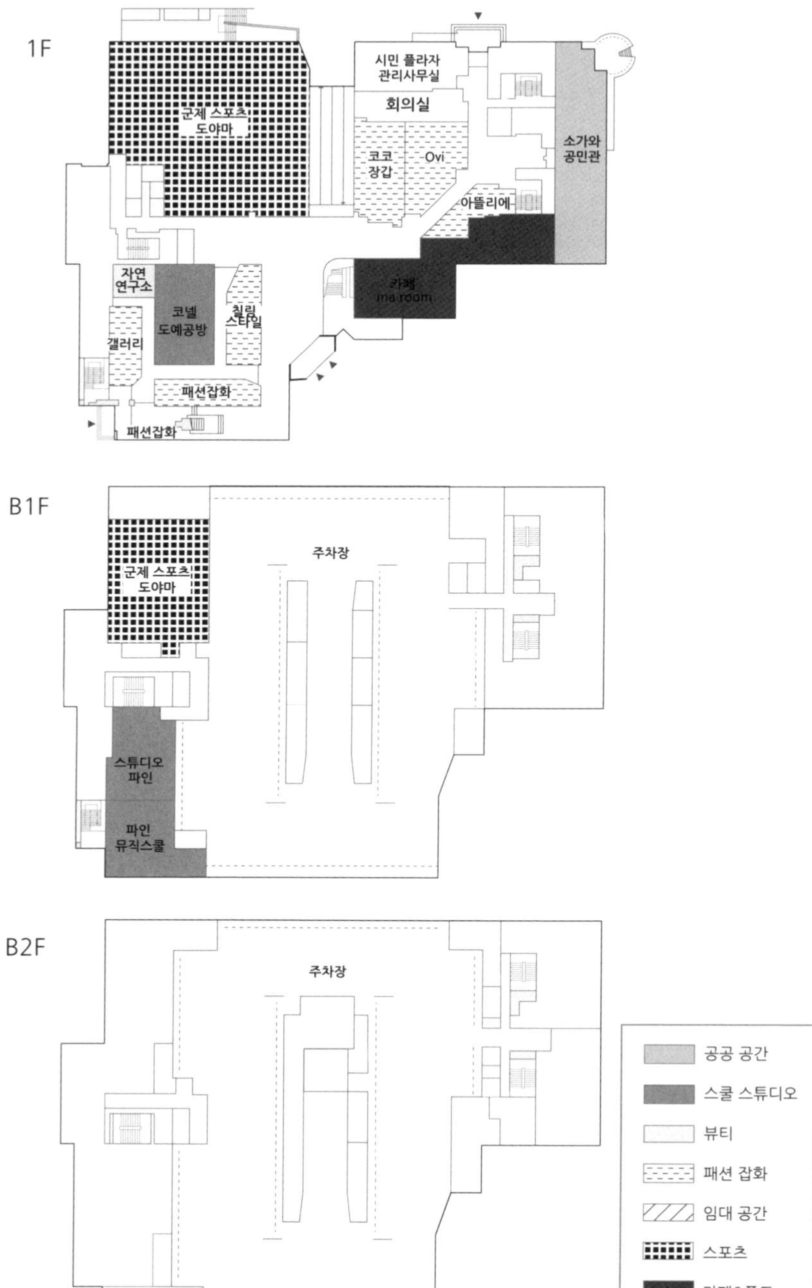

도야마 시민 플라자 층별 공간구조 디자인

5-7F
도야마
외국어
전문학교
4F
도야마시
시민 학습센터
앙상블홈
강의실
(3)
강의실
(1)
강의실
(2)
서클룸
(1) (2) (3) (4)
3F
도야마시
시민 학습센터
연습실. 분장실
AV 스튜디오
멀티 스튜디오
사무실
근로자
복지
서비스
센터
아트
라이브러리
조리실
어린이
아틀리에
작업실
아틀리에
2F
MAX 21
홈메이드
요리교실
문화교실
군제 스포츠
도야마
아트리움
프렌즈(ふれんどる) 홀
스포츠숍 러너
갤러리
A
갤러리
C
갤러리
B
갤러리
D
공공 공간
스쿨 스튜디오
뷰티
패션 잡화
임대 공간
스포츠
카페&푸드

교육기관인 도야마 외국어전문학교다. 학교 교육법에 근거한 실무 영어과(2년제) 및 커뮤니케이션 능력을 양성하는 전공과(1년제)를 운영한다. 또한, 일반 시민을 대상으로 영어, 중국어, 한국어, 프랑스어 등 외국어 교육 프로그램을 시행하고 있다.*

도야마 시민 플라자는 도야마 시의 모든 시민을 위한 소통과 공유 공간이다. 단순히 놀이의 개념이 아닌, 문화 · 예술을 즐기며 배울 수 있는 평생 학습의 장으로 이용되고 있다.

1층 로비

2층 갤러리로 향하는 계단

1층 아이와 엄마를 위한 공간 'ma room' 카페

* https://www.tcfl.ac.jp/

1층 ‘0세부터 고객’이라는 콘셉트의 ‘ma room’ 카페

2층 시민들이 직접 주도하는 행사가 진행되는 아트리움

조형적인 디자인을 뽐내는 도야마 시민 플라자의 외관

도야마 현 미술관

도야마 현 미술관은 1981년 도야마 시 남부지역에 처음 문을 열었다. 당시 명칭은 '도야마 현립 근대미술관'으로, 도야마 현 성립 100주년을 맞아 건설되었다. 이후 지난 35년 동안 20세기 이후 미술작품을 중심으로 한 예술 · 문화시설로 사랑받았지만, 시설 노후로 인해 신축 및 재건축의 필요성이 제기되었다. 이에 미술관을 교외 시가지로 이전하는 대신 호쿠리쿠 신칸센 개통과 함께 도야마 역 근처 대중교통을 이용해 현 안팎의 사람들이 편리하게 방문하고 시가지의 활력을 가져올 수 있도록 도야마 역 북쪽으로 신축 이전을 결정했다. 도야마 현립 근대미술관은 2016년 12월 28일 문을 닫았다.

2017년 8월 26일 도야마 현립 근대미술관은 도야마 역 북쪽 '도야마 현 미술관: 아트 앤 디자인'으로 다시 태어났다. '사람과 예술 그리고 디자인을 이어주는 미술관'을 콘셉트로 한 도야마 현 미술관의 영어명칭은 'Toyama Prefectural Museum of Art and Design'이며, 축약해서 TAD Toyama, Art & Design 라고 한다. 그래픽 디자이너 가즈마사 나가이가 디자인한 도야마 현 미술관의 로고는 영문 이니셜 TAD를 모티브로 하고 있다. T를 A와 D가 조합된 형태로 나타냈는데, 이는 아트와 디자인을 연결하는 장소로써 도야마 현 미술관을 표현한 것이다. 직선과 곡선의 기하학적 이미지를 조합하여 소통의 효율성을 높였다.

후간 운하 간스이 공원에 맞닿은 도야마 현 미술관은 연면적

후간 운하 간스이 공원에 맞닿은 도야마 역 북쪽에 자리한 도야마 현 미술관

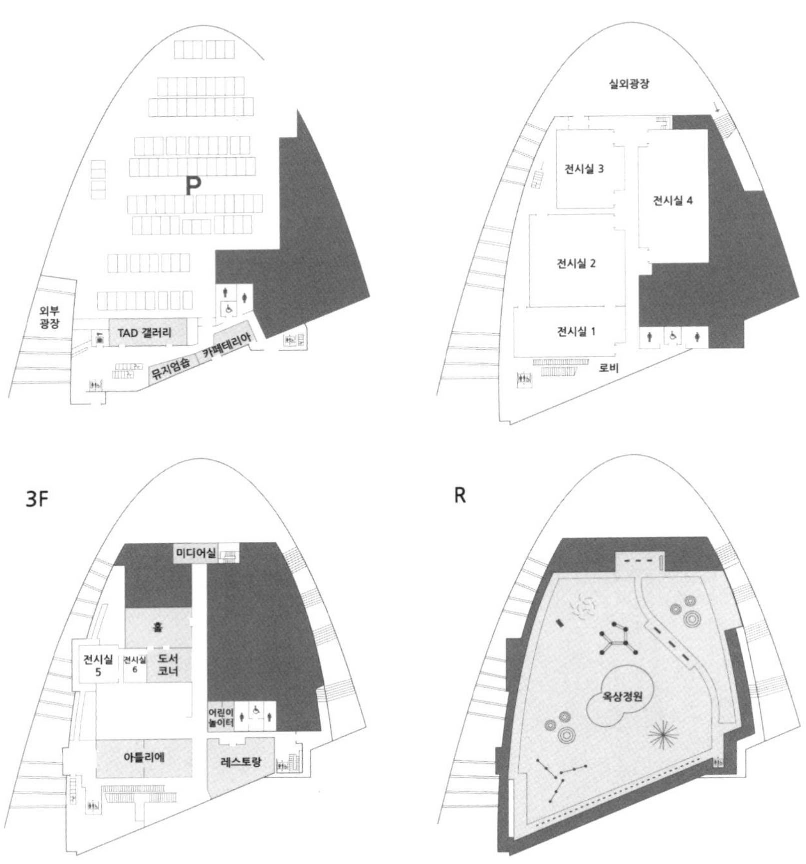

도야마 현 미술관 층별 공간구조 디자인

1만 4,990㎡의 규모에 지상 3층과 옥상정원으로 이루어졌다. 이곳에서는 피카소, 미로 등 20세기 이후의 근·현대 작품을 비롯해 일본과 도야마를 대표하는 작가들의 포스터, 다양한 의자를 직접 감상하고 앉아 볼 수 있는 의자 컬렉션 등 디자인 작품을 만날 수 있다.

1층은 교류와 휴식을 위한 공간이다. 작품 전시를 위한 TAD 갤러리, 휴식을 위한 뮤지엄 숍, 카페 그리고 주차장이 있다.

2층은 전시를 위한 공간이다. 이곳에는 수집전시 및 기획전시를 위한 4개의 전시실을 운영하고 있다. 천장까지 뚫려 있는 높이 11m의 로비는 그 자체로 오픈 전시장이 되기도 하고, 각 층을 이어주는 직선과 기하 도형으로 이뤄진 계단은 시각적 흥미를 주고 있다.

1층 뮤지엄 숍과 TAD 갤러리

2층 전시실 1

3층은 체험하는 공간이다. 컬렉션 전시를 위한 2개의 전시실, 워크숍을 개최하는 아틀리에, 인터랙티브 아트 체험홀, 디자인 관련 전문 서적을 열람할 수 있는 도서 및 영상 코너, 어린이 놀이터 등이 있다. 3층 복도에는 본관이 소장하고 있는 포스터를 볼 수 있는 포스터 터치 패널이 설치되어 있다.

4층은 자연 속에서 예술작품을 만날 수 있는 공간으로 '오노마토페オノマトペ 옥상정원'이라고도 부른다. 오노마토페란 읽을 수 없는 소리에 문자를 부여하는 것에서 유래하며, 의성어와 의태어를 의미한다. 이곳의 모든 작품은 소곤소곤, 꾸벅꾸벅 등 의성어를 형태로 표현하였다.* 어린이뿐만 아니라 이곳을 방문하는 관람객들은 놀이 중심 공간에서 직접 만지고 체험하며 조형요소와 특징을 이해하고 현대미술의 개념을 새롭게 발견하는 경험을 한다.

전면 유리로 설계된 건축 외벽 경관

* http://www.tsdo.jp/detail.html?work=275_toyamamuseum_yuugu_all

3층 어린이 놀이터

4층 옥상정원

도야마 현 미술관의 내부 전경

도야마 현 미술관은 전 세대가 예술을 배우고 체험하며 즐길 수 있는 공간으로 전시실 외에도 뮤지엄 숍과 카페, 주차장, 강연 및 교육 등을 진행할 수 있는 시설을 갖추고 있다. 전문적이고 효율적인 전시 공간이자 열린 공공장소로 이곳을 방문하는 모든 사람에게 다양한 공간적 경험을 제공한다.

도야마 시 예술문화홀

도야마 시 예술문화홀은 도야마 시가 설립한 도야마 시의 대표적 문화 · 예술 기관이다. 도야마 역 북쪽 출구 재개발 사업으로 도야마 시민 플라자, 도야마 시민예술창조센터 등 시설 정비에 맞춰 지역 문화 진흥을 위한 중심 시설로 계획되었다. '극장도시 도야마'의 핵심 거점시설이자 시민 문화 · 예술활동의 활성화를 목적으로 한 예술문화홀은 뛰어난 시설을 갖춘 공간으로 장르를 넘나드는 다양한 무대를 선보인다.*

도야마 시 예술문화홀의 애칭은 오바드홀이다. 이 명칭은 시

* http://www.aubade.or.jp/

민공모로 선정되었다. 'Aubade'는 영어로 '새벽의 음악'을 의미하며, 어원은 프랑스어의 'aubade'로 17–18세기 왕후의 조현朝見* 의식에서 연주된 곡을 뜻한다. 오바드홀의 로고 디자인은 도야마 현에서 활동하고 있는 디자이너의 출품작에서 선정되었다. 5개의 간결한 선은 일출의 이미지, 잔물결이 번지는 이미지, 어둠 속에서 무언가가 태어나는 이미지 등 새로운 문화를 전달하고자 끊임없이 움직이려는 극장의 이미지를 표현한다.**

1996년 9월 개관한 도야마 시 예술문화홀은 2,196석(1 · 2층 1,152석, 3층 316석, 4층 346석, 5층 382석) 규모의 공연장으로 음악회, 뮤지컬, 오페라, 발레, 오케스트라 등 다양한 장르의 무대공연을 지원하는 시스템을 갖추고 있다. 그뿐만 아니라 '모든 시설이 극장'***이라는 콘셉트로 건물 내부에는 약 80개 이상의 예술작품이 전시되어 있어 다양한 문화 · 예술을 경험할 수 있다.

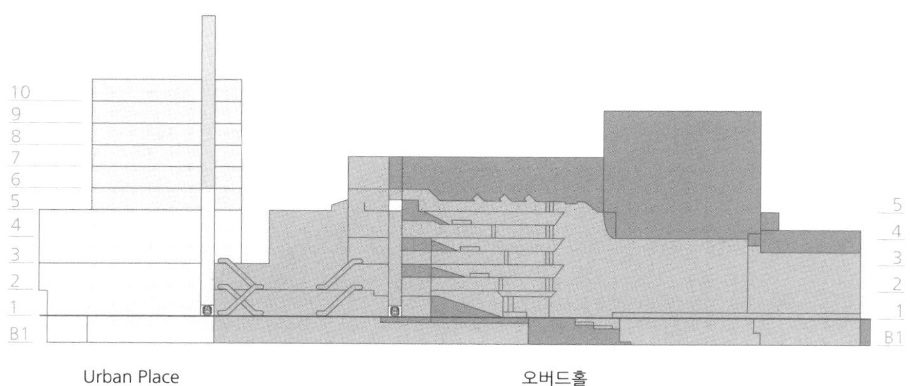

도야마 시 예술문화홀(오바드홀) & 어번 플레이스 공간구조 디자인

* 신하가 조정에 들어가 왕이나 왕후를 배알하는 일.

** http://www.aubade.or.jp/information/logo/

*** http://www.aubade.or.jp/information/

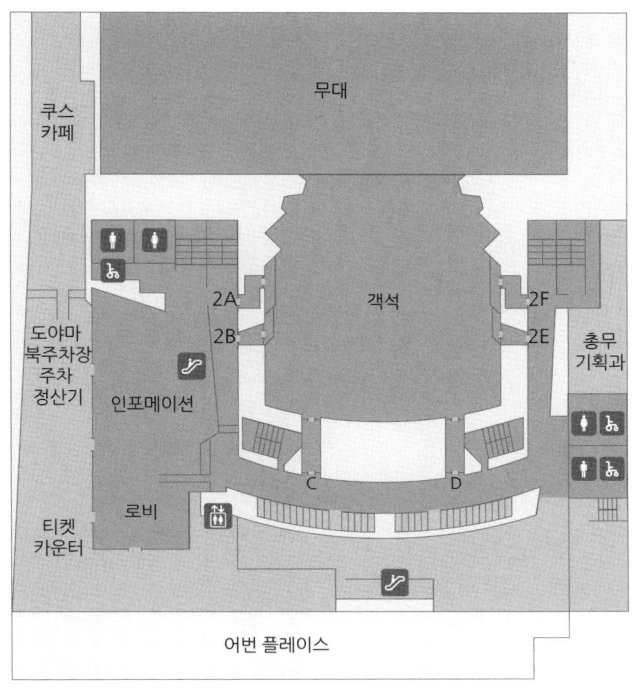

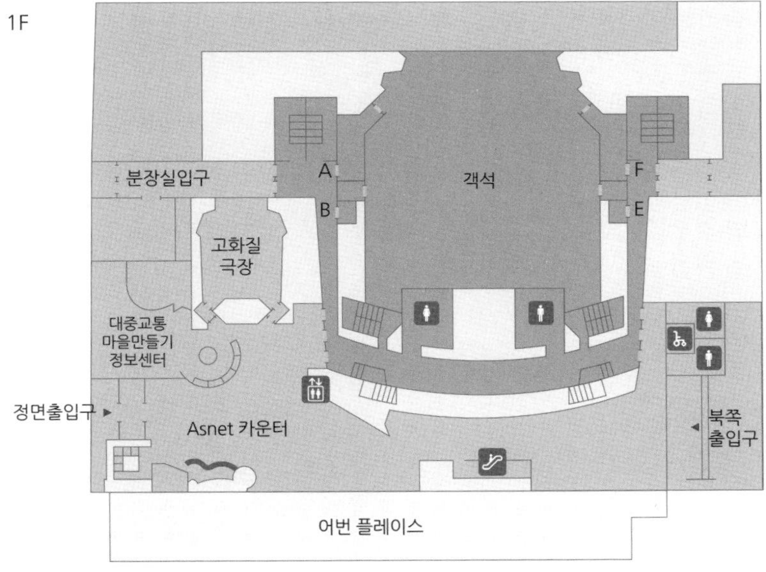

도야마 시 예술문화홀(오바드홀) 층별 공간구조 디자인

현재 도야마 시 예술문화홀은 개관 초부터 공익 재단법인 도야마 시민문화사업단에서 관리 · 운영하고 있다. 시민 모두를 위한 공공문화시설인 예술문화홀은 누구든지 시설을 대여 · 이용할 수 있도록 하는 것에 중점을 두고 있다. 대학과 고등학교 등 교육기관에게는 이용요금을 50% 감면, 지역 단체나 사회인에게는 사용료를 후원하는 등 가능한 저렴하게 시설을 이용할 수 있도록 하고 있다. 도야마 시민문화사업단이 주최하는 시민 오페라 공연 및 지역 단체가 주최하는 음악과 무용, 연극 등의 발표장으로도 활용된다.

시민을 위한 문화 · 예술 공간은 시민 가까이에서 역동적인 지역 활성화의 구심점이 되어야 하지만, 대부분 접근성이 떨어지는 외곽에 위치한다. 그러나 오바드홀은 유동인구가 많은 도야마 역 바로 인근에 위치해 접근성과 교통 편의성을 확보했다. 도야마 역은 도심을 순환하는 트램, 지방철도, 호쿠리쿠 신칸센, 버스 등의 승강장이 있어 다른 지역에서의 접근 또한 뛰어나다. 이처럼 지역 커뮤니티의 일부로서 지역사람들의 이용을 촉진하고 있는 오바드홀은 도야마 역에서 도보로 2분 거리라는 위치적 장점과 함께 도야마의 예술 · 예술인 그리고 예술 · 문화를 사랑하는 시민을 위한 거점시설로 활용되고 있다.

5F

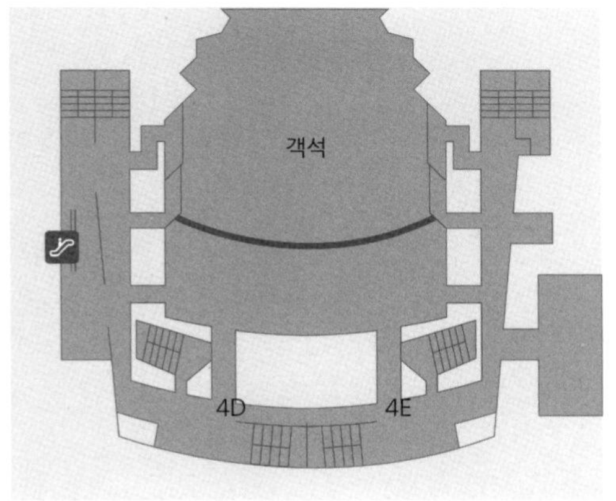

4F

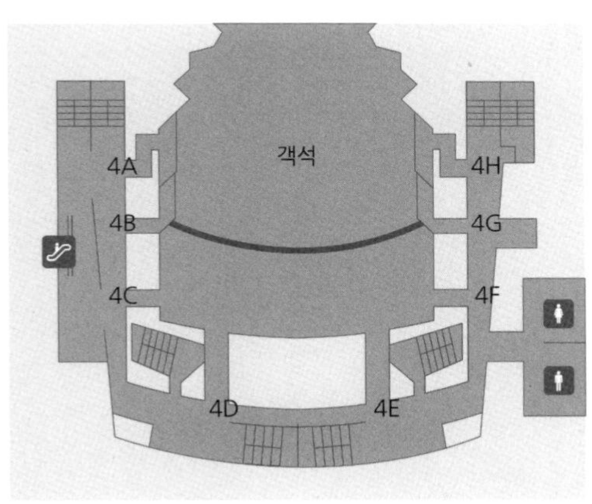

3F

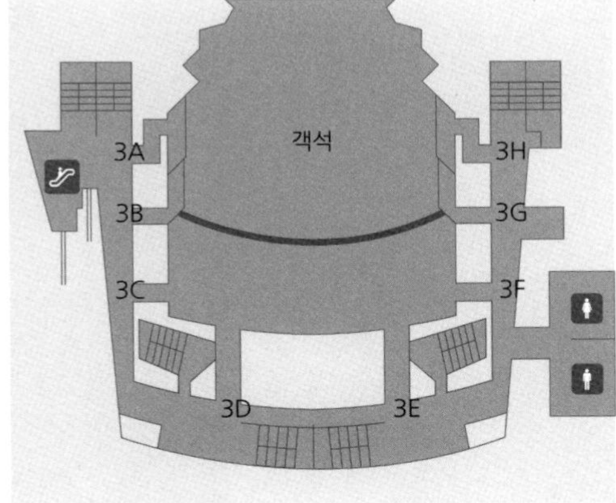

도야마 시 예술문화홀(오바드홀) 층별 공간구조 디자인

제 6 장

복지·의료·건강

지역사회 중심의 의료·복지

저출산·고령화의 급격한 진행은 인구감소, 가족구조 및 생활양식의 변화를 가져왔다. 지금까지 가정이나 지역공동체*가 자연스럽게 가지고 있던 기능은 점차 사라지고 지역주민 간의 관계가 소홀해지는 등 사회적 환경 또한 바뀌고 있다. 고령자 부양 부담으로 인한 가족 파괴, 열악한 경제 상황과 고용 환경 속에서 고

* 일정한 지역을 주요 기반으로 공동의 사회적·정서적 유대감을 가지고 서로 긴밀하게 상호작용하면서 공동의 가치와 목표를 추구하는 주민집단. 행정안전부, 지역공동체의 이해와 활성화, 2017.12, p.6.

독사나 자살, 은둔형 외톨이 등 사회적 고립 문제, 한부모 · 조부모 · 맞벌이 육아에 대한 고민 등 생활양식의 변화에 따른 사회문제가 점점 더 심각해지고 있다.

일본의 고령화는 일찌감치 진행됐다. 1970년대에 전체인구 중 65세 이상의 비율이 7.1%에 이르러 고령화사회에 진입한 뒤, 1994년 14%로 고령사회를, 2007년 20.2%로 초고령사회를 맞이했다. 고령화사회에서 고령사회로 넘어가기까지 24년이 걸린 일본에 비해 우리는 17년밖에 걸리지 않았다. 급속한 속도로 고령화가 이뤄지고 있다.

고령화라 하면 전체인구 대비 고령자 인구수가 늘어나는 비율에만 집중했다. 하지만 이제는 다른 시점에서 고령화 문제를 생각해야 한다. 그중 하나가 인구구조의 변화다. 인구수는 감소하지만 세대수는 증가하는, 혼자 생활하는 고령자가 점점 많아지는 것이다. 자녀와 함께 살지 않거나 배우자와의 사별 또는 미혼이나 이혼율의 증가 때문이다. 미혼이나 이혼으로 혼자 사는 젊은 세대도 결국은 고령자가 되기에 그 수는 더 늘어날 것이다. 홀로 사는 고령자는 거동이 불편하거나, 치매 또는 만성질환으로 돌봄이 필요한 상태가 되어도 주변 사람들과의 교류가 없다면 사회적으로 고립될 수밖에 없다.

또 다른 문제점은 간병인의 고령화다. 지금처럼 생산가능인구는 줄고 고령자만 늘어난다면, 결국 고령자를 돌보는 사람마저도 간호가 필요한 고령자가 되어 고령자가 고령자를 돌보는 상황이 된다. 이러한 급속한 고령화로 간호 또는 요양이 필요한 사람은 계속 증가할 것이다. 그리고 그들을 위한 의료기관이나 요양시설의 수요나 사회보장비용의 팽창 등 또 다른 문제들이 계속 나타날 것이다.*

고령화시대를 사는 고령자에게 중요한 것은 단순히 오래 사는 것보다 건강하고 행복하게 사는 건강 노화Healthy Aging**다. 그리고 건강 노화를 위한 주요한 전략이 '살던 곳에서 나이 들기'다. 사람은 누구나 자기가 나고 자란 정든 지역에서 안전하고 행복한 삶을 누리길 원한다. 건강과 안전은 모든 사람의 행복 추구를 위한 기본 요건이다. 어떻게 하면 지역 안에서 삶의 질***을 높여 행복하고 오랫동안 머물 수 있을까? 고령자가 익숙한 집과 동네에서 독립적 생활을 하려면 어떤 의료 및 복지 서비스를 제공해야 할까? 다른 지방도시들과 마찬가지로 2000년 이후 도야마 시 또한 저출산 · 고령화 문제에 직면했다. 어린이와 청소년 인구의 감소, 고령자의 증가로 도시는 활력을 잃어갔다.

도야마 시는 이러한 지역사회의 문제를 가족의 몫으로 떠넘기거나 정부에 의존해 해결하기보다 지역공동체가 나서서 분담하기로 의결했다. '노후에도 정든 지역에서 안심하고 계속 생활할 수 있는 마을만들기'를 기본이념으로 가족, 친구, 지인들과의 관계, 지역사회와의 관계를 유지하면서 지역의 일원으로 살 수 있게 하도록 지역주민과 사회복지시설 · 행정(정부)과 협력하면서 다양한 과제를 해결해 나가고 있다.

* 가와이 마사시, 미래연표, 한국경제신문, 2018, pp.87-88.

** 세계보건기구에서는 건강 노화를 '활기찬 노후(Active Aging)'와 연관 지어 노화 과정에서 삶의 질(QOL)을 향상하기 위해서 건강, 참여 및 안전을 위한 기회를 최적화하는 과정이라 한다.

*** 삶의 질이란 사람들이 느끼는 복지나 행복의 정도를 의미한다. 직접적인 측정은 불가능하며, 특정 장소를 대상으로 거주자나 방문자, 개인이나 집단의 관점에서 느끼는 행복감, 성취감, 만족감 등의 정도를 말한다. 일본의 지역 복지정책, 지역과 발전, 지역발전위원회, 2012, Vol.9, p.35.

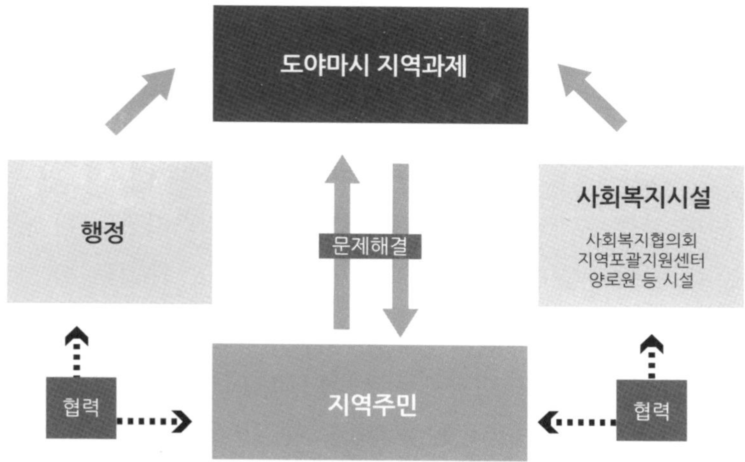

도야마 시 지역 과제 해결 다이어그램

도야마 시는 노후에도 정든 지역에서 건강한 삶을 영위할 수 있도록 의료 · 요양체제를 병원 중심에서 지역사회 중심으로 전환하고자 보건의료 및 복지 서비스를 개선했다. 의사, 간호사 요양사 등 전문 인력과 자원봉사자가 연대해서 24시간 각 가정을 방문하는 방문 서비스를 중심으로, 의료 · 요양 · 생활 지원 등을 함께 제공하는 지역 포괄 케어 시스템 서비스의 구축과 지역 의료에 근거한 병원 기능의 재편이다. 또한, 간호를 위한 재택 의료 · 개호 서비스, 양육이나 양호 더 나아가 보육 등의 아동복지 서비스, 세대 통합형 라이프스타일을 제공하는 '도야마형 데이케어 서비스' 등 다양한 서비스를 지역주민들에게 제공한다. 그리고 예방 · 치료 · 재활을 하나로 묶은 개호예방센터 및 지역 포괄 케어센터를 도시 곳곳에 배치하여 지역 커뮤니티의 활동 거점을 갖추었다. 도야마 시는 의료와 복지의 벽을 허문 행정 개혁을 통해 고령자와 장애인을 넘어 모든 시민이 행복하고 건강하게 살아갈 수 있도록 복지 시스템을 하나로 연결했다.

도야마 시가 목표로 하는 '지역 연계 의료체계'

인구의 고령화는 전체인구 대비 고령자 인구비율이 높다는 것을 넘어 고령 환자의 증가로 이어진다. 이는 의료기관의 외래 및 입원 환자 역시 고령화되고 있음을 의미한다. 고령화시대의 고령자 건강 문제는 매우 복합적이다. 도야마 시는 의료체계를 병원 중심에서 지역사회로 전환하고자 했다. 이에 지역 안에서 각 병원이 역할을 분담하고, 서로 연계하는 '지역 연계형 의료체계' 시스템을 구축했다. 질병이 발생하면 도야마 시민병원, 도야마 적십자병원과 같은 급성기병원에서 집중 치료를 시행하고, 중심시

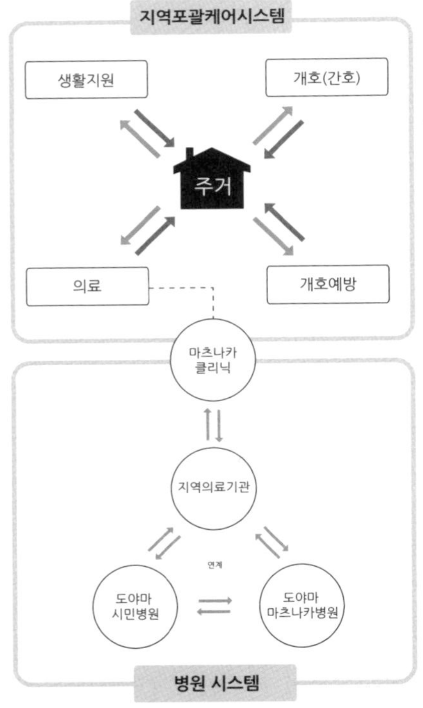

도야마의 지역사회 중심 보건의료 및 복지 시스템 모델

가지에 있는 회복기병원인 마츠나카 병원에서 체계적인 재활 활동을 통해 집이나 지역사회로의 복귀를 돕는다. 그리고 마츠나카 클리닉에서는 재택 의료서비스를 제공하거나 지역 의료기관인 진료소*와 연계하여 살던 곳에서 편안하게 진료와 돌봄 서비스를 받을 수 있도록 한다.

도야마 시내 주요 복지 · 의료 · 건강 시설 배치

* 일본에서는 병상 20개 이하인 개인병원을 진료소라 한다.

소가와 레가토 스퀘어

도시의 기능을 집약하는 방법으로 중심시가지에 다기능 복합시설을 건설하는 사례를 종종 보게 된다. 시민들이 필요로 하는 장소에 대한 배려보다는 크고 멋있는 건물을 짓는 것에만 급급한 결과다. 하지만 도야마 시는 2017년 4월 1일, 중심시가지의 기능과 지역주민들의 생활에 유용한 기능을 제공하기 위해 버려진 공간을 사회의 흐름에 맞춰 '의료 · 복지 · 건강'을 주제로 한 민관복합시설인 '소가와 레가토 스퀘어'를 세웠다. 그리고 그 중심에는 지역 포괄 케어 서비스 거점 기능을 가진 '도야마 시 마츠나카 종합케어센터'가 있다.

도야마 시는 '중심시가지 활성화 기본계획'의 3개 기둥 중 하나인 '지역 거점 활성화'를 위해 제2기 도야마 시 중심시가지 활성화 기본계획의 주요 정책인 '질 높은 라이프스타일의 실현'과 '사람들 간의 교류가 일어나는 커뮤니티 공간 형성'에 주목했다. 이를 위해 지역의 중심에 있던 초등학교 터를 교육 · 의료 · 복지 등의 기능이 집적된 지역 활력의 거점으로 조성하고자 '소가와 초등학교* 철거지 활용사업'을 추진하였다. 2013년 수립된 '구 소가와 초등학교 철거지 활용사업' 기본계획은 2014년 6월 민간 사업자의 자유 사업 제안서 공모를 통해 우선협상 대상자로 다이와리스 주식회사가 선정되면서 본격적인 시설 정비가 시작되었다.

* 도야마 시의 중심부에 있었던 1873년에 설립된 소가와 초등학교는 2005년 7개 시정촌 합병과 함께 도야마 시립 시바조노 초등학교로 통합되었다.

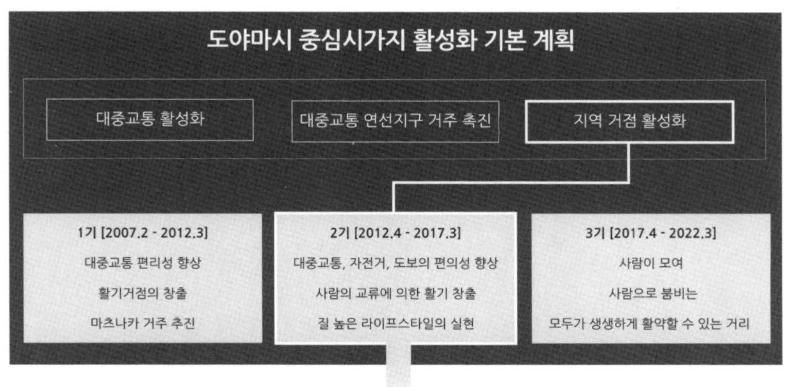

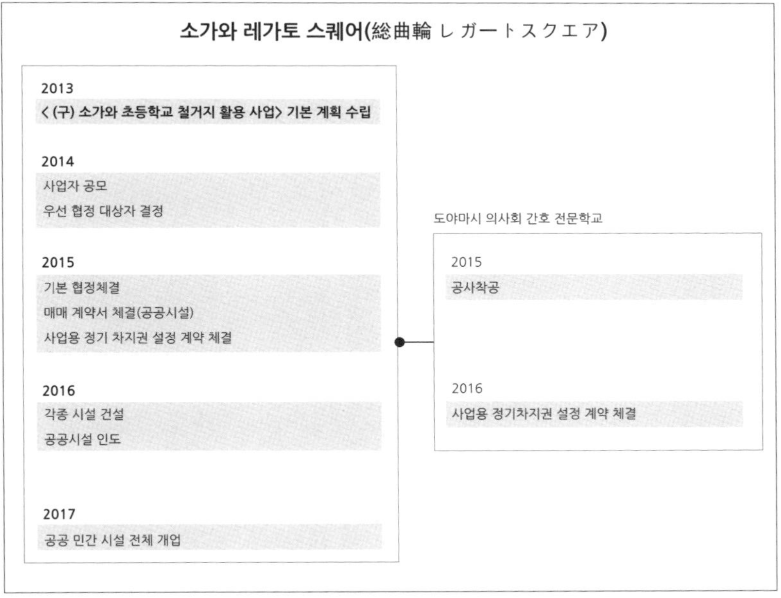

도야마 시 중심시가지 활성화 기본 계획 모델

소가와 레가토 스퀘어는 지역 내 민간과 공공, 그리고 복지와 보건이 상호작용하는 협력구조다. 도야마 시는 소가와 레가토 스퀘어의 시설 정비(설계, 건설, 공사감리)에 대해서는 민간에 일괄

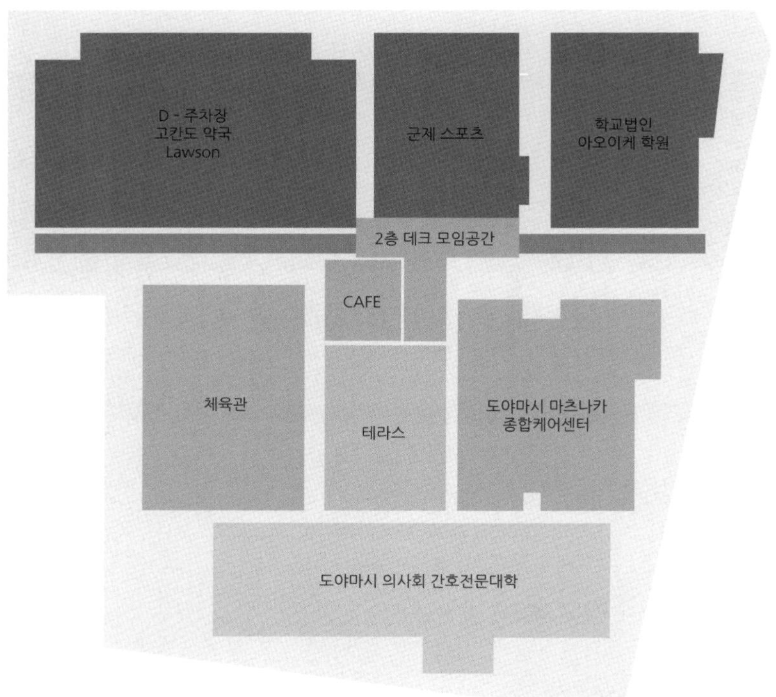

소가와 레가토 스퀘어 배치 디자인

발주하고 준공 후 매입 및 매매 계약을 체결했다. 공간은 공공과 민간시설이 공동으로 사용하는데, 행정이나 대학, 기업, NPO 법인, 지역주민 등이 지속해서 '의료 · 복지 · 건강이 만나는 장소' 만들기에 참여할 수 있도록 상호 협력적 거버넌스 체제를 구축하였다. 민관 협력PPP, Public Private Partnership 구조의 좋은 예인 소가와 레가토 스퀘어는 출산 · 육아 지원, 고령자의 재택 의료서비스, 아동 상담을 위한 공공시설, 민간시설인 전문학교, 대형 주차장 및 체력단련 클럽, 카페, 그리고 시민들이 다목적으로 활용할 수 있는 모임 공간을 갖춘 복합시설로써 지역사회의 커뮤니티 기능을 수행하고 있다.

도야마 시 마츠나카 종합케어센터

공공시설로는 도야마 시가 운영하는 '도야마 시 마츠나카 종합케어센터'와 '테라스(광장)'가 있다. 지역 포괄 케어 거점시설인 '도야마 시 마츠나카 종합케어센터'는 지역의 모든 주민이 개개인의 욕구에 맞는 서비스를 누리고 지역사회와 함께 어울려 살아갈 수 있는 다양한 형태의 '개호복지 서비스'를 제공한다. 고령자, 장애인을 위한 복지만이 아니라, 지역에 생활하는 모든 이해관계자가 평생 건강을 유지할 수 있도록 의료 · 보건 · 돌봄 · 복지 · 주거 · 예방 · 상담의 서비스를 포함한다. 즉, 의료만을 위한 시스템이 아닌 의료와 복지가 결합한 서비스를 모든 세대에게 지원하고 지속적인 관리를 통해 지역 포괄 케어 체제를 추진한다.

마츠나카 종합케어센터 1층에는 아동발달 상담지원실, 마츠나카 살롱, 지역 연계 세미나실이 있다. 아동발달 상담지원실은 영·유아를 위한 공간이다. 지역의 아이들이 건강하게 성장할 수 있도록 아동과 청소년(1–18세)의 발달수준에 따른 맞춤형 서비스를 제공한다. 아동의 정서, 사회성, 신체행동, 언어, 학습 등 전인적 발달을 돕고 자녀의 발달장애 및 적응문제로 인한 부모의 양육 어려움 해소를 위해 상담 및 교육을 지원한다. 지역주민들이 편하게 머물 수 있는 교류를 위한 장소로 사랑방이라 할 수 있는 마츠나카 살롱은 다세대에 걸친 지역주민들이 직접 기획·운영·참여하는 이벤트를 실시하는 등 교류 상징의 역할을 한다. 혼자 살아가는 사람들에게 인간관계는 노후를 대비한 최소한의 사회안전망이며, 아이를 가진 부모에게 소통은 정보를 얻기 위한 중요 수단이다. 더 나아가 지역에 있어 주민들 사이의 교류는 지역 만들기의 근간이 되는 것이다. 이외에도 교육과 회의를 위한 지역 연계 세미나실을 포함하고 있다.

2층에는 마츠나카 클리닉, 의료·개호 상담실, 병아보육실, 콘퍼런스룸이 있다. 마츠나카 클리닉은 방문 진료 및 재택 의료를 중심으로 한 병원이다. 이곳의 의사와 간호사는 24시간 365일 상주하며, 일반 진료와 가정방문 진료, 가정방문 간호 등 맞춤형 서비스를 제공한다. 도야마 시내(16㎞ 이내가 원칙이지만 의료기관 방문 진료가 시행되지 않는 지역도 방문) 어디든지 거동이 불편한 환자들이 집에서 의료·간호·일상생활 지원을 받을 수 있게 하자는 취지로 설립되었다. 이러한 서비스 덕분에 거동이 불편한 중증장애인과 고령자들에게 원활한 의료 서비스를 제공할 수 있다. 의료·개호 상담실은 마츠나카 클리닉의 진료상담을 비롯해 재택 의료 · 개호 연계 등에 관한 상담, 정보 공유 등을 지원한다. 마츠나카 클리닉 맞은편에는 병아보육실病兒保育室*이 있다. 우리에게는 조금 낯선 단어인 '병아'란 중병이 아닌 고열이나 감기, 전염병 등 가벼운 질병을 앓고 있는 아이를 말한다. 병아보육이란 갑작스런 발열이나 감기 등으로 보육 · 교육기관(어린이집, 유치원, 학교 등)에 보낼 수 없는 자녀를 보호자의 위탁을 받아 일시적으로 맡는 시설 · 서비스다.** 질병에 걸린 아픈 아동(만 12세 미만)에게 제공하는 의료문제와 보육문제를 결합한 의료체계 보육 서비스, 우리말로는 '아픈 아이 돌봄 서비스'로 해석할 수 있다. 보호자를 대신하여 병아보육 전문가나 간호사, 보육사가 자녀를 돌보는 '돌봄형'과 유치원 등 보육시설에서 갑자기 아픈 아이를 데리러 갈 수 없는 보호자 대신 아이를 병원으로 데려가 진료를 받게 하는 '픽업형'이 있다.

3층의 산후조리실에서는 출산 후 급격한 컨디션 변화와 익숙하지 않은 육아로 힘들어하는 산모의 몸과 마음의 회복을 돕고, 자녀와의 새로운 생활을 즐겁게 보낼 수 있도록 호텔과 같은 숙박시설을 제공한다. 또한, 모유 수유, 목욕, 육아 상담 등 출산 직후 산모에게 교육을 지원한다. 저출산으로 인한 아동 수 감소가 어디나 문제인 이 시점에서 도야마 시의 마츠나카 종합케어선터는 이처럼 고령자 복지뿐만 아니라, 산모와 아동을 위한 복지시설과 서비스를 제공한다.

* 병아보육은 아픈 아동 돌봄, 환아 돌봄이라는 말과 함께 혼재되어 사용되고 있으며, 명확한 정의가 없는 상태다.

** 지지통신사, 인구감소와 지방소멸, 지식과 감성, 2018, p.120.

'의료 · 복지 · 건강'을 지원하는 민간시설

도야마 레가토 스퀘어는 민관협력에 의한 종합관리체제의 구축을 목표로 한다. 이에 사업성을 높일 수 있는 상업 건물 대신 '의료 · 복지 · 건강'을 콘셉트로 한 시설을 배치했다. 도야마 레가토 스퀘어의 민간시설로는 학교법인 아오이케 학원이 운영하는 재활의료복지대학교, 조리 · 제과전문학교, 도야마 시 의사회가 운영하는 간호전문학교, 스포츠클럽, 입체 주차장, 카페가 있다.

남쪽에 있는 간호전문학교는 1916년 도야마 시 의사회 간호강습소로 개설, 100년이라는 역사를 가지고 있는 교육기관으로, 준간호사 · 간호사 인재 양성을 목표로 한다. 과거 도야마 시 교외에 있었으나 2017년 소가와 레가토 스퀘어에 건물을 짓고 새롭게 출발했다. 도야마 시 의사회가 운영하는 도야마 시 의사회 간호전문학교는 일하면서 배울 수 있는 교육기관으로 폭넓은 연령층의 학생들에게 간호에 필요한 전문적인 지식과 실습교육을 지원한다.*

㈜군제 스포츠가 운영하는 스포츠클럽인 '군제 스포츠 도야마 레가토 스퀘어'는 개업 이후 중년층을 중심으로 꾸준히 인기가 높다. 건강하고 활기차게 오래 사는 것을 중요시하는 사회적 흐름에 맞춰 스포츠클럽 형태로 고령자 생활체육을 활성화한 시설이다. 스트레칭, 유산소 운동, 러닝머신과 같은 운동과 댄스 · 에어로빅 · 요가 스튜디오, 온천, 사우나 등의 시설을 고루 갖추고 있다.

군제 스포츠 건물 왼쪽으로는 총 326대 차량을 주차할 수 있는 주차타워가 있다. 옥상 포함 총 6개 층으로 구성된 이 건물은 도심부에서 주차장으로 사용될 토지면적을 줄이기 위해 건물 형태

* https://www.tomii-kango.ac.jp/index.html

로 설계한 입체 주차장이다. 주차장은 층마다 다른 컬러와 도야마의 특징이 담긴 일러스트를 활용하여 시각적 즐거움과 주차 위치를 잘 기억할 수 있도록 했다.

민관협력 체계의 기본 방향은 복지 수요자 중심의 관점에서 공공기관, 후원자, 비영리조직과 자원봉사자, 가족, 주민 등 다양한 사회복지 주체들이 공동으로 적재적소에 필요한 서비스를 제공

학교법인 아오이케 학원 전경

도야마 시 의사회 간호전문대학 전경

1층 테라스 전경

2층 데크 모임 공간

D-Parking 주차건물 층별 디자인 요소

하여 지역주민의 삶의 질을 높이는 것을 의미한다. 이러한 측면에서 소가와 레가토 스퀘어는 국가와 민간시설과 공공시설이 협력해 복합적인 지역생활지원 서비스를 시민들에게 제공하고 있는 좋은 예를 보여준다.

가도카와 개호예방센터

2011년 7월 문을 연 '도야마 시 가도카와 개호예방센터'는 온천을 활용한 개호*예방** 전문시설이다. 이 시설은 수중운동과 온열요법, 재활치료 등 개개인의 건강 상태에 따라 다양한 프로그램을 제공하여 질환을 예방하고 더 나아가서는 고령자의 건강한 삶을 지원하는 것을 목표로 한다. 신체적 · 정신적 · 사회적으로 건강하게 오래 살기 위한 요구가 증가하다 보니 '치료 중심'이었던

* 개호는 보살핌이 필요하다는 뜻으로 신체 · 정신상의 장애 등에 의해 일상생활을 영위하는 데 지장이 있는 사람을 간호하는 것을 의미한다.

** 개호예방은 돌봄이 필요한 수준으로 건강이 악화하는 것을 방지하는 일을 의미하며, 요지원 및 요개호 상태가 되지 않도록 미리 건강을 지키자는 것이다.

고령자의 건강관리 개념이 '예방 중심'으로 변화되고 있다. 이에 가도카와 개호예방센터는 모든 고령자를 대상으로 개인별 맞춤형 상담 · 교육 · 프로그램을 통해 예방, 치료, 재활을 돕고 있다. 이 시설은 개호보험 요지원要支援*으로 인정되거나 개호예방이 필요하다고 판단된, 또는 어깨 · 허리 · 무릎 등에 통증이 있어 치료가 필요하거나, 건강을 위해 운동에 관심이 있는 40대 이상이라면 누구나 이용할 수 있다. 이처럼 이용대상을 명확하게 하여 일반 온천시설과는 다른 분명한 목적이 있음을 알 수 있다. 또한, 65세가 아닌 40세로 이용연령을 낮춤으로써 시민들에게 일상적인 건강 유지 및 관리라는 폭넓은 관점으로부터 의료와 운동 그리고 건강을 융합한 프로그램을 제공하고 있다는 것이 흥미롭다.

가도카와 개호예방센터는 초기 설립 단계부터 시민들의 기부가 있었다. 가도카와는 이 시설 건립을 위해 거금을 기부한 '가도카와 후미코角川文子'에서 따왔다. 2004년, 도야마 시에 거주하던 가도카와 후미코는 고령자 복지에 도움이 될 만한 시설을 건설해 달라는 뜻에서 5억 엔을 시에 기부했다. 마침 도야마 시는 개호보험제도에서 예방의 중요함을 인지하여 고령자 복지를 위한 시설을 계획하고 있었다. 이에 중심시가지 통합으로 공유지가 된 초등학교 부지를 복지시설로 활용하고자 했다. 그리고 2006년, 개호예방시설 검토위원회를 설치하고 이듬해에는 개호예방의 거점시설 건설을 결정하였다. 그뿐만 아니라 2008년에는 후루카와 무츠오古河睦雄**로부터 온천 굴착 및 온천시설을, 2010년에는 또 다른

* 요지원은 아직 돌봄까지는 아니지만 일상생활에 불편을 겪어 지원이 필요한 사람에 해당한다.

** 지역의 유지이자 도야마 온천시설 등을 운영. 1989년에는 사람들이 편히 쉴 수 있는 인기

도야마의 시민으로부터 개호예방을 위한 특수 장비를 기증받았다. 2009년 본격적으로 건설을 시작한 가도카와 개호예방센터는 2011년 7월 2일 문을 열었다. 시민들의 기부와 도야마를 사랑하는 마음으로 호시이마치 초등학교 부지는 완전히 새로운 공간이 되었다.* 마을의 공유지를 활용해 지역 활성화를 도모하고, 지역의 특성과 장점을 살려 복지 서비스를 제공하여 시민들의 행복한 장소로 거듭난 가도카와 개호예방센터는 현재 민간기업에 의해 운

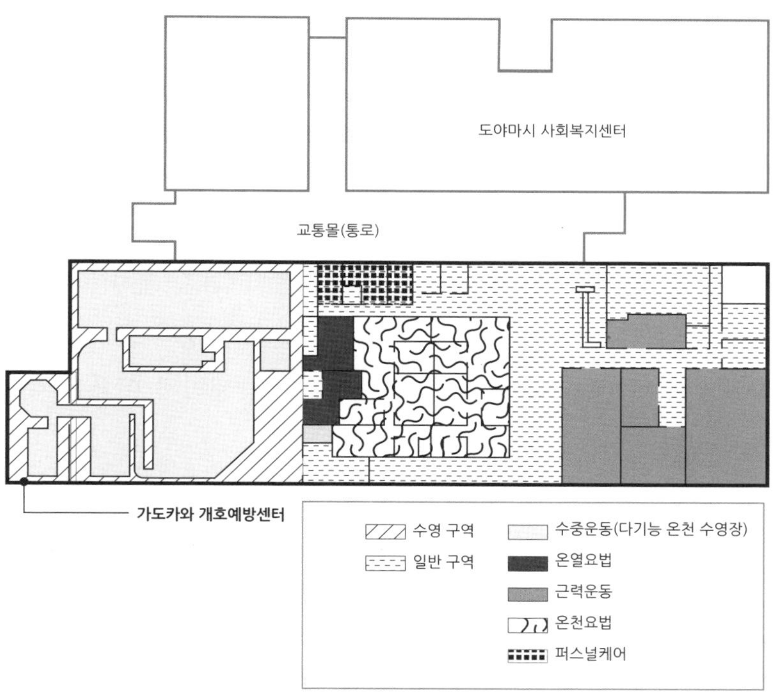

도야마 시 가도카와 개호예방센터 건축물 배치 디자인

관광지를 위해 약 6억 엔을 투자해 약 800점의 석상이 있는 조각공원 '석불의 숲'을 만들었다.

* https://www.city.toyama.toyama.jp/fukushihokenbu/chojufukushika/kadokawakaigoyobou.html

영 · 관리되고 있다.

고령화 사회의 도래, 평균 수명의 연장, 생활수준의 향상으로 건강하고 행복한 삶에 대한 욕구와 관심이 높아지고 있다. 이러한 상황에서 만성질환, 질병에 대한 사후치료가 아닌, 개인의 생활습관에 대한 개선과 운동을 통한 올바른 건강관리를 유도하여 사전예방과 효율적인 의료체계를 연계하도록 서비스를 제공하는 가도카와 같은 건강관리 서비스는 주목받게 될 산업분야 중 하나다. 우리나라도 이러한 서비스를 적극 도입할 필요가 있다.

도야마 시는 '지역 포괄 케어센터'와 '개호예방 거점시설'의 유기적인 네트워크를 통해 다양한 사업을 전개하고 있다. 65세 이상의 고령자에게 1차 예방검사를 시행하고, 요양 및 개호가 필요한 상태가 될 우려가 있는 2차 예방검사 대상자를 파악하여 생활지원 및 개호 서비스를 제공한다. 또한, 도야마 시의 정보를 바탕으로 지역포괄센터는 가도카와 개호예방센터와 연계하여 2차 예방검사 대상자뿐만 아니라 개호예방이 필요한 병약 고령자나 요지원 인정 고령자에게도 가도카와 개호예방센터의 이용을 권장하고 있다.

도야마 적십자병원

도야마 적십자병원은 도야마 현에서 가장 전통 있는 병원이다. 1907년 일본 적십자사 도야마 지부 병원으로 도야마 시 중심부인 소가와 지역에서 처음 진료한 것이 시작이다.* 현재는 도야마 역 북쪽 출구에서 도보 15분 거리에 위치한다.

도야마 적십자병원의 현재 병상 수는 401개이며 27개 진료과를 중심으로 746명의 의료진이 특화된 전문 의료를 실현하고 있다. 도야마 시의 핵심 의료기관 중 하나로서 지역 의료지원 병원, 재

* 일본의 의료제공 체계 중 우리와 다른 점은 종합병원이 없고, 지역 의료지원 병원(2차 의료기관)제도가 있으며 병동별로 기능이 세분화되어 있다.

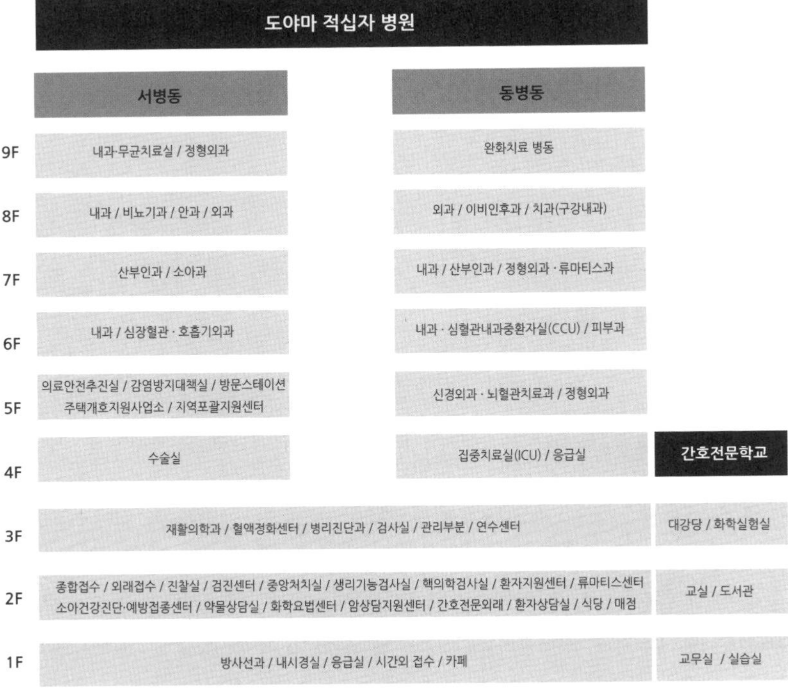

도야마 적십자병원 층별 구성

해 거점 병원, 2차 구급 지정 병원으로 지정되는 등 중추적인 역할을 담당하고 있다. 도야마 적십자병원은 급성질환이나 응급질환의 중증환자 · 급성환자를 위한 급성기 동안의 치료를 주로 담당한다. 따라서 일반 외래진료는 의원 · 진료소 · 클리닉의 주치의로부터 진단서를 발급받아야 한다.

도야마 시민병원

이마이즈미호쿠부마치에 위치한 '도야마 시민병원'은 도야마 시가 운영하는 병원으로 1946년 도야마 시 오테마치 지역에서 처음 진료를 시작해 현 위치로 이전한 것은 1983년이다. 도야마 현 동부의 핵심 의료기관 중 하나로 지역 의료의 중추적인 역할을 담당하고 있다. 현재 595개의 병상을 갖추고 있으며, 30개 이상의 진료과와 특수 클리닉을 운영하고 있다. 도야마 시민병원은 고도 급성기 · 급성기 입원의료, 2차 응급의료, 외래진료, 재난의료를 주요 기능으로 하는데, 특히 고령자 증가에 대응하여 골절, 저침습低侵襲*, 치매를 키워드로 응급의료서비스 제공을 목표로 다양하

* 상처를 최대한 줄이는 수술법.

도야마 시민 병원					
	외래 진료 동		서병동	동병동	남병동
8F			심장재활실	내과	
7F			내과	비뇨기과 내과 호흡기 · 혈관 외과	
6F			정형외과	피부과 안과 · 정형 외과 이비인후과 내과 · 치과 구강 외과	
5F				신경외과 내과	
4F			외과 · 성형 외과	내과	정신과
3F		집단 지도실 강당 도서관 의국	산부인과	소아과 · 내과 외래 치료실	완화 케어 병동
2F	사무 국장실 경영과 원무과	호흡기 · 혈관 외과 소아과 이비인후과 피부과 산부인과 정신과 치과 구강 외과 비뇨기과 성형 외과 안과 검진 센터	사업 관리자실 원장실 부원장실 간호부장실 간호과사무실	검사부 마취과 통증 클리닉 내과 중환자실 고급 관리 치료실 수술실	작업치료동 OT 홀
1F	종합 안내 외래 접수 접수 · 회계 만남 지역 의료 센터 약국 암 상담 지원센터 검사 센터	응급 센터 신경 외과 외과 · 유선 외과 정형 외과 내과 내시경 센터 혈관 조영실 환자 지원실 의료 안전 관리실 간호 외래 영양 지도실	매점, 커피 숍 식당 방재 센터	엑스레이 방사선 (치료 · 진단) 재활실 정신 데이 케어 재활의학과 완화 케어 내과	투석센터 감염병동
B1F			약품 관리 사무실 영안실 부검 실	조리실	

도야마 시민병원 층별 구조

게 연구하고 있다. 이처럼 응급환자부터 일반환자까지 진료할 수 있는 의료시설과 전문 의료진을 갖춘 거점 병원의 역할을 충실히 수행해 시민의 생명과 건강을 지키고 있다.

도야마 마츠나카 병원

2019년 4월 1일, 일본우정*이 운영하던 도야마 데이신 병원이 도야마 마츠나카 병원으로 재탄생했다. 공공병원이 교외로 이동한 탓에 도야마 시 중심시가지에서 공공의료를 시행하는 곳은 데이신 병원뿐이었다. 당시 일본우정은 소유하고 있던 전국의 병원들을 2014년부터 잇달아 양도나 폐업을 진행하고 있었고, 도야마 데이신 병원 역시 그 대상이었다. 이 병원이 문을 닫는다면 도야마 시내에 거주하는 시민들의 건강에 큰 위협이 될 것은 자명했다. 도야마 시는 시내 중심부에 있는 유일한 병원을 지켜야 한다고 판단하여 인수하고, 본격적인 진료에 들어갔다. 지자체가 병원을 인수한 것은 도야마 시가 처음이었는데, 이 병원을 인수한

* 일본우정 주식회사는 일본우정공사의 민영화 준비를 위하여 2006년 1월 23일에 발족한 특수회사로, 일본우정그룹의 지주회사다.

	도야마 마츠나카 병원
3F	간호사 센터 / 병실 / 수술실 / 병동식당
2F	외과 / 부인과 / 안과 / 내시경실 / 임상검사실 / 원장실 사무장실 / 간호사실 / 총무과 / 회의실 / 식당 · 매점
1F	내과 / 정형외과 / X 선실 / CT 실 / 약국 / 창구 · 의료과

도야마 마츠나카 병원 층별 구조

결정적인 이유는 입지였다. 도야마 시민병원, 도야마 적십자병원은 시내 중심에서 비교적 멀리 떨어져 있지만, 데이신 병원은 중심상가와 인접하고 시내 전차 정류장과도 가까워 다른 병원에 접근이 쉽다는 이점이 있었다.

또 다른 이유는 고령자의 급증에 따라 의료체계의 변화가 필요했기 때문이다. 도야마 시 의료기관 역시 급성질환 치료 위주로 구성되어 있다. 고령자들의 질병은 치매, 중풍, 뇌졸중, 퇴행성질환 및 합병증 등 복합질병이 발생하기 쉽고 대부분 만성이기 때문에 장기간 입원을 해야 하며, 때로는 평생 진료 받아야 한다. 그렇다고 평생을 좁은 병실에서 보내도록 요양시설이나 장기입원 병상을 늘리는 것은 답이 아니다. 이에 도야마 시는 환자 수요에 따른 병원 병상 기능의 역할 분담과 의료기관 간 연계 강화를 통해 집이나 지역사회로의 복귀를 도울 수 있는 의료서비스를 구축하였다. 질병이 발생하면 도야마 시민병원, 도야마 적십자병원과 같은 급성기병원에서 치료를 받고, 중심시가지에 있는 회복기병원인 마츠나카 병원을 거쳐 다시 가정으로 돌아가는 네트워크를 구성하는 것이다. 또한, 도야마 시가 운영하는 재택 의료 · 육아 지원을 전개하는 '마츠나카 종합케어센터', '마츠나카 클리닉'과도 협력하여 건강한 삶을 지원해 주는 역할을 하는 것이다.

도야마 마츠나카 병원은 현재 내과, 외과, 정형외과, 산부인과, 안과의 5개 진료과를 갖추고 있다. 일반 외래진료뿐만 아니라 회복기의 입원 치료, 재활 및 건강검진, 질병 예방, 조기 발견 등 각종 건강진단을 담당하면서 재택 · 시설로의 복귀를 지원하는 등 '지역 포괄형 지역 연계 의료의 핵심'이 되는 의료 네트워크 실현을 위해 앞장서고 있다.

도야마 시 종합체육관

도야마 시 종합체육관은 2000년 제55회 국민체육대회 개최를 목표로 계획되었으며, 1999년 처음 문을 열었다. 도야마 현 최대의 스포츠 시설인 이곳은 일본 프로 농구팀인 도야마 그루세즈GROUSES의 홈 경기장 기능뿐만 아니라 스포츠 및 레크리에이션 활동을 위한 핵심 시설로 시민들에게 폭넓게 이용되고 있다.

시민들이 언제든지 편리하게 스포츠 활동을 즐기려면 스포츠 활동의 거점이 되는 시설이 생활권 내에 있어야 한다.* 도야마 시 종합체육관이 자리한 곳은 도야마 역 북쪽 출구에서 도보 5분 거리로, 간스이 공원과 맞닿아 있어 이미 많은 사람이 찾는 열린 공간이다.

* 박남환 외, 지역사회 스포츠론, HS MEDIA, 2011, pp.96-97.

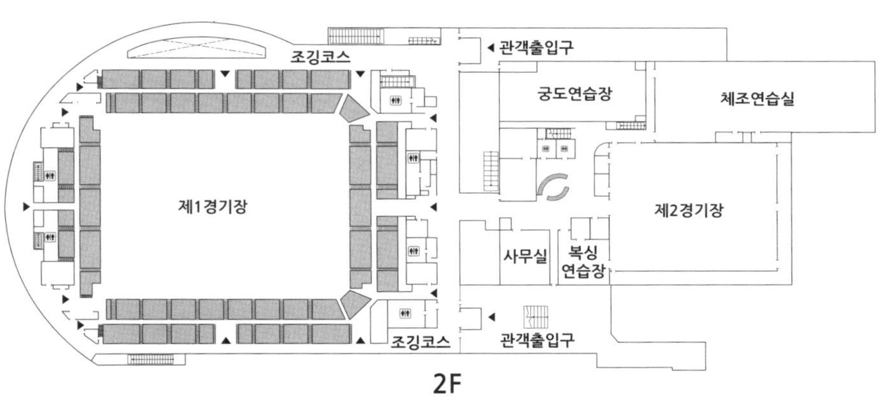

도야마 시 종합체육관 층별 공간구조 디자인

도시에서 사람이 살아가기 위해서는 교육, 의료, 문화, 스포츠 등 기초 생활에 필요한 시설들이 필요하다. 하지만 인구가 줄어들면 이런 시설들은 수익성이 줄어 운영이 어려워지고, 하나둘씩 사라지기 마련이다. 도야마 시 역시 인구감소 및 저출산 고령화의 진행, 의료비 증가, 사람들의 가치관과 라이프스타일의 다양화 등 사회정세의 변화에 따라 체육, 스포츠 환경을 정비하고 시설의 효율적인 활용 방안에 관한 대책이 필요했다. 이에 시민의 건강, 체력 및 후생 복지 향상을 목적으로 계층과 나이, 성별, 장애와 관계없이 개인의 관심과 적성 등에 맞추어 운동할 수 있으며, 스포츠 활동이 지속해서 이루어질 수 있도록 공공체육 시설에 기반을 둔 도야마 시 종합체육관을 지역 활동 거점이자 지역사회의 커뮤니티 공간으로 발전시켰다.

도야마 시 종합체육관은 농구, 핸드볼 등 국내 · 국제경기 개최와 선수훈련 등 경기력 향상에 필요한 경기 전용시설인 제1경기장 · 제2경기장과 시민들이 어울려 스포츠를 즐길 수 있는 탁구, 궁도, 배드민턴, 권투, 조깅 트랙 시설을 운영하고 있다. 최근에는 요가, 댄스 스포츠, 체조, 태극권 강습과 같은 레크리에이션을 진행하는 등 시대에 따라 프로그램에 변화를 주고 있다. 또한, 어린이들을 위한 힙합, 농구, 트램펄린과 같은 스포츠 교실도 운영하고 있다. 70세 이상 도야마 시민이나 외출정기권 또는 실버 버스카드를 가지고 있으면 시설 사용료 50% 감면 혜택을 받을 수 있다.

흥미로운 것은 조깅 트랙인데, 눈비가 많은 도야마의 기상 특성상 계절과 날씨에 좌우되지 않고 4계절 내내 조깅을 할 수 있도록 체육관 2층 복도를 트랙으로 만들었다. 트랙은 제1경기장을 둘러싸고 있는데, 일주 거리는 300m다. 실내 조깅 트랙이라 하면 보통 농구경기장이나 헬스장 외곽에 마련하는데, 도야마 시 종합체육관은 2층 복도를 활용했다. 그 공간에서 다양한 연령대가 어우러져 활동하는 모습은 건강이라는 공통된 관심사로 세대 간의 통합이 지속되고 있음을 보여준다.

도야마 시는 생애 스포츠 사회의 실현을 목표로 하고 있다. 도야마 시 종합체육관은 공공성을 가진 공간이자 지역 활동의 거점이 되는 장소로써 단순히 공간만을 대여하는 개념이 아니었다. 운동을 통해 자신의 생활과 건강을 지키고, 상호유기적인 관계 속에서 사회적 · 문화적인 기능 등 다채로운 활동을 가능하게 한다.

2층 복도를 활용한 실내 조깅 트랙

내부 경기장

실내 조깅트랙에서 바라보는 간스이 공원

도야마 타운 트레킹 사이트

2017년, 도야마 시는 도야마 시 종합체육관 내 사용되지 않는 공간 일부를 활용하여 '닫힌 체육관에서 밖으로 이어지는 체육관'을 주제로 새로운 라이프스타일 거점인 도야마 타운 트레킹 사이트를 오픈했다.*

도야마 타운 트레킹 사이트는 지자체가 보유한 이용률이 낮은 공공시설이나 버려진 공간을 주민들의 생활 거점으로 재탄생시키고자 2016년 총무성**이 진행한 '공공시설 오픈 리노베이션 공모전'에서 태어난 프로젝트다. 도야마 시 종합체육관 북쪽 끝에 위치한 이곳은 원래 다목적 공간으로, 평일 저녁에는 학생들을 위한 학습공간이자 휴식장소로 이용되었다. 하지만 별도의 출입구가 없을 뿐더러 체육관 입구에서 멀리 떨어져 있어 체육관을 이용하는 사람을 제외하곤 방문자가 매우 적었다.*** 도야마 시와 주식회사 노무라는 준공 20년이 넘은 도야마 시 종합체육관의 죽은 공간을 리노베이션하여 주민들이 마을을 산책하며 여러 세대가 교류할 수 있는 거점으로 재탄생하였다.

연간 140만 명이 방문하는 간스이 공원에 인접한 이곳을 산책의 새로운 거점으로 활용함으로써 시민들의 건강수명 연장과 삶의 질 향상에 이바지함과 동시에 지역 경제의 선순환 모델을 구축한 것이다. 가장 많이 신경을 쓴 부분은 천장에서 바닥까지 이어진 유리 벽 중앙에 설치한 외부와 연결되는 출입구다. 간스이 공원과 맞닿아 있는 이 출입문을 통해 도야마 역에서 시민 체육관을

* https://www.sankeibiz.jp/business/news/170421/prl1704211013020-n1.htm

** 총무성은 한국의 행정안전부에 해당한다.

*** 리노베이션 산업신문(フォーム産業): https://www.reform-online.jp/news/administration/15743.php

도야마 타운 트래킹 사이트 안내판과 연결통로

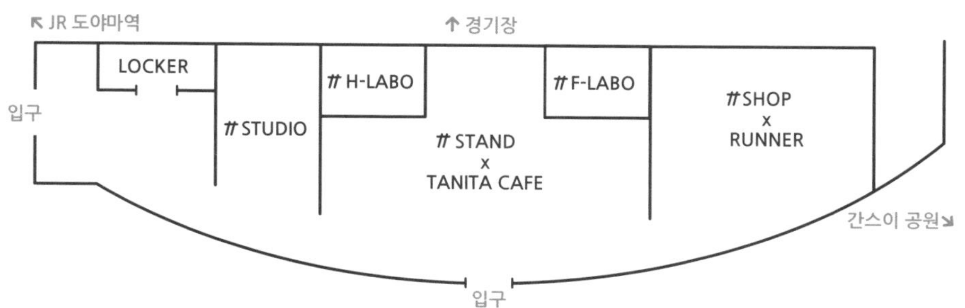

도야마 타운 트레킹 사이트 공간 구조 디자인

지나 간스이 공원까지 양방향으로 유입할 수 있는 새로운 동선이 창출되었다. 닫힌 체육관에서 외부로 이어지는 체육관이자, '타운 트레킹'이라는 산책코스가 재탄생한 것이다.

도야마 타운 트레킹 사이트는 Studio, H-LABO, Stand×Tanita

Cafe, F-LABO, Shop×Runner의 5개 시설로 구성된다. 입구에 들어서면 가장 먼저 보이는 것은 Stand×Tanita Cafe다. 휴식과 건강을 위한 장소로써 건강 종합 기업 '타니타'*가 운영하는 카페의 건강 메뉴를 제공한다. 사람들은 먹고 마시며 대화를 나누거나 책을 보는 등 자신만의 시간을 즐긴다. H-LABO와 F-LABO는 신체를 측정하여 개인에 맞는 운동법 등을 제안한다. STUDIO는 교류공간으로, 도야마 타운 트레킹 사이트가 개최하는 프로그램과 지역주민들의 자발적인 아이디어로 건강 관련 이벤트나 프로그램이 진행된다. Shop×Runner는 생활 개선 서비스를 제공하는 스포츠 숍이다.

도야마 타운 트레킹 사이트는 타운 트레킹을 지원하는 시설을 정비한 하드웨어적인 측면뿐만 아니라 'TTS EVENT: SEMINAR', 'TTS RUN: WALK', 'TTS CAFE: LUNCH'라는 주제로 다양한 이벤트와 세미나를 개최하는 등, 소프트웨어 측면에서도 시민의 건강을 보조하는 새로운 공공서비스를 운영하고 있다. TTS EVENT: SEMINAR는 소비자들의 복합적인 수요를 충족시킬 수 있도록 체육관 안팎의 기업들과 협력하여 신체활동을 촉진하기 위한 서비스 및 운동 상담, 교육행사, 스페셜 이벤트 등을 개최한다. TTS RUN: WALK는 걷는 방법 개선 및 효과적인 걷기 운동인 노르딕워킹과 러닝 교실 등 전문적인 직원이 함께하는 교육 서비스다. 노

* 1946년에 설립된 타니타 그룹은 일본 도쿄에 본사를 둔 건강 종합 기업이다. 1959년 최초로 가정용 체중계를 개발하고, 세계 최초로 몸속 지방을 측정하는 체지방계를 제조, 판매한 기업으로 알려졌다. 타니타는 '체중을 재다'라는 개념을 '건강을 측정한다'라는 개념으로 확장, 건강식을 제공하는 구내식당을 오픈했다. 2016년에는 타니타 식당을 본격적으로 확대 운영하면서 '재미', '휴식'을 주제로 한 카페도 시작하였다. 새로운 건강식품이나 조리방법을 적극적으로 도입해 건강에 도움이 되는 음식을 접할 수 있는 장소를 제공하고 있다.(https://www.tanita.co.jp/tanitacafe/)

르딕워킹 스틱은 도야마 타운 트레킹 사이트, 도야마 조시 공원 내 관광안내소, 도야마 시 수영장 3곳에서 무료 대여 및 반납이 가능하다. TTS CAFE: LUNCH는 Stand×Tanita Cafe에서 매주 개최되는 커피 타임 세미나다. '바른 식생활'을 주제로 건강의 기본인 식생활에 관한 다양한 정보를 영양사에게 배울 수 있다. 도야마 시민을 대상으로 한 시민의식조사 결과에 따르면, 시민들이 가장 즐기고 있는 스포츠는 걷기라고 한다. 실제로 걷기는 전 세계적으로도 인기가 높아지고 있다. 이에 도야마 시에서는 시민들이 친밀한 자연과 문화, 역사 등을 재발견하면서 즐겁게 운동할 수 있도록 'Walking map in Toyama'를 작성했다.* 총 16개 코스로 도야마 시 곳곳을 볼 수 있도록 짜여 있다.

도야마 시는 시민 모두가 체력 및 나이와 관계없이 언제, 어디서, 누구든지 스포츠를 즐기는 수 있는 생애 스포츠 사회의 실현을 목표로 주민들이 체감할 수 있는 도시재생의 청사진을 보여준다. 도시를 살리는 데에는 단순히 건물이나 시설을 새로 짓는 하드웨어 개발만이 전부가 아니다. 다양한 콘텐츠가 필요하고 이들이 상호 연계되어 누구나 살고 싶은 마을이 되어야 한다. 사람들은 인구가 줄면 마을이 사라진다고 생각하지만 더불어 살아가면서 그 가치를 더 크게 만들기도 한다. 여러 세대가 교류할 수 있는 거점으로서 건강과 지역 활성화를 연결해 문제를 해결한 좋은 사례다.

* 도야마 시 홈페이지: http://www.city.toyama.toyama.jp/shiminseikatsubu/supotsukenkouka/uokingumappu.html

도야마 시립 이와세 공민관

히가시이와세 역에서 5분 거리에 있는 '도야마 시립 이와세 공민관'*은 이와세 지구센터, 이와세 초등학교, 시립도서관 이와세 분관과 연결되어 있다. 이곳은 다양한 연령층의 지역주민들이 함께 사용할 수 있도록 계획된 공공장소로써, 학교부지 내에 교육시설과 지역의 공공시설을 기능적으로 공존, 융합시켰다. 공공서비스에 주민이 쉽게 접근하도록 필요한 시설을 한데 모아 작은 거점을 만든 것이다.

학령인구가 줄어드는 지역은 교육시설을 유지하기 어렵다. 따

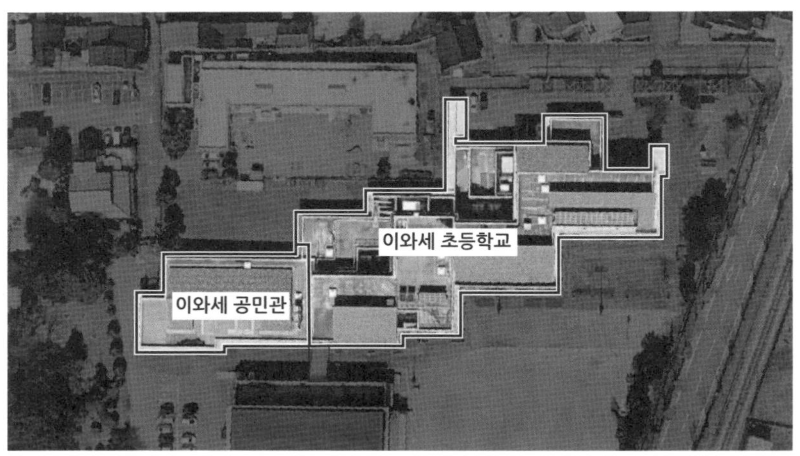

이와세 공민관과 이와세 초등학교 배치 전경

* 공민관(公民館)은 전쟁 후 일본의 재건을 목표로 민주화 정책과 함께 탄생한 일본 고유의 '지역사회 교육시설'로, 교육적 기능, 교양 사업 등 사회의 변화와 지역 문제에 따라 다양한 형태로 발전되고 있다.

도야마 시 이와세 지구센터 안내데스크

라서 학교 운영 및 행정수요를 충족하도록 공동의 개념을 적용하여 예전부터 사람들이 많이 모이던 장소를 작은 거점시설로 재정비해 지역의 지속성을 높인다. 고령자들만 모여서 사는 것은 절대 즐거운 일이 아니다. 학교에서 학생들의 교육과 지역주민의 교육 · 문화 · 복지 · 체육 등 평생교육을 복합적으로 운영한다면, 모든 지역주민이 한 공간에 모여 소통할 수 있다. 서로 다른 목적의 시설들을 복합시설로 활용하면 세대 간 소통, 정보교류를 위한 지역 커뮤니티 거점이 될 수 있다.

제 7 장

교육·취업

富山大學

사라지는 학교

인구절벽 시대, 인구감소로 인한 영향은 현실화되고 있다. 통계청에 따르면 2019년부터 사망자 수가 출생자 수를 앞지르는 인구 자연감소가 시작되었고 학령인구* 감소로 신입생이 없어 문을 닫는 학교가 속출하고 있다. 학령인구 감소는 교육 생태계에 직접적인 영향을 미치는데, 초등학교를 시작으로 중고등학교, 대학에 이르기까지 도미노처럼 위기감이 커지고 있다.

베이비붐 세대(1955-1963년 사이에 출생)의 영향으로 학령인구는 꾸준히 증가하여 1970-1980년대를 거치면서 학교는 포화상태였다. 1977년 당시 1,421만 명이었던 학생 수는 2007년 1,033만 명으로 감소했으며, 향후 30년 후에는 약 500만 명이 더 감소할 것으로 전망한다. 2037년 학령인구를 교육 단계별로 구분해보면 초등학생(6-11세)은 20만 명으로 2017년 대비 75% 수준, 중학생(12-14세)은 9.2만 명으로 2017년 대비 67% 수준, 고등학생(15-17세)은 8.7만 명으로 2017년 대비 77% 수준, 대학생(18-21세)은 8.7만 명으로 2017년 대비 63% 수준으로 감소할 것으로 예측한다.**

과거 폭발적인 학령인구 증가로 확장되었던 학교시설은 학령인구가 급속도로 줄어들자 다양한 문제들을 떠안게 되었다. 가장 큰 문제는 지속적으로 감소하는 학생 수를 기준으로 학교를 없애거나 주변 학교와의 통폐합이다. 초등학교가 사라지면 자녀 교육

* 학령인구는 초등학교-대학교 취학연령인 6세에서 21세의 인구를 의미.

** 통계청. 장래인구추계.

을 위해 젊은 부모들은 도시로 떠나고, 그 지역에는 고령자들만 남게 된다. 학령인구 감소현상은 도시화, 수도권 이동현상과 결합된다. 출산율 저하에 인구유출까지 겹치며 지방도시의 학생들은 더욱 빠르게 사라지고 있다.

폐교는 단순히 교육시설이 없어지는 것이 아니다. 학교는 지역사회 내에서 교육기능을 수행하는 교육공간이자 정치, 경제, 문화 요소들을 결합한 지역 커뮤니티의 구심점 역할을 하고 있기에 학생 수 감소는 자연스럽게 지역의 쇠퇴로 이어진다. 특히, 수천 명의 학생을 수용하던 대학이 문을 닫으면 마을은 더 큰 타격을 입게 된다.

교육은 국가와 사회 발전의 초석이기에 100년 앞을 내다보는 장기적인 안목에서 실효성 있는 정책을 수립하여 시행할 필요가 있다. 아이들이 양질의 교육을 받고 안정된 일자리를 구할 수 있는, 젊은 세대가 머물 수 있는 지속 가능한 대책을 마련해야 한다.

도야마 시 마을 · 사람 · 일자리 종합 전략

우리보다 먼저 저출산 · 고령화를 경험한 일본은 지역 인구감소와 지역 경제의 축소를 극복하기 위한 성장력 확보를 목표로 2014년 '마을 · 사람 · 일자리 창생법'을 제정하였다. '지방창생법'으로도 불리는 이 법은 지방으로 새로운 인구를 유입시킬 다양한 사업을 진행해 도쿄와 지방도시의 전출입 균형을 맞추기 위한 것이다. 지방창생법은 '지방의 일자리 창출(농림수산업 성장 산업화, 관광 활성화, 지역 핵심기업 육성 등)', '지방으로의 인구 이동(지방

이주 지원, 지방 대학 활성화, 기업의 지방 거점 기능 강화)', '젊은 세대의 결혼 · 출산 · 육아 지원'을 목표로 하고 있다.*

지방창생은 2014-2015년도 전략수립(국가 및 지방) 단계를 거쳐 2016년부터 본격적으로 사업이 전개되었다. 2018년에는 일본 전역과 세계 곳곳에서 학생들이 모여들게 하는 '반짝반짝 빛나는 지방 대학 만들기'와 '기업의 본사 기능 이전 촉진' 등 생애주기에 맞춘 정책 메뉴의 충실화와 강화를 도모하고 있다. 마을 · 사람 · 일자리 창생법은 국가, 도도부현, 시정촌의 각 단체에서 마을 · 사람 · 일자리 창생에 관한 목표와 시책에 관한 기본 방향 등을 정하는 것이 특징이다. 지자체는 마을 · 사람 · 일자리 창생법에 의거, 일본 전체 인구 전망을 나타내는 '마을 · 사람 · 일자리 창생 장기비전'과 이것을 바탕으로 종합 전략을 책정한다. 지방에서 요구하는 특성과 목표를 정하고, 설정한 기본목표와 핵심성과지표KPI의 달성을 위해 시책을 지속해서 추진하는 것이다.**

도야마 시 마을 · 사람 · 일자리 종합전략 역시, 도야마 시 인구비전하에, 시의 실정에 맞는 마을 · 사람 · 일자리 창생에 관한 목표를 실현하기 위해 집중해야 할 시책에 관한 기본 방향을 정리한 것이다.***

* 정석, 천천히 재생, 메디치, 2019, p.95.

** 제5차 국토종합계획 연구단, 일본의 국토 및 지역발전계획, 국토연구원, 2019, p.342.

*** https://www.city.toyama.toyama.jp/kikakukanribu/kikakuchoseika/sougou_senryaku/sougou_senryaku_2.html

도야마 시 마을 · 사람 · 일자리 종합 전략
제1기(2015–2020) / 제2기(2020–2024)

기본목표 1
산업 활력 제고를 통한 안정적인 일자리 창출: 지방의 핵심을 담당하는 도시로 약동하는 마을

기본목표 2
교류 · 정착을 촉진하여 도야마 시의 새로운 흐름 만들기

기본목표 3
생활 환경을 한층 풍부하게: 모든 세대가 안심하고 살 수 있는 마을

기본목표 4
지속 가능한 도시경영 · 마을만들기 추진: 대중교통을 축으로 한 콤팩트한 마을만들기

본 장에서는 교육기관인 학교를 지역의 행정기관과 지자체가 연계하여 문제를 해결한 사례를 살펴보고자 한다. 이는 인구소멸의 핵심층인 젊은 세대가 정착할 수 있는 대책 마련과 함께 지역을 다시 부흥시키는 형태로, 교육과 취업은 지역 재생의 핵심요인임을 보여준다. 지역 재생이 이런 방향으로 가야 한다고 단언할 수는 없지만 사례를 통해 소멸 위기 지역의 교육기관을 활용할 방법을 생각하고자 한다.

도야마 초등학교

일본 문부과학성* 통계에 의하면 2002년부터 2017년까지 7,583개의 초·중·고교가 폐교하였다. 이중 초등학교는 5,005개교(66%)로 그 비중이 가장 높았으며, 중학교는 1,484개교(20%), 고등학교는 1,094개교(14%)를 차지했다. 매년 평균 약 400-500개의 학교가 사라지고 있다.

저출산과 인구유출의 영향으로 학생 수가 감소, 기초교육기관인 초등학교, 특히 마을 단위의 작은 초등학교가 위기다. 지역에 새로운 인구를 유입시키기 위한 정책을 펼친다 해도 지역에 초등학교가 없어 먼 거리를 통학해야 한다면 그 지역은 자녀를 키우는 젊은 세대를 끌어들이기 어렵다. 그렇다고 이미 문 닫은 학교를 학생이 생겼다고 다시 여는 것도 간단하지 않다.

도야마 시에는 초등학생 수가 해마다 감소하지만, 학교 수는 65개로 변동이 없다. 학생은 줄고 있는데도 불구하고, 학교 수를 유지하는 이유는 바로 지속 가능한 마을만들기에 있다. 도야마 시는 저출산·고령화 상황에서 앞으로 어떻게 교육의 질을 유지·향상시킬 것인지 고민에 빠졌다. 학교가 사라지면 마을도 사라지기 때문에 지역으로의 인구 유입에 있어 학교의 유무는 매우 중요한 문제다. 도야마의 선택은 학교의 소규모화였다.** 학생 수 감소에

* 문부과학성은 일본의 행정기관으로 대한민국의 교육부, 과학기술정보통신부, 문화체육관광부 격이다.

** 도야마 시 홈페이지: https://www.city.toyama.toyama.jp/data/open/cnt/3/22385/1/030428iwase.pdf?20210902174654

따라 정부 차원에서 일률적으로 학교 통폐합 기준을 정해 추진하는 대신, 지자체와 학교, 지역주민 그리고 학부모들이 함께 논의해 적은 인원으로도 운영이 가능한 교육 시스템을 도입했다. 이에 도야마는 학교와 지역이 상생할 수 있는 마을 교육공동체를 활성화하여 마을이 아이들의 배움터가 되도록 했다.

도야마 시립 이와세 초등학교

학교와 마을이 공동체의 협력구조를 이루는 이와세 초등학교

교육과 마을의 상생발전의 대표적인 사례로 도야마 시 북부, 조금 외진 곳에 자리한 '이와세 초등학교'를 살펴보고자 한다. 1873년 개교한 이와세 초등학교는 150년이라는 오랜 역사를 지녔다. 도야마 시 중심시가지에서 북쪽으로 약 7㎞ 떨어져 있는 이와세

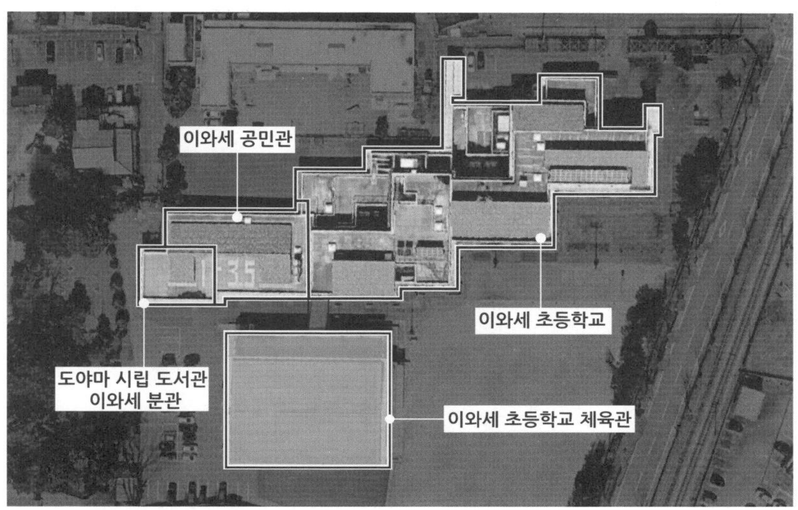

이와세 초등학교에 배치된 공공기관

초등학교는 과거 1,900명이 넘는 학생 수를 유지했지만, 산업화로 인한 인구유출로 학생 수 또한 지속해서 감소하자 존폐 위기에 놓이게 되었다. 폐교 위기였던 이와세 초등학교는 '학교시설 복합화'로* 학교와 지역사회를 연계, 아이들이 즐겁게 배울 수 있는 공간으로 탈바꿈했다.

지역의 모든 사람이 즐겁게 배울 수 있는 공간을 목표로 이와세 초등학교 건물과 연결된 공민관을 건설하였다. 그리고 공민관 서쪽에 '도야마 시립 도서관 이와세 분관'을 이전했다. 도야마 시립 도서관 이와세 분관은 학교 도서관을 복합화 · 공용화하여 2005년 새롭게 출발하였다.** 도야마 시내 공공도서관이 있지만 거리가

* https://www.bbt.co.jp/infor/mizubunka/mizumirai/2006/2006_2.pdf

** 도야마 시립도서관 홈페이지: https://www.library.toyama.toyama.jp/wp/wp-content/uploads/2013/01/16.pdf

공민관, 초등학교, 도서관을 연결하는 통로

멀어 이용하기 힘든 지역주민들에게 이와세 도서관은 큰 선물이었다. 도서관은 초등학생부터 성인에 이르기까지 모든 주민이 이용한다. 학교와 공공도서관을 포함한 공민관은 복도를 통해 연결되어 도서관에서 책을 빌리고 공민관에서 문화생활도 즐길 수 있다. 학생들은 도서관을 학습장소로, 지역사회는 평생학습의 장으로 활용하며 지역 커뮤니티 활성에도 이바지한다.

여기서 말하는 학교시설 복합화란 학생 수 감소로 생긴 빈 교실에 공공기관을 유치해 지역주민의 생활편의와 복지 향상 및 학교 교육의 질적 향상을 위한 정책으로써 시설을 복합적 · 입체적으로 운영하는 것이다. 복합화가 주목받는 이유는 서로 다른 2가지 이상의 기능을 하나의 공간이나 대지에 융합해 시너지 효과를 얻을 수 있기 때문이다. 이처럼 이와세 초등학교는 학교를 포함한 다양한 공공기관이 서로 연결된 건물 안에서 각각의 기능을 수행하며 서로의 시설과 인력을 공유하고 활용한다. 이곳은 학생, 어린이, 고령자, 지역주민 등 다양한 세대의 교류 공간이자 배움의 공간을 거점으로 한 지역 커뮤니티로써 효율적인 공간 사용의 모델을 보여준다. 문화적으로 소외될 수 있는 지역주민들과 배움의 터를 잃을 뻔한 학생들에게 이곳은 문화적 혜택을 골고루 나눠주는 장소로 다시 태어났다.

아이들과 학교 그리고 지역의 미래를 살리는 워크숍

교육 문제는 학교 혼자만의 힘으로 감당할 수 없다. 지자체 · 행정기관이 연계하여 지역과 함께 상생하는 학교, 아이들이 돌아오는 학교를 위한 건강한 교육 생태계를 구축하는 것이 중요하다. 도야마 시는 지자체와 학교, 지역주민 그리고 학부모와의 논의를 통해 지속 가능한 학교 교육 시스템을 구축하는 데 앞장섰다. 초 · 중학교 현황을 파악해 지역설명회, 워크숍, 출장강좌 등을 진행하고 있다. 한 예로 도야마 시 교육위원회가 주최하는 아이들의 교육환경 개선을 위한 '아이들과 학교 그리고 지역의 미래를 살리는 워크숍'이 있다.* 이 워크숍에서는 다양한 연령대의 참가자가 미래를 이끌어갈 어린이들을 키우기 위해 학교의 문제와 기대 등 교육이 나아가야 할 방향을 함께 고민한다.

* 도야마 시 홈페이지: https://www.city.toyama.toyama.jp/kikakukanribu/kohoka/fototopikkusu/r3/phototocics20210725.html

도야마 대학교

일본 정부의 '마을 · 사람 · 일자리 창생법'에서는 지방 대학의 역할을 강조하고 있다. 특히, 지방 재생 강화를 위한 정책 추진을 위해서는 지방도시에 일자리를 만들어 안심하고 일할 수 있도록 해야 한다는 것을 언급한다. 이를 위해 지방 대학의 활성화를 강조하며, 지역 수요에 맞는 고등기관으로서의 기능을 강화해 지역 산업을 이끌어갈 인재를 육성하는 동시에 지역 과제 해결에 대학이 공헌하는 체제를 갖추도록 권장하는 것이다.*

도야마 대학의 역사는 1949년 5월 1일, 국립학교설치법에 따라 도야마 사범학교, 도야마 청년사범학교, 도야마 약학전문학교,

* 후지나마 다쿠미, 젊은이들이 돌아오는 마을, 황소자리, 2018, p.181.

도야마 고등학교, 다카오카 공업전문학교를 통합해 국립 도야마 대학(문리학부, 교육학부, 약학부, 공학부)으로 발족한 데서 출발한다. 1975년에는 약학부를 도야마 대학으로부터 분리하여 도야마 의과약과대학을 설립하였다. 2005년에는 도야마 대학, 도야마 의과약과대학, 다카오카 단기대학을 종합대학인 도야마 대학으로 통합했다. 이들 대학은 서로 중복되거나 유사한 학과가 없었고 같은 현에 위치해 지리적으로도 가까웠다. 도야마 대학은 대학 통합에 따른 규모 확대라는 장점을 살려 교육연구 영역의 확충, 새로운 연구조직의 설치, 신설 학과 설립 등 국제적 경쟁력을 지닌 종합대학에 어울리는 교육연구체제를 구축하였다.

도야마 대학은 현재 '고후쿠 · 스기타니 · 다카오카' 캠퍼스로 구성된다. 대학본부인 고후쿠 캠퍼스는 도야마 시에 위치하며, 도야마 역에서 트램으로 15분 거리에 있다. 이 캠퍼스에는 인문학부, 인간발달과학부, 경제학부, 이학부, 공학부, 도시디자인학부가 있다. 스기타니 캠퍼스에는 의학부, 약학부, 일한의약종합연구소가 있으며, 도야마 대학 부속병원을 운영하고 있다. 다카오카 캠퍼스는 예술을 중심으로 한 인재 양성에 주력하는 예술문화학부가 설치되어 있으며, 미술 · 공예, 디자인, 건축디자인, 지역큐레이터 과정을 운영한다.

도야마 대학은 캠퍼스 부지를 확장하지 않고 선택과 집중 전략을 선택했다. 정문에 들어서면 캠퍼스의 상징이자 골격을 형성하는 축을 중심으로 학습공간, 광장, 녹지 및 캠퍼스 주변부로 나누어 환경과 조화를 이뤘다. 캠퍼스 정문으로부터 중앙도서관까지 이어지는 강한 직선 축과 이 축을 중심으로 수직 교차하는 보조축의 그리드형 체계를 바탕으로 공간을 구성하고 건물들을 배치했다. 이 축은 캠퍼스를 유기적으로 연결하는 공간의 구조적인 틀을 제시하는 역할을 한다. 도야마 대학의 캠퍼스는 7개 구역(A-G)으로 나뉜다. 캠퍼스의 모든 구역은 지속가능한 부지 활용 계획을 배려해 설계되었다. 캠퍼스를 구성하는 건물과 중심축이 선형을 이루는 수직 수평 구조로 되어 있어 시각적 질서를 분명히 한다. 영역 내에서의 연속성을 고려하여 건물과 구역에 알파벳과 숫자를 부여해 단과대 및 개별 건물의 위치를 쉽게 찾을 수 있다.

또한, 자연 친화적인 공간 연출, 녹지로 인한 CO2 감소 효과, 그리고 산책과 여유를 즐길 수 있는 친환경 캠퍼스 조성을 위해

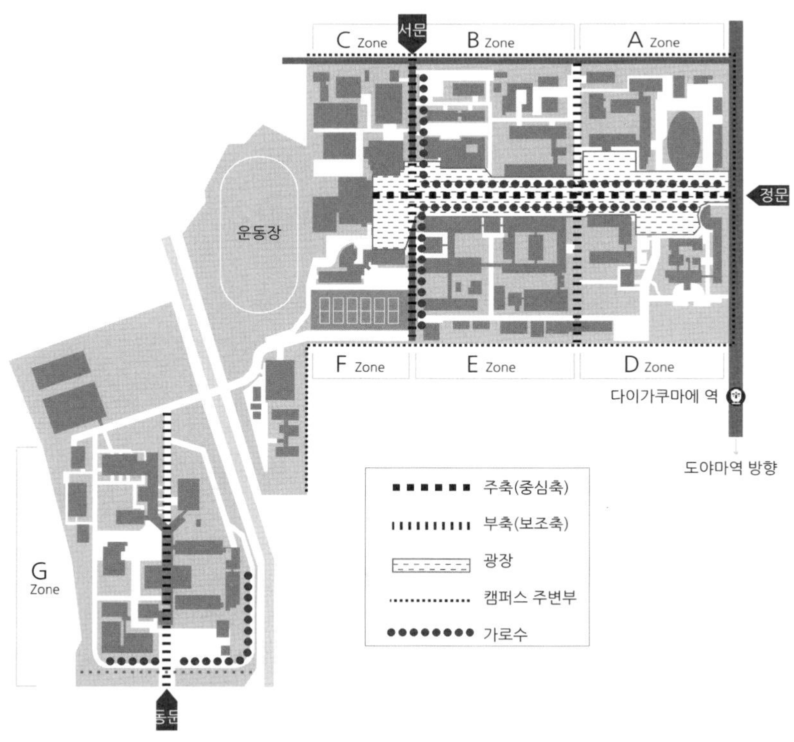

7개 존(Zone)으로 구분된 도야마 캠퍼스 동선

도야마 대학 캠퍼스 전경

캠퍼스 정문으로부터 직선으로 이어지는 중앙도서관

서 정문에서 연계되는 중심축을 따라 캠퍼스 내의 보행과 녹지의 흐름을 연결하는 가로별 녹지 공간을 확보하였다. 이 축은 캠퍼스 전체를 연결하는 체계적 보행 네트워크이자 광장, 녹지, 보행로 등 다양한 형태로 이용되는 공공 기능을 가진 열린 공간이다. 조망을 고려해 건물을 배치하고 경관과의 조화를 고려해 건물 높이를 규제, 건물 외벽 디자인과 컬러를 통일했다.

대중교통 및 보행자 위주의 쾌적한 캠퍼스 조성을 위해 특별 허가를 받은 자 이외에는 자동차로의 통학을 금지하고 있다. 이에 다이가쿠마에 트램 정류장과 캠퍼스 시설의 거리를 최소화하고 보행 중심의 교통체계를 구축하였다. 또한, 자전거 동선을 고려해 정문과 캠퍼스 내에는 공공자전거 공유 시스템인 아뷔레 스테이션 및 자전거 주차장을 설치하여 친환경 이동 네트워크를 구축하고 있다. 도야마 대학은 자동차와 아스팔트가 지배하는 장소가 아닌 사람들의 발걸음 소리와 녹음이 가득한 장소다.

도야마 대학은 지역사회와의 활발한 연계 · 협력을 통해서 대학의 경쟁력을 강화하고 더 나아가 지역발전을 위해 2008년 도야마 시와 상호협약을 체결했다.*

문화, 교육 · 연구, 환경, 산업, 마을만들기, 건강, 국제 교류 등 다양한 분야에서 인적 교류 촉진, 지적 · 물적 자원의 상호 활용, 기타 연계 협력을 추진함으로써 사회적 가치 창출 및 지역사회의 지속적인 발전을 취하는 것이다.

또한, '지역(지식) 거점 대학에 의한 지방창생 추진사업(COC+사

* 도야마 시 홈페이지.

업)'*에 선정되는 등 지역의 우수 대학으로 주목받고 있다. 이 사업은 지방 대학이 지자체나 중소기업 등과 협동하여 지역의 고용 창출과 졸업생의 지역정착에 관한 계획 수립을 목표로 한다. 즉,

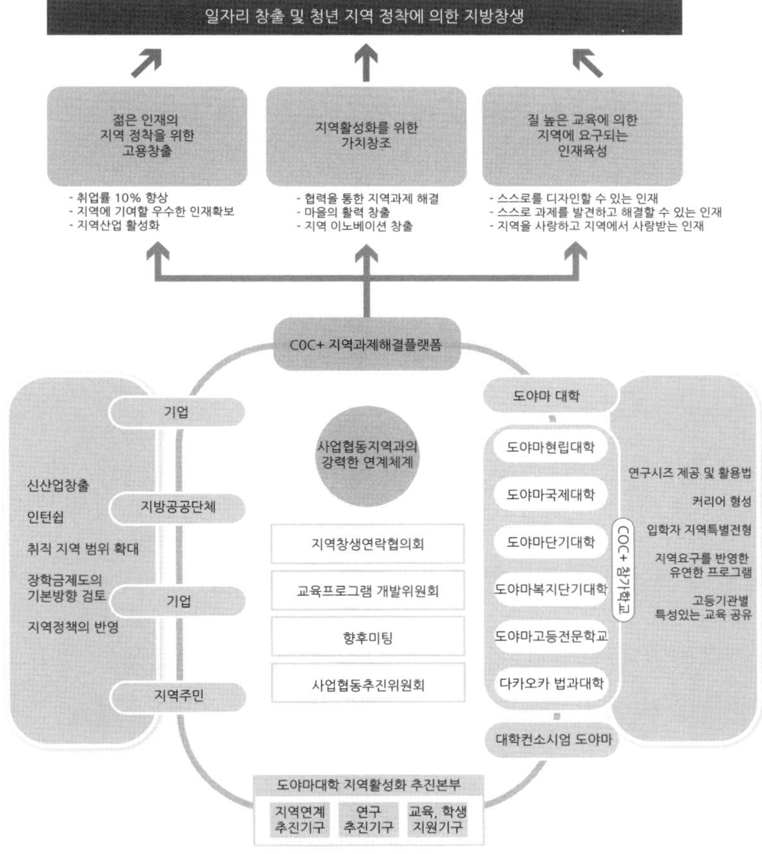

도야마 대학 '미래 지역 리더 육성 프로그램'

* 문부과학성 홈페이지: https://www.mext.go.jp/a_menu/koutou/kaikaku/coc/

지자체, 지역의 대학, 지역의 중소기업 및 벤처기업, NPO, 민간 단체, 금융계 등이 컨소시엄을 구성해 지역 기업의 취업률이나 고용창출 수를 높이고, 지방의 매력 향상에 이바지할 수 있는 계획을 수립하는 것이다.*

이에 도야마 대학은 졸업생의 지역 내 취업률 10% 상승 등 목표를 수치화하고 도야마 현 전체를 비즈니스 협업 지역으로 만드는 '도야마 전역의 제휴가 만들어내는 지방 창생: 미래의 지역 리더 육성'이라는 COC+프로젝트를 진행했다.** COC+프로젝트의 목표 달성을 위해 도야마 현 내 고등교육기관(참여 대학과 협력 대학), 지방공공단체(도야마 현 및 현 내 시정촌), 기업(도야마 현 상공연합회, YKK 등), 지역주민 등이 협력한 '지역 과제 해결 플랫폼'을 구축했다. 이들은 연계를 강화해 질 높은 교육을 통한 지역이 필요로 하는 미래 인재 양성, 산학관 협력을 통한 젊은 인재의 고용창출, 지역 활성화를 위한 가치창출이라는 공동의 목표를 설정했다. 이렇듯 도야마 대학은 지역 내의 특정 산업에 국한하지 않고 도야마 현 전체를 사업 협동 지역으로 삼고 지역 문제에 대응하고 있다.

시대 흐름을 반영한 학과 및 교육 커리큘럼

학령인구 급감으로 존폐의 갈림길에 선 상황이더라도 대학의 가장 중요한 가치는 교육기관이라는 것을 잊지 말아야 한다.

도야마 대학은 전문 능력을 갖춘 인재 양성을 목표로 2018년에

* 권혁삼 외, 대학협력형 공공임대주택 공급방안 연구, 한국토지주택공사 토지주택연구원, 2018, pp.64-65.

** http://www3.u-toyama.ac.jp/chiiki/cocplus/allTOYAMA.html

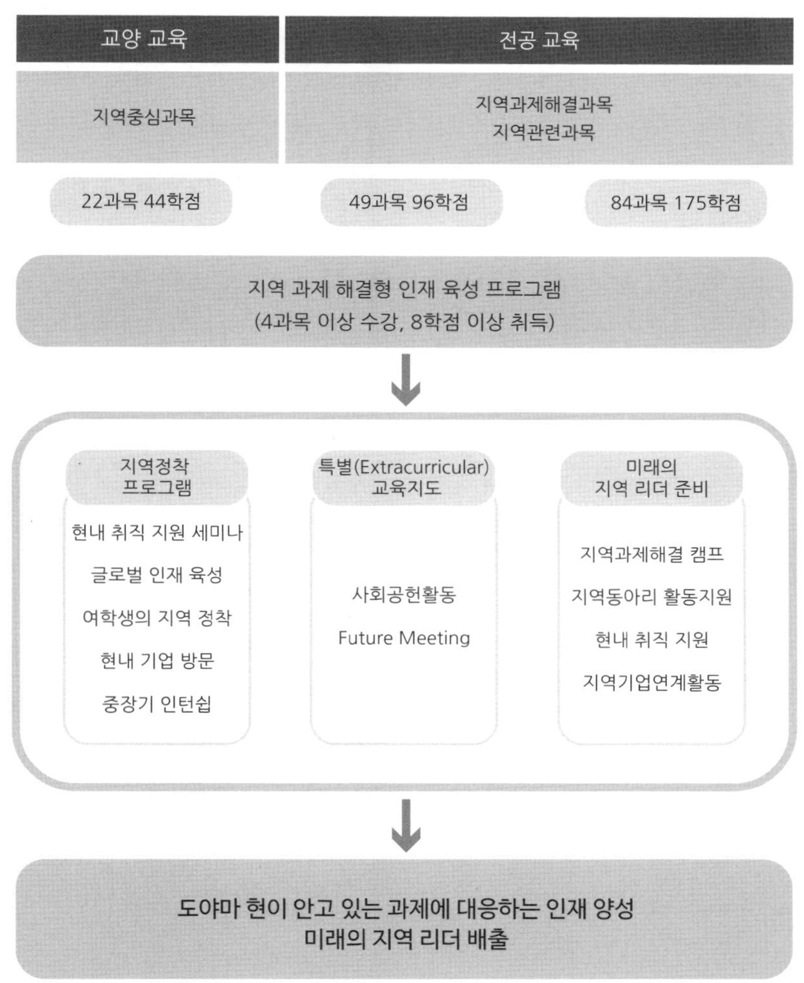

도야마 대학 교육 커리큘럼

지속가능 디자인 학부를 신설하였다. 이 학부는 도야마를 실습지로 하여 지역사회 문제를 해결하고 지속가능 디자인을 위한 필수적인 지식과 기술을 습득하는 학제융합 교육을 제공한다.

재료공학, 건축, 환경 디자인 등을 종합적으로 배울 수 있는 전문학과인 지구과학, 토목 및 교통계획설계, 재료공학과로 구성된 이 학부는 3개 학과의 융합형 교과를 운영하고 있다. 학생들은 특정 학과의 내용뿐만 아니라 지역의 지속적인 발전을 위해 원자 규모에서 지구 규모까지의 도시디자인에 필요한 지식을 종합적으로 습득할 수 있다.

이 학부의 또 다른 특징은 지역의 과제를 주제로 필드 실습과 토론을 하면서 문제를 해결해 나가는 '산학 협력의 실천적인 과제 해결 PBL'형* 교육을 시행하는 것이다.

지역의 과제needs와 대학의 자원Seeds** 매칭 등에 의해 지역과 대학이 필요로 하는 교육 및 연구에 있어서, 도야마 대학은 프로젝트 중심의 교육, 지역 연결 과목 등의 커리큘럼을 구축하였다. 도야마 대학의 교육과정은 학부과정의 수업 일부를 '지역 중심 과목', '지역 과제 해결 과목' 및 '지역 관련 과목'으로 개편한 것이 특징이다.

지역 중심 과목은 총 22개 교양과목으로 구성되어 있다. 도야마에 관한 기초적인 요소를 포함한 폭넓은 교양 지식 습득과 향토애 함양을 목표로 한다. 지역 과제 해결과 지역 관련 과목은 전공에 해당한다. 지역 과제 해결 과목은 지역에서의 현장업무 참여 및 지방 공공단체 또는 기업 등과 함께 지역사회와 밀착된 과제를 해결하는 능력을 기르는 수업으로, 49개의 강좌가 개설되어 있다. 지역 관련 과목은 총 84개 과목으로, 도야마 현의 역사 · 생

* 도야마 대학 도시디자인 학부 홈페이지: https://www.sus.u-toyama.ac.jp/department/education/

** 시즈(seeds)란 일본에서 연구개발이나 신규 사업 창출을 추진하는 데 필요한 발명(기술)이나 능력, 인재, 설비 등을 말하며, 일반적으로 '기술 시즈', '연구 시즈' 등으로 표현한다.

활 · 풍토 · 환경 및 그 외의 지역 특성을 바탕으로 한 수업이다. 4과목 이상, 8학점 이상을 이수한 학생에게는 '지역과제 해결형 인재육성 프로그램 수료증'을 수여하며, 지역 창생과 결합된 '미래의 지역 리더' 자격을 취득한다.* 이 자격증을 취득하면 지역산업의 과제해결과 새로운 가치창조가 가능한 지역의 중핵적 인재로 인정받는 전문가로 활동할 수 있다.

이처럼 도야마 대학은 전문 지식 활용 및 공동 연구 등을 통해 도시 안팎의 학생들에게 도야마의 매력을 적극적으로 알림으로써 젊은이의 정착을 도모하는 데 앞장서고 있다.

대학이 문을 닫으면 지역에 위기가 닥친다. 방치된 빈 대학은 자칫 우범지대가 될 수 있고 인근 지역의 자산가치 하락으로 이어진다. 그뿐만 아니라 젊은 인구를 붙잡을 동기도 사라진다. 인구감소시대에 학생 수를 늘려 대학의 폐교를 막기란 사실상 어렵다. 폐교를 막기 위한 대책으로 지방 대학의 생존과 관련해 통합을 제안한다. 많은 대학이 통합을 인식하고 있으나 대학마다 입장차가 커서 쉽게 논의되지 못하는 것이 사실이다. 도야마 대학, 도야마 의과약과대학, 다카오카 단기대학이 종합대학인 도야마 대학으로 통합되어 현재의 위치까지 온 것처럼, 경쟁력 없는 대학은 도태되는 것이 자연의 순리이기에, 하나의 대학으로 재탄생하는 것이 지방 대학의 살길이자 지역발전의 초석이 될 것이다.

그 외의 대학(고등교육기관)

도야마 시에서는 성인들을 위한 고등교육기관인 도야마 유리

* http://www3.u-toyama.ac.jp/chiiki/cocplus/program.html

조형연구소, 도야마 시립 외국어전문학교, 도야마 시립 간호전문학교를 운영한다.

도야마 유리조형연구소*는 일본 최초의 공립 유리조형 전문교육기관이다. 유리조형 작가로서의 자립을 목표로 유리조형에 대한 기초이론과 기법을 습득하는 조형학과, 유리조형에 대한 이해를 높이는 연구학과로 편성되어 있다. '유리를 종합적 · 전문적으로 배우고 싶다면, 도야마로'라는 슬로건과 함께 도야마로 유학을 오는 학생 수도 증가하고 있다. 도야마 유리조형연구소는 오랜 역사와 전통을 지닌 도야마의 유리공예와 시대의 흐름에 맞는 교육을 접목해 유리의 예술적 기능을 강화하고, 예술가의 활동을 지역에서 후원하며 교육을 통한 유리 문화예술 진흥을 도모한다. 도야마 유리조형연구소는 도야마 유리미술관과 함께 시의 예술문화를 보존하고, 문화예술과 관련된 다양한 연구와 예술 활동, 그리고 일자리 창출의 역할을 한다. 그리고 이는 다시 지역 활성화로 이어지기 때문에 지역의 예술 · 문화가 산업의 새로운 성장 동력이 될 수 있음을 보여주고 있다.

도야마 시립 외국어전문학교**는 일본 유일의 공립 외국어 교육기관으로 이론적인 학문이 아닌 실생활에 활용할 수 있는 언어 교육을 목표로 한다. 천혜의 아름다움을 지닌 도야마 시의 경제 활성화에 있어서 관광 분야는 빼놓을 수 없다. 도야마 외국어전문학교의 실용적 언어교육은 도야마의 매력을 홍보하고 더 많은 외국 관광객을 유치하는 등 관광산업을 이끌어갈 전문 인력을 양성해

* 도야마 유리조형연구소: http://toyamaglass.ac.jp

** 도야마 시립 외국어전문학교: http://www.tcfl.ac.jp

도야마 시에서 활동할 수 있도록 지원한다. 생산가능인구가 감소하는 지역에서 고용기회를 늘릴 수 있는 관광산업은 유망한 분야다. 도야마 시는 이를 언어교육과 연계해 젊은이들이 정착할 수 있는 환경을 구축하는 데 앞장선다. 또한, 도야마 시의 콤팩트한 마을만들기 사업이 국제적으로 높이 평가받으며 국내외의 큰 관심을 받고 있다는 점에서 지역 산업과 문화의 발전에 이바지하는 외국어 인재 양성은 교육, 관광, 산업, 일자리를 유기적으로 연결하는 네트워크 기능을 수행할 것이다.

지역의 간호사 부족은 어제오늘의 일이 아니다. 고령자 인구의 증가로 간호사 인력 부족 현상이 심화되고 있다. 간호 인력 부족은 의료서비스 저하로, 이는 지방의 고령자마저 줄어드는 악순환을 초래한다. 도야마 시립 간호전문학교*는 급변하는 보건의료 환경 속에서 지역사회가 요구하는 능력을 갖춘 간호 인재를 양성하는 데 그 목적이 있다. 지역이 필요로 하는 인력을 지속적으로 확보하기 위한 커리큘럼을 개발하고, 지역 대학에서 지역 인재를 지역 간호사로 양성한 후 지역의 의료기관에서 활동할 수 있도록 하는 선순환 구조를 구축해 교육과 일자리, 더 넓게는 의료 · 복지서비스까지 아우르는 역할을 한다.

지역 고유의 문화예술과 시대의 흐름에 맞는 교육을 접목한 도야마 유리조형연구소, 관광산업과 연관된 도야마 외국어전문학교, 고령자 인구의 증가를 대비한 도야마 시립 간호전문학교는 소도시에 위치해 있지만 지역의 특성과 수요에 맞도록 교육 기능 및 시스템을 강화했다. 지역 인재를 지역에서 육성하는 체제를 구축

* 도야마 시립 간호전문학교: http://www.tch.toyama.toyama.jp/school

해 젊은이들이 정착할 수 있도록 지자체가 앞장서고 있다.

지역에 대학을 세워 학기 중에만 젊은이가 머물게 해서는 문제를 해결할 수 없다. 학령인구 감소로 신입생 충원마저 어려워지는 상황에서 지역 여건과 현황 그리고 특성을 반영한 학과 운영과 같은 장기적인 비전을 제시할 필요가 있다. 고등교육기관은 젊은이들에게는 배움터이자 교육을 통한 일자리 제공을, 지역사회에게는 지역 경제를 이끌어 갈 수 있는 좋은 인적자원 확보의 역할이 요구된다. 도야마 시처럼 지역사회를 중심으로 한 대학과 지역 산업, 지역 인재가 상생하는 네트워크 구축은 우리가 함께 풀어야 할 숙제다.

도야마 현민 공생센터, 산포르테

일자리가 있어야 사람이 모인다. 인재를 끌어들여 오랜 기간 정착하도록 유도하기 위해서는 무엇보다 그들에게 안정적이고 매력적인 일자리가 있어야 한다. 도야마 시는 일 년 내내 폭넓은 세대에게 지속성 있는 일자리 고용을 창출하고 정보를 제공하기 위한 복합시설 개념의 정보센터를 운영하고 있다. 바로, 도야마 현민 공생센터 산포르테다.

산포르테에서는 가정이나 직장에서의 인간관계, 이성, 교육, 육아, 성 등 삶에 대한 다양한 고민을 상담할 수 있는 상담코너, 도서관, 각종 행사 · 세미나를 위한 강당, 직업(취업)과 관련된 여러 시설이 한 건물에 모여 있다. 산포르테라는 명칭은 남성과 여

4F

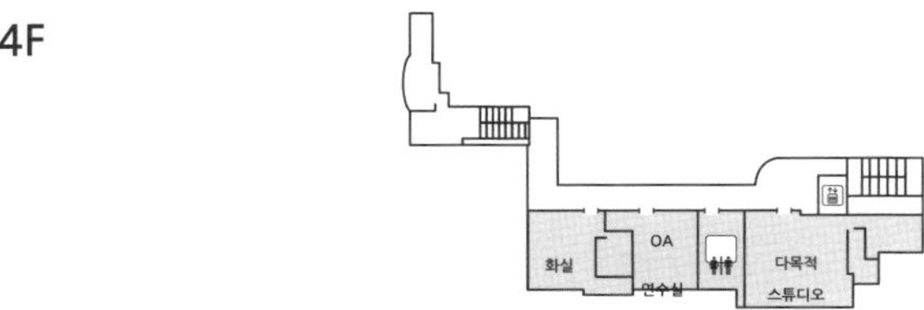

3F

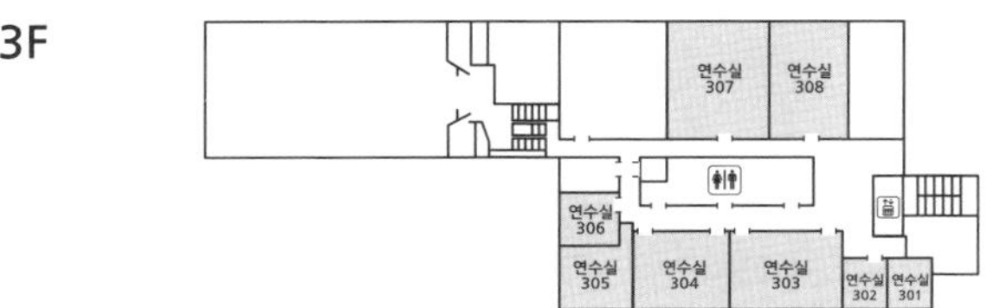

2F

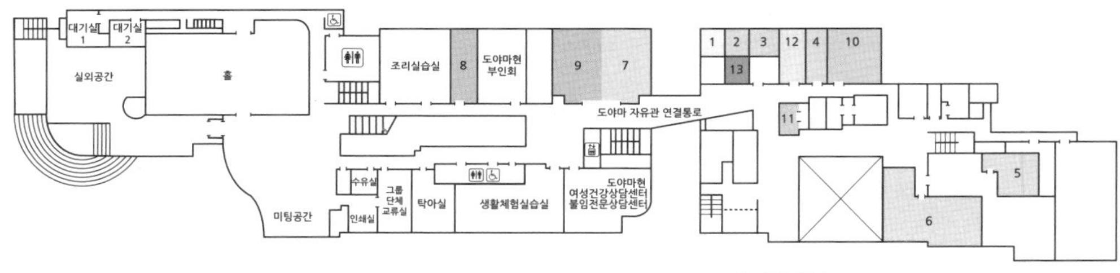

1F

도야마현소비생활센터
도야마현소비자협회
공용회의실
도야마현소비생활센터
사무실, 상담센터
도야마현민공생센터
사무실
상담실
워크룸
챌린지 지원 코너
도서관
종합안내
전시코너
그룹 독서실
부모·어린이 독서실

1. 종합접수
   도야마현 인재 활약 추진 센터
   기획 관리부
2. 졸업자 특별 지원 센터
3. Young JOB 도야마(청소년 취업지원 센터)
4. 도야마현 인턴쉽 추진센터
5. 도야마지역 젊은이 서포트 센터
6. 헬로워크 도야마 젊은이
7. 헬로워크 도야마 올해 졸업자응원
8. 여성 취업 지원센터
9. 헬로워크 도야마 마더코너
10. 도야마 시니어 전문 인재 뱅크
11. 도야마현 생애 현역 촉진
    지역연계사업사무국
12. 도야마현 전문 인재 전략 본부
13. 도야마 생활 직업 지원센터 도야마 사무실

산포르테 층별 공간 구조 디자인

성이 태양처럼 빛나면서 남녀 공동 참여 사회를 위해 함께, 힘차게 살아가는 자세를 의미한다. 도야마 현민 공생센터의 기본 개념에 어울리는 애칭인 산포르테 또한 시민공모로 선정되었다.*

남녀노소 누구나 정보를 교류할 수 있는 장소이자 다양한 기능을 가진 산포르테는 총 4개 층으로 구성되어 있다. 1층에 들어서면 확 트인 만남의 공간이 눈에 들어온다. 로비 중앙으로는 열린 공간의 도서관, 부모와 아이가 함께 책을 볼 수 있는 부모 · 어린이 독서실이 있다. 산포르테 상담실에는 가사 · 육아 · 인간관계 · 가정폭력 등에 대해 일반 상담이나 변호사 등 특별 상담을 지원하는 상담 코너와 취직이나 창업 등 도전을 응원하고 정보를 제공하는 챌린지 지원 코너가 있다.

2층은 모임과 휴식의 공간이다. 최대 350명 수용 가능한 홀, 생활 체험 실습실, 탁아소 및 수유실, 그룹 · 단체 교류실, 미팅 스페이스와 회의 공간이 있다. 또한, 청년, 여성, 노인 등 구직자의 다양성을 고려한 마더스 잡 도야마, 헬로워크 도야마 젊은이 서포트 등 직업상담 코너를 운영하는 것이 특징이다.

3층은 배움과 교류의 공간이다. 최대 100명까지 수용할 수 있는 규모의 연수실에서는 회의와 강연, 세미나 등의 활동이 가능하다.

4층은 생활 창조와 문화의 공간으로, 가벼운 운동을 할 수 있는 다목적 스튜디오와 다도와 같은 예절을 배울 수 있는 연수실이 있다.

젊은 층을 위한 또 다른 시설로는 졸업자 특별지원 센터인 '헬로워크 도야마 올해 졸업자 응원', 청소년 취업 지원센터인 'Young

* 도야마 산포르테 홈페이지: https://www.sunforte.or.jp/

Job 도야마', '도야마 현 인턴십 추진센터', '도야마 지역 젊은이 서포트 스테이션', '헬로워크 도야마 젊은이 서포트'가 있다.

'헬로워크 도야마 올해 졸업자 응원'은 대학원, 대학, 단기대학, 고등전문학교, 전문학교의 졸업 예정자, 미취업 졸업자(졸업 후 3년 이내)를 대상으로 구인 정보나 취업을 지원하고 있다. 본인에게 맞는 직업 선택법, 이력서 등 서류 작성법, 모의면접, 면접지도, 임상심리사에게 받는 심리상담 등 취업에 도움이 될 만한 지원을 수시로 신청받으며, 이용료는 무료다. '도야마 지역 젊은이 서포트 스테이션'은 후생노동성이 인정한 청소년 고용대책의 하나로, 일정 기간 직업이 없는 15세 이상 39세 이하 젊은이(2020년 4월부터 40대 포함)의 직업적 자립을 지원하기 위해 설치된 상담창구다. 2006년에는 '도야마 현 청소년 자립 지원 네트워크'를 구축하고 지역 전체에서 청소년을 지원할 수 있는 체제를 만들었다.

도야마 시는 현재 직업을 가지고 있지 않은 여성이나 고령자 등의 창업·취업 촉진 및 일손 부족에 직면한 지역 중소기업 등의 노동력 확보를 위해 인재 매칭을 지원하고 있다. 여성을 위한 시설로는 여성 취업지원센터인 '마더스 잡 도야마', 아이를 키우면서 취업을 희망하는 엄마들을 위한 '헬로워크 도야마 마더스 코너', 그리고 '도야마 현 부인회'가 있다. 2019년 4월에 오픈한 마더스 잡 도야마는 경력단절 여성을 위한 자기계발을 지원하는 등* 여성이 일하기 쉬운 작업 및 재택근무 등의 정보를 제공한다. 이처럼 도야마 시는 여성을 위한 보육시설과 양성평등을 구현하는 지원 시스템을 실현하고 있다.

* https://job-suishin.jp/mothers-job/

또한, 고령화 사회로 진입하면서 경제 활동 인구 감소와 건강한 고령자의 사회적 소외를 방지하고 U턴 · J턴 · I턴*을 지원하기 위해 도야마 시는 2012년 10월 고용 · 취업 기회 확보를 위한 '도야마 시니어 전문 인재 뱅크'를 오픈하였다. 도야마 시니어 전문 인재 뱅크는 기업에서 풍부한 경험과 능력을 갖춘 노년층을 대상으로 지금까지 쌓아온 조정, 협상, 커뮤니케이션 등 종합 관리 능력을 활용하여 중소기업에 재취업을 돕는 프로그램이다. 오랜 근무 경험으로 축적된 전문 지식과 우수한 기술 그리고 고도의 노하우를 가진 고령자와 전문적인 능력을 갖춘 인재를 필요로 하는 기업을 매칭하는 것으로, 2012년 개업 이후 2020년까지 총 4,659명이 등록했으며 그중 3,460명이 취업하였다. 등록된 회사는 현재 1,793개로 그 수는 꾸준히 늘고 있다.**

도야마 시는 다양한 능력과 자격을 갖춘 은퇴 세대를 지방 기업에서 적극적으로 활용하도록 유도하는 데 앞장서고 있다. 그뿐만 아니라, 젊은 세대, 특히 여성들에게 초점을 맞추고자 했으며, 도시 청년들의 지역 유입을 위해 취 · 창업을 지원하는 등 다양한 활동을 지원하고 있다.

* U턴: 지방에서 도시로 이주하였다가 다시 고향으로 회귀
J턴: 지방에서 도시로 이주하였다가 고향이 아닌 다른 지방 도시로 이동
I턴: 도시 토박이가 지방으로 이주

** https://senior-bank.pref.toyama.lg.jp/about/

1층 로비 전경

1층 상담 코너와 챌린지 지원 코너

2층 수유실

2층 직업상담 코너

제 8 장

자연환경 보전

우리는 도시라는 인공적인 공간에서 살고 있다. 도시 공원*은 도심 속 자연 공간으로 미세먼지, 지구 온난화 등 환경문제를 완화시키는 정화기능뿐 아니라 도시민의 건강 · 휴양 · 정서 활동을 돕기 위한 공간이자 매일의 통행공간이다. WHO는 도시가 도시 공원을 갖추어야 할 기준으로 거주민 한 명당 9㎡의 면적을 권장한다. 국내 도시 공원 및 녹지 등에 관한 법률 시행규칙에서는 국민 한 명당 공원면적 6㎡ 이상으로 명시되어 있다. 즉, 도시 공원은 마음먹고 방문하는 곳이 아닌 언제든지 누구나 방문할 수 있는 공간이자 모두에게 공평한 서비스가 제공되어야 한다. 또한, 삶의 질 향상을 위한 도심 속 공원은 미래세대를 위한 유산이라는 점도 간과해서는 안 된다. 이에 자연과 일상적으로 만날 수 있는 도시환경을 지속해서 보전하고, 더 많은 시민이 더 편안하게 더 자주 찾을 수 있는 공공 공간으로써 공원의 양적인 측면과 질적인 측면에 대한 논의가 필요하다.

도야마 시는 콤팩트한 마을만들기의 실현에 이바지할 수 있도록 '녹색 마을만들기'를 제안, 녹지를 지역 활성화 자원으로 활용하고자 '도야마 시 녹緑의 기본계획'을 수립하였다. 녹의 기본계획이란 일본 도시녹지법 제4조에 근거하여 지자체(시정촌)가 녹지보전 및 녹화 추진에 관한 미래상, 목표, 시책을 정한 마스터플랜을 작성하도록 한 것이다. 도야마 시 녹의 기본계획은 상위 계획인 '도야마 시 종합계획'과 '도야마 시 도시 마스터플랜'을 기반으

* 도시 공원이라 함은 국토의 계획 및 이용에 관한 법률 제2조 제6호, 나목의 규정에 따른 공원으로서 도시지역 안에서 도시 자연경관의 보호와 시민의 건강 · 휴양 및 정서생활의 향상에 기여하기 위하여 동법 제30조의 규정에 의한 도시 관리계획으로 결정된 것을 말한다(제2조 제3호).

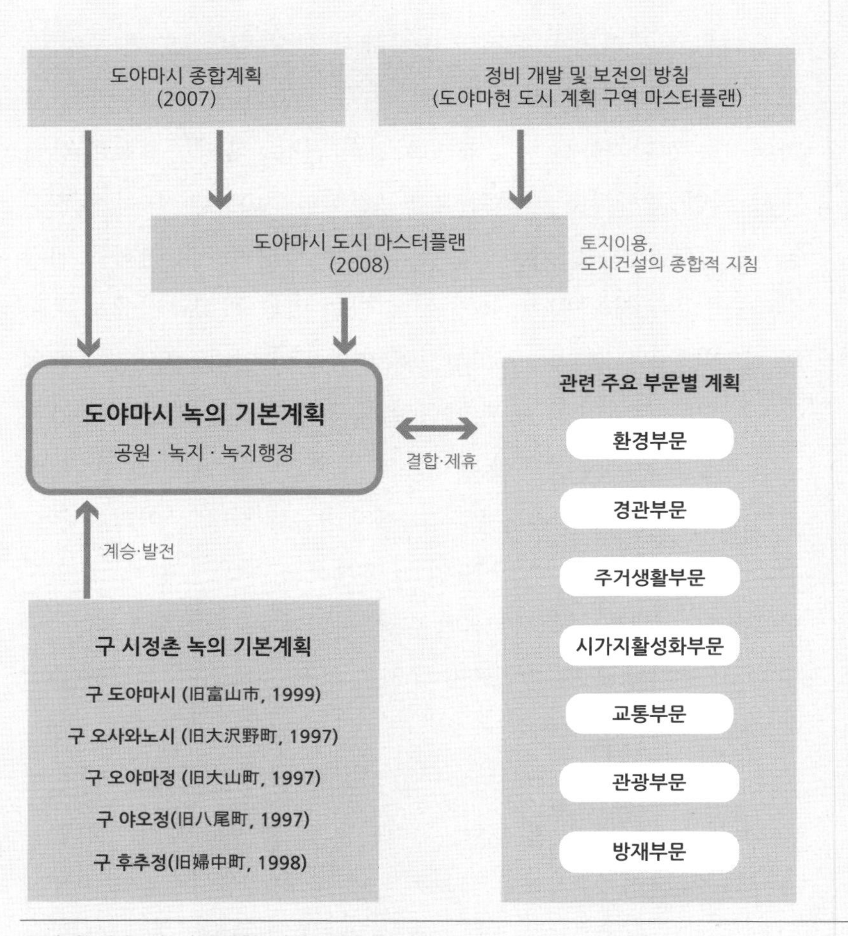

도야마 시 녹의 기본계획 기본 방침과 시책

로 한다. 또한, 옛 지자체의 녹의 기본계획 이념을 계승하면서, 환경, 경관, 주거생활, 시가지 활성화, 교통, 관광, 방재 등 주요 관련 부문의 계획과 연계를 통해 녹지를 보전하고 지속적인 녹화를 종합적으로 추진하고자 하였다.*

* 도야마 시 건설부 공원녹지과, 도야마 시 녹의 기본계획, 2015.3.

시책 1. 보전(保全)

도야마 시의 녹지환경을 보전하기 위한 시책
① 도야마 시의 골격을 이루는 녹지의 보전
② 다양한 동식물의 서식지 · 생태계 보전
③ 마을의 산, 전원환경의 보전 · 활용
④ 역사적 · 문화적 · 지역적 경관을 조성하는 자연 보전

시책 2. 창조(創造)

도심 및 지역생활거점을 비롯해 도시 지역의 녹지 확보 및 네트워크 구축을 위한 시책
① 도시 녹화의 추진
② 도시 수요 충족을 위한 도시 공원 및 녹지공간 개발, 갱신, 재생
③ 도시 공원과 녹지공간 및 다양한 도시 서비스의 협업 촉진
④ 녹화 공간 조성의 원동력이 될 공공시설 녹화 추진
⑤ 녹색길 네트워크 형성 (걷는 거리 조성)

시책 3. 관리(マネジメント)

저출산 · 고령화의 진행 상황과 극심한 재정 상황에 비춰 다양한 주체들의 참여를 통해 녹지를 지속적으로 유지 · 관리 하기 위한 시책
① 사람의 마음을 움직이는 녹화에 대한 인식과 장려
② 녹지 정보 제공 및 보급, 환경교육 추진
③ 녹색 마을 조성을 담당할 인재 양성
④ 다양한 주체의 참여를 촉진하기 위한 시스템 개발
⑤ 녹색 마을 조성에 대한 정보 가시화 및 활용의 추진

이 계획은 '산에서 바다로 빛나는 녹지 환경에서 함께 살아갈 사람을 위한 마을 도야마'를 목적으로 한다. 이에 '보전', '창조', '관리'라는 키워드로 시책을 책정했다. 이들은 각각 녹지 환경보전, 도시의 녹지 확보, 녹지의 지속적 유지와 관리로 정리되고, 이

를 실천하는 방법을 종합적으로 제시하였다.* 도야마 시 녹의 기본계획은 중장기적 관점에서 기존 공원과 녹지를 보전하고, 부족한 부분은 미래를 위해 관리하는 등 녹색 마을만들기를 추진함으로써 쾌적한 도시 환경 조성의 중요함을 이야기한다.

앞으로 우리를 둘러싼 도시 공원과 녹지를 '양'이 아닌 '질'로 보고, 지역 활성화에 기여하는 자원으로 보전, 개발, 활성화해야 한다. 도시 공원은 도시의 매력적인 자연경관을 형성하는 요소이자 도시민의 삶의 질 향상에 이바지하는 주요 시설로써 그 기능 또한 다변화되고 있다.

도시 공간 안에 자리한 크고 작은 공원은 풍부한 녹지를 경험할 수 있는 쾌적한 자연환경으로써 삶의 질에 영향을 미친다. 이 장에서는 활기의 장소이자 도야마 시의 역사 · 문화를 상징하는 시설로 사람과 자연의 밀접한 관계를 맺고 있는 도시 공원들을 살펴보고자 한다.

* 도야마 시 건설부 공원녹지과, 도야마 시 녹의 기본계획, p.38, 2015.3.

후간 운하 간스이 공원

도야마 시 명소 중 하나인 '도야마 후간 운하 간스이 공원'은 역사 깊은 옛 정박지를 도시의 귀중한 수변공간으로 탈바꿈시킨 도시 공원이다. 물이 흐르는 통로로 방치됐던 하천과 쓰임을 다해 버려졌던 운하가 공원과 생활공간, 생태 축, 더 나아가 지역의 명소로써 국토의 가치를 높이고 시민의 삶의 질을 높여주고 있다.

간스이 공원의 중심에는 후간 운하라 불리는 길이 5.1㎞의 물길이 있고, 산책로와 잔디광장이 그 주변을 감싸고 있다. 후간 운하는 진즈카와 하류에 있는 도야마 항과 도야마 시의 중심을 잇고 있다. 후간 운하 간스이 공원이라는 명칭은 공원의 근원인 후간 운하의 이름을 딴 것으로, 물을 통해 사람과 사람이 연결되어 세계와의 소통의 원점이 되는 것을 바라는 동시에 후간 운하의 물이 강과 바다를 연결하여 세계와 순환하는 과정을 이미지화 한 것이다.

후간 운하의 역사

도야마 항은 에도 시대부터 국내 · 외 교역의 요충지로써 선박이 많이 정박하는 무역항이자 교통의 거점이었다. 하지만 도야마 성(지금의 도야마 시 중심)까지 거리가 멀어 새로운 운하를 개통하였는데 이것이 후간 운하다.

과거 진즈카와는 도야마 시가지에서 동쪽으로 굽어 있어 홍수의 원인이었다. 이에 도야마 현은 1901–1903년에 거쳐 홍수 대책으로 곡선형 수로를 직선화하는 공사를 추진했다. 이 공사는 강 중앙에 폭 2m, 깊이 1.5m의 좁은 수로를 파고, 자연의 힘을 이용해 홍수 때마다 조금씩 수로의 폭을 넓혀 가는 것이다. 현재와 같이 물의 흐름이 완전하게 직선화된 것은 1921년 무렵이었다.* 수로 변경으로 홍수 피해는 현저히 줄었지만, 또 다른 문제가 발생했다. 수로의 직선화로 남게 된 광대한 폐천 부지가 도야마 한복판을 지나며 시가지를 분단시켜 도시 발전의 걸림돌이 된 것이다. 1928년, 도야마 현은 근대도시 도야마에 어울리는 도시를 건설하기 위해 획기적인 도시계획 사업을 결정했다.

첫째, 도야마 역 북쪽에서 히가시이와세 항까지 이어지는 길이 약 5.1km의 운하를 건설하여 수문을 개통하고, 주변에 공장지대

* 도야마 현 홈페이지: http://www.pref.toyama.jp/cms_sec/1541/kj00016047.html

를 형성한다. 둘째, 굴착된 토사로 원래의 하천부지를 메워 새로운 시가지를 정비하는 등 구획 정리를 시행한다. 셋째, 남는 토사로 히가시이와세 항의 부두 및 관련된 가로를 정비한다. 즉, 운하를 만들고 남은 토사로 진즈카와 부지를 메워 매립 신시가지를 만든다는 계획이다. 이때 만들어진 운하가 바로 후간 운하다. 후간 운하 도시계획사업은 1930년에 착공하여 1935년 완성되었다. 과거 진즈카와 부지는 현재 도야마 시청과 현청이 있는 도심 행정구역이 되었으며, 이전의 강줄기는 일부 남아 마츠카와 하천을 흐른다. 후간 운하 건설은 히가시이와세 항과 도야마 역 북쪽 수로로 이어졌다. 그로 인해 배에 의한 자재 운반이 편리해져 운하 연안 일대에는 공업지대가 형성되었다.

후간 운하 하구, 약 3km 부근에는 상류와 하류의 수위 차(2.5m)를 조절해 선박을 이동하는 시설인 파나마 운하 방식의 나카지마

후간 운하 나카지마 갑문의 모습

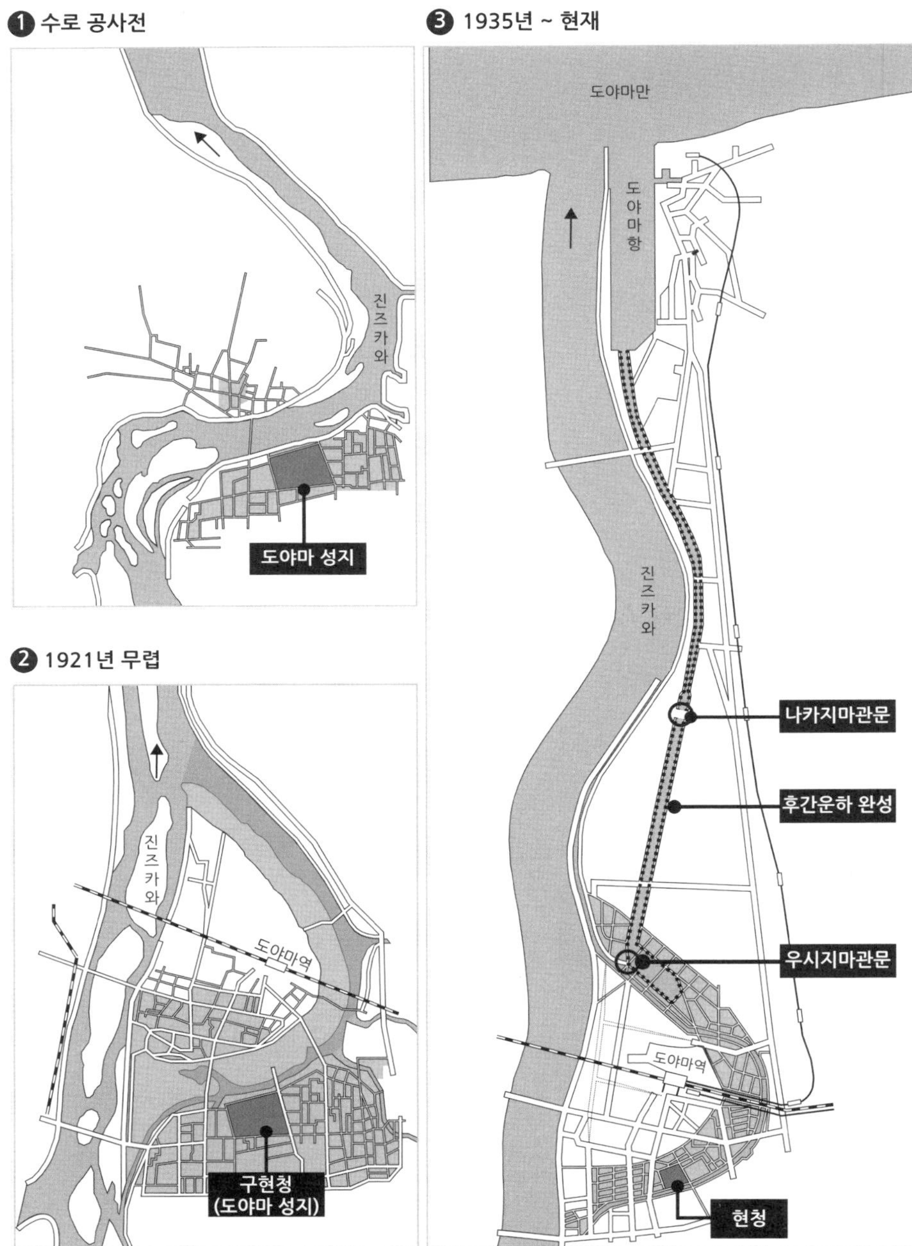

후간 운하 간스이 공원의 역사

갑문이 있다. 후간 운하 건설과 함께 상류 공장에 원료를 운반하기 위해 1934년 설치되었다. 도야마 시 중심부를 관통해 도야마 시내와 바다를 연결한 후간 운하는 활발한 수상 운송길로 도야마 시의 산업화에 크게 이바지했다. 그러나 1950년대에 들어 물류의 중심이 해상운송에서 철도 및 육로운송으로 옮겨가면서 후간 운하는 수로의 기능을 잃었다. 경제와 교통이 변화함에 따라 기능도 점차 약화하고 물도 오염되면서 후간 운하는 쓰레기가 떠다니는 흉물로 변했다. 이에 일시적으로 매립하자는 의견도 있었지만 친수 공원 녹지 네트워크를 형성하기 위한 시가지의 귀중한 공간으로 발전시키고자 하였다. 나카지마 갑문은 1998년 복원 공사를 시행해 같은 해에는 일본 국가 지정 중요문화재로 지정되었다.

1985년 도시의 귀중한 수변 공간으로의 변화를 위한 공사가 시작되었고, 1997년 후간 운하 간스이 공원으로 다시 문을 열었다. 제 역할을 다한 뒤 흉물처럼 방치되었던 운하는 도시 재정비 후 도야마를 상징하는 공원으로 거듭났다.* 2013년에는 도시공원 콩쿠르에서 최고상인 국토교통대신상을 수상하였다.

'일본의 역사 공원 100선' 중 하나로도 선정된 '도야마 후간 운하 간스이 공원'은 전체 면적 0.097㎢의 공간에 설계되었다. 도야마 현 미술관, 분수와 폭포의 광장, 텐몬교, 들새를 관찰할 수 있는 조류보호구역과 함께 운하의 경치를 즐길 수 있는 유람선을 운항하는 등 물과 어우러지는 장소이자 녹음이 우거진 대형 공원으로 도야마 시의 새로운 오아시스 역할을 한다. 또한, 공원의 경치를 바라보며 커피를 즐길 수 있는 '세계에서 가장 아름다운 스타

* 후지요시 마사하루, 이토록 멋진 마을, 황소자리, 2016, p.109.

우시지마 갑문의 모습

스타벅스 매장 전경

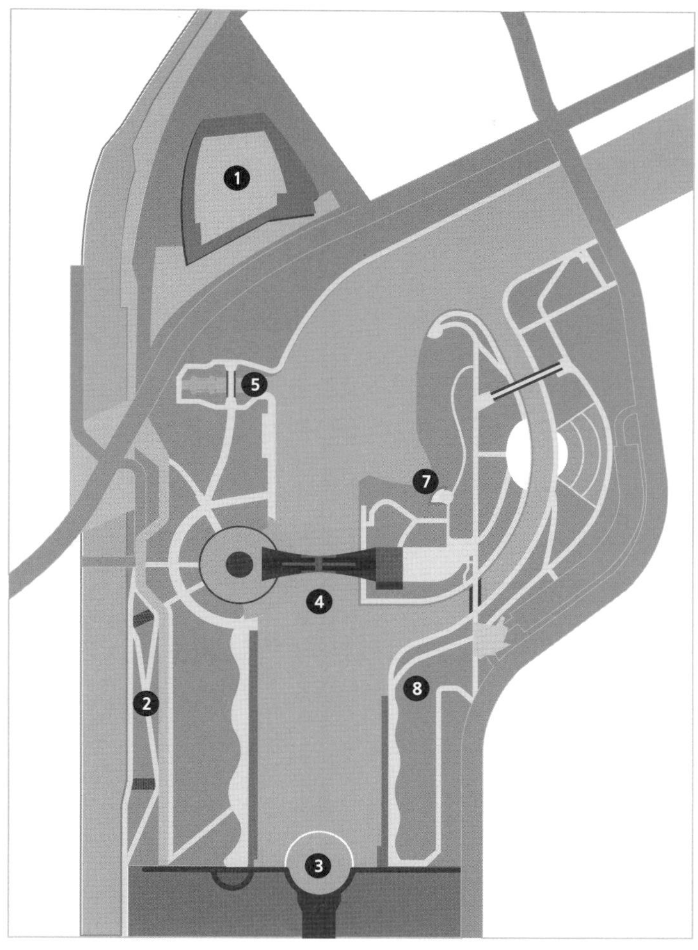

1 도야마현 미술관 (Toyama Prefectural Museum of Art & Design)
2 프롬나드 (Promenade)
3 분수와 폭포의 광장 (Spring and Waterfall Plaza)
4 덴몬교 (Tenmon Bridge)
5 후간 수상 라인 크루즈 (Fugan Suijo Line Board Area)
6 우시지마 갑문 (Ushijima Lock)
7 들새 관찰소 (Bird Watcher's House)
8 스타벅스 커피 (Starbucks Coffee)

후간 운하 간스이 공원 공간구조 디자인

벅스'가 위치한 곳으로 더욱 유명해졌다.

공원 입구에 있는 분수와 폭포의 광장에는 낙차 3.7m의 인공 폭포가 20분마다 작동한다. 광장 아래서는 폭포 너머로 공원의 물을 바라볼 수 있다. 물과 어우러진 심플하고 개방적인 공간을 구성하고 있는 공원에서는 어디에서나 보이는 덴몬교라 불리는 다리가 있다. 덴몬교는 3개의 다리를 합체한 독특한 형태로 공원의 상징 시설 중 하나다. 높이 20.4m의 전망대에 오르면 공원 전경을 감상할 수 있다. 또한, 공원의 모든 공간은 친수성 높은 수변 공간 창출과 운하의 축선을 강조한 상징적인 시설을 배치하였다. 분수와 폭포의 광장에서 우시지마 갑문까지 약 1.8km의 산책로는 회유성 있는 동선을 제공한다. 수변공간은 개방성을 지닌 도시 생활공간으로 도시 이미지를 형성하는 무대가 된다. 특히 화려한 야경은 도시 전체 이미지에 큰 영향을 미친다. 밤이면 각양각색으로 변하는 경관조명이 덴몬교와 어우러져 새로운 워터프론트를 조성한다. 잔잔히 흐르는 물 위에 비친 덴몬교는 조명을 통해 마치 물 위에 떠있는 듯한 환상적인 분위기를 연출한다. 특히 낮에는 보이지 않는 남녀 사이를 이어주는 '운명의 붉은 실'로 다리 양쪽이 이어진 모습이 아름답다.

국토교통대신상 '물의 상' 수상

이처럼 간스이 공원은 도야마 시민을 위한 개방형 생활 장소로 24시간 잠들지 않는 도야마의 이미지를 통해 도시의 번영을 보여준다. 운하를 품은 낭만적인 수변 공원이자,

운명의 붉은 실(赤い糸)로 이어진 덴몬교 전경

물을 통해 사람과 사람을 연결하는 간스이 공원은 개방형 공공공간으로 다양한 기능의 도시 생활을 위한 장소를 제공, 물을 살린 도시 공원으로써 시민들에게 편안한 쉼터이자 흥미로움이 넘치는 장소다. 도시에서 물이 차지하는 의미와 역할은 시대의 흐름에 따라 변해왔다. 급변하는 산업구조로 인하여 제 기능을 하지 못하는 수변공간은 낙후되어 도시문제를 일으키는 원인이 되기도 한다. 하지만 도야마 후간 운하 간스이 공원은 교역과 상업 등 경제적 측면과 역사와 문화 등 도시의 맥락적 측면을 모두 만족하게 해 도시의 새로운 이미지를 창출하고 있다.*

* 곽대영 · 한아름, 공장 굴뚝에 예술이 피어오르다, 미세움, 2016, pp.105-106.

도야마 조시 공원

도야마 시 도심에 자리한 도야마 조시 공원은 역사적 유물과 녹지, 수변이 어우러진 열린 공간을 형성하고 있다. 면적 약 7만m^2의 도야마 조시 공원은 1543년에 착공된 도야마 성터에 만들어진 종합공원으로 과거와 현재가 공존하는 도야마 시의 역사와 문화를 상징한다.

에도 시대의 도야마 성은 가장 내밀한 영주의 거주지를 막는 1차 방어 성곽인 혼마루(내성), 혼마루를 감싼 성곽인 니노마루(성의 중심 건물 바깥쪽에 있는 성곽), 니시노마루(서쪽 성곽), 히가시데마루(동쪽 성곽), 그리고 산노마루(외성)로 구성되었으며, 동쪽으로는 도야마의 번주(다이묘)*가 은거했던 저택인 치토세 저택이

* 10세기에서 19세기에 걸쳐 일본 각 지방의 영토를 다스리며 권력을 누렸던 영주를 말한다.

있었다. 하지만 현재 남아 있는 부분은 본래 성역의 1/6 정도인 혼마루와 니시노마루뿐이다.

1543년 세워진 도야마 성은 오랜 시간 폭격 · 자연재해 · 화재 등으로 개축과 복원을 거듭하다가 1873년 메이지 시대를 거치며 도야마 정치의 중심지라는 의미와 역사성이 퇴색되었다. 그 후 현청 부지로 활용되었으나 1876년 현청이 가나자와로 이동하며 폐허로 남았다. 도야마 성이 해체되자 궁궐이 남아있던 옛 혼마루 부분의 유구만이라도 보존하고자 시민들이 꽃과 나무를 심고 경관을 가꾸기 시작하였다. 1882년 지역 유지에 의해 도야마 성은 본격적으로 공원으로의 재정비 공사를 진행했다. 공원으로의 형태가 갖추어질 즈음인 1883년 도야마 현이 이사카 현에서 독립하면서 공원 정비계획은 폐지되고, 성터는 다시 현청 부지로 사용되며 명칭도 현청 지역으로 개칭됐다. 과거 도야마 성의 모습은 없어졌지만 오랜 기간 현청 부지로 관리된 덕분에 이곳은 성의 유구

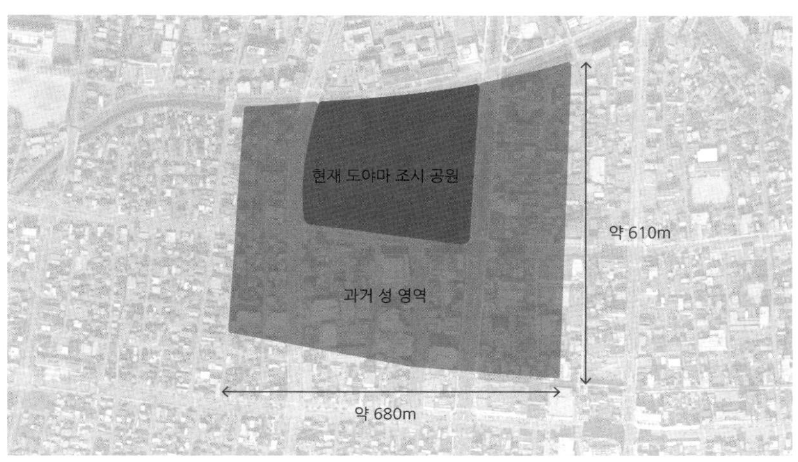

도야마 조시 공원의 과거와 현재

일부와 성역의 모습이 남은 유일한 공간이었다.

1923년 시대의 변화에 따른 새로운 도시 만들기로 도야마 성터는 사라질 위기를 맞는다. 당시 도야마 시는 도시계획 시행 도시로 선정되며 성지를 관통하는 중앙거리인 오테마치와 도야마 역을 직선으로 연결하는 도로를 개설하고자 했다. 그러나 도야마 현 사적명승 천연기념물 조사위원회는 다음의 내용을 담은 도야마 성지 보존에 관한 건의서를 발표했다.* "도시발전을 위해 도야마 성의 유구 일부가 파괴된 것은 어쩔 수 없지만, 앞으로는 파괴의 시대가 아닌 사적 보존의 시대다. 도야마 시 발전의 역사를 말해주는 유일한 유적으로 이를 더는 훼손해선 안 된다. 도시계획을 위해 경제적 · 사회적 · 물리적인 보존뿐 아니라 정신적 · 문화적 · 역사적 보존 또한 중요하다."

결국, 새로운 도로 건설 방안은 채택되지 않았다. 1930년 도야마 성지에 있던 현청은 화재로 전소하여 다른 곳으로 신축 이전했다. 그리고 1939년 도야마 성터는 도시계획 공원으로 지정, 도야마 공원으로 새롭게 문을 열었다. 그러나 1945년 제2차 세계대전 공습으로 도시는 초토화되며 성지에 있던 나무와 건물도 모두 소실되었다. 공습 이후 성터의 복원과 활용에 대한 여러 의견이 있었으나, 1952년 시민들의 휴식과 활기의 장소이자 소중한 녹지공간인 도야마 조시 공원으로 다시 문을 열었다.

1954년에는 전쟁 부흥 사업 완료를 계기로 성지 일대에 도야마 산업박람회를 개최하기도 했다. 이를 기념한 건축물이 현재 향토 박물관으로 사용되는 천수각이다. 그러나 시간이 흐름에 따라 노

* 도야마 시 홈페이지: https://www.city.toyama.toyama.jp/etc/muse/sassi/jyousi/jyousi-09.html

후화로 인한 기능 저하, 콘텐츠 및 시설물 부실로 공원으로써의 제 역할을 하지 못하고 있었다. 이에 1998년 '조시 공원 정비 기본 계획'을 통한 보수 · 정비, 2004년도 시가지 활성화 관점에서의 재검토 및 기본 설계를 시행했다. 정부와 지자체 그리고 시민들의 지속적인 관심으로 노후된 공원을 재정비하는 사업을 지속적으로 추진한 결과 지금의 모습으로 변할 수 있었다.

도야마 조시 공원 주변은 물로 둘러싸여 있다. 남쪽으로는 과거 성벽의 돌담과 성벽을 따라서 건설된 해자가, 북쪽으로는 시내로 흐르는 강물을 활용한 수로가 남아 있다. 도야마 성은 도야마 현을 가로질러 흐르는 진즈카와로부터 물길을 내어 수로를 만들었는데, 이 수로는 마츠카와라는 이름으로 여전히 하천 역할을 하며 공원의 북쪽을 흐르고 있다. 해자와 마츠카와 등 물이 흐르는 열린 방향성이 있는 장소는 친수공간으로써 도야마만의 독특한 경관을 창출한다.

공원 내부는 넓지만 조금은 휑하게 느껴진다. 다양한 풍경을 보고 즐거움을 얻을 수 있는 장소를 제공하기 위해 경관을 중시한 구조를 만들고자 했기 때문이다. 전형적인 마른 산수枯山水* 정원으로, 넓게 깔린 흰 백사에는 조용한 긴장감이 흐른다. 잔디와 느티나무, 소나무, 벚꽃을 보존하여 공원다운 녹지 용적을 확보, 시가지에서도 자연을 느낄 수 있는 경관을 형성하고 있다.

공원은 주민들의 기대에 부응해야 할 창의적이고 친화적인 공간이기 때문에 양적, 질적 개선을 동시에 고려해야 했다. 도야마

* 물을 사용하지 않고 돌과 모래만으로 산수풍경을 표현하는 일본 정원 양식의 하나다. 돌로 된 정원을 말하는 석정(石庭)과 동의어로 사용되기도 한다.

조시 공원은 도야마 시 향토박물관, 천수각, 사토 기념미술관, 치토세고몬, 돌담 등을 공원 중앙부에 배치하여 역사 · 문화 존을 조성했다.

1954년 도야마 산업박람회를 기념하여 건설된 천수각은 도야마 시의 상징적인 역사적 건축물로 2004년 국가등록 유형문화재로 지정되었으며, 현재는 도야마의 사료를 전시하는 도야마 시 향토박물관으로 사용되고 있다.*

에도 시대의 건물은 모두 훼손됐지만, 도야마 성내 현존하는 유일한 건축물로는 치토세고몬이 있다. 치토세고몬이란 1849년 당시 성안에 있었던 도야마 번의 10대 번주 마에다 도시야스前田利保가 은거했던 치토세 저택의 정문이다. 현재 치토세고몬은 도야마 조시 공원의 동쪽 관문으로 사용되며, 역사적 유물로서 도야마 시 문화재로 지정되었다.

향토박물관 주변을 감싸고 있는 돌담의 'ㄱ자'로 꺾인 모양에서 과거의 흔적을 볼 수 있다. 이는 마스가타몬** 형식의 철문이 있던 곳으로 옛 혼마루 정면에 해당한다. 뿐만 아니라 조시 공원에는 약 90종, 150개 이상의 유구와 유물이 발견되고 있어 공원을 걸으며 다양한 역사의 자취를 엿볼 수 있다.

도야마의 상징인 도야마 조시 공원은 축성된 이래로 중심시가지이자 명소 역할을 한다. 시내 중심에 있는 조시 공원은 24시간 개방된 열린 공간으로, 언제나 사람들이 모이고, 걷고, 휴식을 취한다. 도야마 조시 공원은 지역의 중요한 역사와 문화적 가치를

* 도야마 시 홈페이지: https://www.city.toyama.toyama.jp/kyoikuiinkai/kyodohakubutsukan/kyodohakubutsukan.html

** 사각형 담으로 둘러싸듯이 만들어진 문.

공간으로 변화시키고, 주위 변화에 따라 새로운 기능을 유연하게 도입함으로써 시민들이 다양한 목적으로 편하게 즐길 수 있는 활기가 넘치는 장소가 된 것이다.

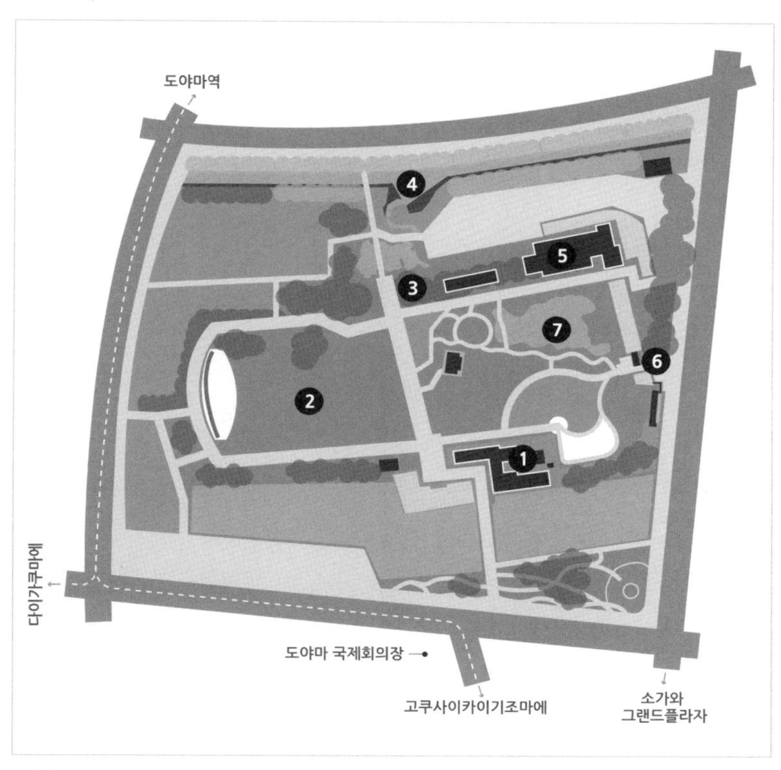

❶ 도야마 향토 박물관(Toyama Castle History Museum)
❷ 잔디광장(Lawn Field)
❸ 마사토시 마에다 동상(Bronze Statue of Masatoshi Maeda)
❹ 마츠카와(Matsu River)
❺ 사토 기념 미술관(Sato Museum of Art and Tea Ceremony)
❻ 치토세고몬(Chitose Gate)
❼ 일본식 정원(Japanese Garden)

도야마 조시 공원 공간구조 디자인

역사적 건축물 치토세고몬

향토박물관으로 사용되고 있는 천수각

과거와 현재가 어우러진 도야마 조시 공원

마츠카와 공원

도야마 조시 공원 뒤쪽으로는 조그만 하천이 흐르고 그 하천변을 따라 아름다운 경치를 즐길 수 있는 산책로가 나온다. 마츠카와 공원이다. 마츠카와 공원은 도야마 시 중심부를 동서로 흐르는 하천인 '마츠카와松川' 주변에 조성된 공원이다. 봄이면 약 500그루의 벚나무가 마츠카와 기슭 3.9km의 수변 산책로에 줄지어 늘어선, 도야마에서 손꼽히는 벚꽃 명소이자 도야마 시의 상징으로서 시민들에게 사랑받고 있다.

마츠카와는 1901년부터 1937년에 걸쳐 진행된 진즈카와 개수공사의 흔적이라 할 수 있다.* 진즈카와의 하도 변경에 따라 진즈카와 본류는 매입되고 그 부지에는 도야마 현청, 도야마 시청,

* 도야마 시 홈페이지: https://www.city.toyama.toyama.jp/kensetsubu/koenryokuchika/toshi-nooashisu.html

NHK(일본방송협회) 등이 건설되었다. 물의 흐름이 바뀌다 보니 하천 폭이 좁아져 작은 하천이 남게 되었는데, 그것이 현재의 마츠카와가 된 것이다. 당시 하천 주변에는 소나무가 많이 자라고 있어 마츠카와라고 불렸다. 도야마 조시 공원의 남쪽 재정비 지역과는 반대로 시내 한가운데 자리한 역사적인 장소임에도 불구하고 사람들의 발길이 닿지 않았다. 방치되던 마츠카와 공원은 1981년부터 3개년 계획으로 새롭게 태어났다. '물과 자연의 산책로'를 주제로 조각상 28개가 설치되고 보행자 공간도 정비되었다.

1988년 벚꽃 터널을 지나는 유람선이 운항을 시작하는 등 꾸준한 정비 끝에 1990년에는 '일본 벚꽃 명소 100선'에 선정되기도 했다.* 도야마 중심부를 흐르는 마츠카와에는 도시의 역사가 얽힌 7개의 다리가 있는데, 시민들에게 수변 산책뿐만 아니라 역사를 배울 수 있는 콘텐츠를 제공한다.

마츠카와 공원은 시내를 흐르는 하천의 친수성을 살려 쾌적하게 걸을 수 있는 보행공간이자 레크리에이션의 거점이 되는 녹지를 조성하고 있다. 과거 본류 하천인 진즈카와의 지류인 마츠카와가 흐르는 마츠카와 공원은 도야마 조시 공원과 더불어 도야마시의 역사와 문화를 대표하는 거점 공원으로 자리매김하였다. 마츠카와 공원은 도심 지역 활성화 및 도야마의 얼굴이 되는 공간으로써 계속해서 변화한다.

* 도야마 시 홈페이지.

도야마 현 고후쿠 공원

도야마 현 고후쿠 공원은 도야마 역의 서쪽 고후쿠 지역에 있는 스포츠 활동을 주제로 한 공원으로, 인근에는 도야마 대학과 다이가쿠마에 트램 정류장이 있어 교통 편의성을 자랑한다.

고후쿠 공원은 과거 도야마 보병연대 부지를 재활용한 도시 공원이다. 1950년 현영 도야마 야구장 건설을 시작으로 1958년에는 도야마에서 최초로 개최된 전국체전을 위한 육상경기장이 건설되었다. 그 후, 1985년부터는 도야마 상업고등학교의 철거지를 포함하여 0.156㎢를 공원으로 조성하였다. 야구 광장과 다목적 스포츠 광장, 주차장 등 새로운 공원으로 재정비해 1988년 녹지가 울창한 도시 공원이 되었다.* 현재는 현영 도야마 야구장, 고후쿠 야구

* http://www.toyamap.or.jp/gofuku/outline/

장, 고후쿠 육상경기장을 비롯하여 고후쿠 스포츠 광장, 조깅 코스, 산책로, 야외 운동기구 등이 마련된 힐링 공간으로 시민들에게 사랑받고 있다. 스포츠 시설은 유료지만, 조깅 코스, 잔디광장, 놀이시설, 산책 코스는 무료로 누구나 즐길 수 있다.

현영 도야마 야구장은 약 2만 5,000명을 수용할 수 있는 도야마 현의 대표적인 야구장으로, 현존하는 도야마 현의 구장 중 가장 오래된 역사를 자랑한다. 1992년 도야마 알펜스타디움 준공 이전에는 일본 프로야구 공식전도 개최되었다. 현재는 아마추어 야구를 중심으로 이용되고 있으며 베이스볼 챌린지 리그, 고교 야구를 비롯한 초등학생부터 시니어 대회까지 폭넓은 세대에게 사랑받고 있다. 현영 도야마 야구장 우측에 자리한 고후쿠 야구광장은 연식야구*와 소프트볼을 할 수 있는 잔디 그라운드 2면으로 구성되어 있다. 고후쿠 육상경기장은 400m 길이에 8레인의 육상 트랙이 설치된 공인 경기장으로 수용인원은 약 2만 명이다. 천연잔디가 깔려 있어 육상경기뿐만 아니라, 각종 체육경기와 소규모 야외 문화행사 및 운동회를 개최할 수 있는 최적의 장소다. 고후쿠 스포츠 광장은 축구와 육상 연습을 할 수 있는 시설도 갖추고 있다.

중앙광장에는 공원 광장 개조공사 완료를 기념해 1988년 설치된 '파도'라는 오브제가 있다. 총연장 60m에 달하는 이 오브제는 길이 8-9m 스테인리스 파이프 35개가 20㎝ 간격으로 배치되어 있다. 자연이 만들어내는 아름다운 풍토와 미래를 향해 약동하는 도야마 현의 모습을 새로운 형태로 표현하여 파노라마적인 경관을 연출하고 있다. 또한 공원에는 벚나무를 비롯한 백일홍, 은행

* 고무로 만든 공으로 경기하는 소년 야구 또는 일반 사회인 야구.

1 현영 도야마 야구장
2 고후쿠 야구장
3 고후쿠 육상 경기장
4 고후쿠 스포츠 광장
5 공원 관리 사무소
6 오브제 "파도"
7 산책로
8 조깅코스 A코스 (약 1,100m) B코스 (약 700m)

도야마 현 고후쿠 공원 공간구조 디자인

나무, 동백꽃 등의 다양한 수목이 산책로를 이루고 있어, 걷다 보면 각양각색의 아름다운 정취를 만끽할 수 있다. 고후쿠 공원은 가까이에서 지역주민들에게 편안한 휴식과 운동을 위한 녹지 공간을 제공하고 있다.

현영 도야마 야구장

고후쿠 스포츠 광장

조깅 코스

중앙 광장의 조형물 '파도'

고호쿠 공원 산책로

이와세 항구마을

이와세는 도야마 시 중심부에서 북쪽으로 약 9km 떨어진 도야마 만에 접한 항구마을이다. 도야마 역에서 포트램을 타면 갈 수 있는 이와세 지구는 타임머신을 타고 과거로 돌아간 듯 도야마 역 주변과는 전혀 다른 공간이 펼쳐진다. 이와세하마 역, 게이린조마에 역, 히가시이와세 역을 따라 이어지는 산책로를 걸으면 기타마에부네北前船*로 번영한 항구를 비롯해 도심과 도야마 항을 잇는 운하, 여유로운 부두, 전통 가옥, 창고와 상가 그리고 객줏집**이

* 북쪽으로 향하는 배라는 뜻의 기타마에부네는 쌀을 1,000석(약 150톤)가량 실을 수 있는 큰 배라 하여 천석선(千石船)이라고도 한다. 17세기부터 동해 연안의 쌀이나 나무 등을 오사카나 에도의 시장으로 수송하는 역할을 했다. 기타마에부네 교역이 활발해지면서 일본의 교역에서 막대한 이익을 얻은 이들이 선주로 성장했고 이와세를 비롯한 많은 항구가 번성했다. 지금의 이와세 거리는 그 시대에 형성된 것이다.

** 과거 나그네에게 술이나 음식을 팔던 숙박업소.

나란히 늘어서 있는 마을 풍경 등, 역사적 정취를 경험할 수 있다.

'이와세'는 그 지명이 헤이안 시대의 엔기시키 지도에도 표시되어 있을 만큼 오랜 역사를 자랑하는 지역이다. 천연의 지리적 · 환경적 조건을 활용해 에도 시대 초기부터 동해를 오가던 기타마에부네의 중계지로써, 다시마, 청어, 술, 쌀 등의 교역이 활발히 이뤄졌다. 메이지 시대에는 항구 주변에 공장이나 창고가 형성되며 운송선 도매사업이 전성기를 맞으면서 이와세는 항구 도시로서 최고의 부를 누렸다. 당시 동해 연안 지역에는 운송선 도매상이 많았다. 이와세는 가가번*의 영지로, 쌀이나 목재 등을 기타마에부네로 오사카나 에도(당시 수도) 등지에 운반하던 길목으로 많은 사람이 머물렀고, 자연스럽게 많은 숙박역**도 번성했다.

하지만 1873년 대화재로 인해 약 1,000채에 이르던 주택 중 650채가 소실되었다. 소실된 주택들은 당시 전성기를 누리던 운송선 도매상을 비롯한 지역의 재력가에 의해서 이와세 고유 건축양식인 히가시이와세 가이센돈야 가옥으로 재건되면서 이와세는 경제적 · 문화적으로도 안정적인 기반을 다졌다. 현재의 이와세 거리풍경은 메이지 시대의 가옥이 보존된 거리로, 선조들이 남긴 귀중한 문화유산을 볼 수 있다. 운송선 도매상은 그들의 부와 도야마의 풍부한 자연을 배경으로 이와세만의 독자적인 문화를 키워왔다. 1900년에는 블라디보스토크와의 항로가 신설되어 다른 호쿠리쿠 지방의 다른 항구와 마찬가지로 러시아와의 교역이 활발해졌다.

* 일본 에도 시대 가가, 노토, 엣추 3국을 지배했던 초대형 번.

** 여행자를 쉬게 하거나 짐을 운반하는 사람이나 말을 모아 놓은 여인숙.

이처럼 밤낮을 가리지 않고 수많은 선박이 드나들던 해상무역 마을이자 사람들로 북적였던 이와세는 산업구조의 변화에 부딪혔다. 산업구조의 변화와 함께 주변의 공장들이 교외로 이전하며 생산 활동이 침체되었다. 빠르게 전성기를 맞은 만큼 추락도 다른 지역보다 일찍 찾아왔다. 지역 산업은 위축되고 사람들은 하나 둘씩 떠나자 빈집도 많이 늘었다. JR 도야마항선의 노선 폐지까지 결정되면서 도시는 급속도로 황폐해졌다. 새로운 교통의 발달과 인구감소로 활기찼던 항구마을 이와세는 지저분하게 방치된 집과 창고, 그리고 들고양이만이 남게 되었다.

이와세 지구는 항구와 만에 접해 있는 지역적 특성, 그리고 에도 시대 후기부터 메이지 시대에 걸쳐 기타마에부네 교역이 번창하던 시절의 운송선 도매상 등 오랜 역사를 지닌 건축물이 많이 남아 있었지만, 전통 가옥의 노후화와 신축재료를 사용한 보수공사 등으로 운치가 사라지고 있었다. 이에, 도야마 시만의 경쟁력을 되찾고자 도야마 시는 '경관보존조례'를 제정했다. 쾌적한 마을 · 역사적 거리의 보존에 대한 '거리경관 정비 사업' 그리고 역사적 거리와 조화를 이룬 '가로경관 정비 사업'을 시행함과 동시에 보조금제도를 마련하여 문화와 역사를 계승 · 보존 · 활용을 추진하고자 했다.

흥미롭게도 이와세 마을의 부흥은 정부의 힘만으로 이뤄진 것이 아니다. 이와세가 부흥하기 전인 1990년대 후반, 쇠락해가던 이 거리의 창고를 개조해 장사를 시작한 사람이 있었다. 이와세의 오래된 양조장인 마스다 주조점의 후계자이자, 2004년 (주)이와세 마을만들기(이와세 마치즈쿠리)를 설립한 마스다 류이치로桝田隆一郎다. 그는 자신이 태어난 마을을 자랑할 수 있는 매력 있는 도시로 만들고 싶었다. 그는 빈집을 사들여 메이지 시대의 이와세 디자인을 적용한 복구 작업을 시작했다. 헌 집을 100년 전의 건축으로 손질해 그것을 전매한 돈으로 다음 부동산을 사는 방식이다.* 시민들의 자발적인 참여와 함께 마을만들기에 나섰다. 이와세 지구의 거리풍경을 살린 마을만들기의 기본적인 방향을 검토하기 위해 1999년도에 지역주민이 주체가 된 '이와세오마치 · 신카와마치도리 정비 추진협의회'가 설립되었고, 도야마 시에서는 마을의 조성을 위한 전문가를 파견하는 등 활동을 지원한 결과, 2001년도에는 거리 수경 정비 방침이 책정되었다. 그리고 지역 내 건축물을 스무시코(격자무늬)**를 활용한 전통적인 건축으로 수리를 하면 수리비용을 시에서 보조하였다. 3년 기간 한정으로 시에서 지급하는 이 보조금은 주민과 시가 하나가 되어 마을을 만드는 데 큰 역할을 했다. 또, 역사적 거리와 조화를 이룬 가로 정비를 시행하는 등, 이 거리를 유지 · 보전하기 위해 가로등, 무전주화***, 사인 디자인 등의 공공시설 정비도 진행하였다.

이와세의 성공 요인은 100여 년의 세월이 고스란히 남아 있는 환경과 문화를 보존한 역사적 자원, 포트램이라는 교통 자원, 항구 · 운하가 접한 지리적 자원을 통합한 전략의 추진이다. 용지, 교통, 녹지, 경관 등의 공간적인 요소와 도시형태, 도시 활동, 역사적 건축물의 보존 등에 대한 시간적인 요소를 모두 고려하여 도시의 공간을 연결한 것이다.

사회의 변화에 맞서 어떤 기능을 영원히 갖추기란 쉬운 일이

* 후지요시 마사하루, 이토록 멋진 마을, 황소자리, 2016, p.107-117.
** 이와세 특유의 디자인으로 만든 대나무 격자창이다.
*** 전선 지중화: 전봇대를 없애고 전선을 땅속에 묻는 것.

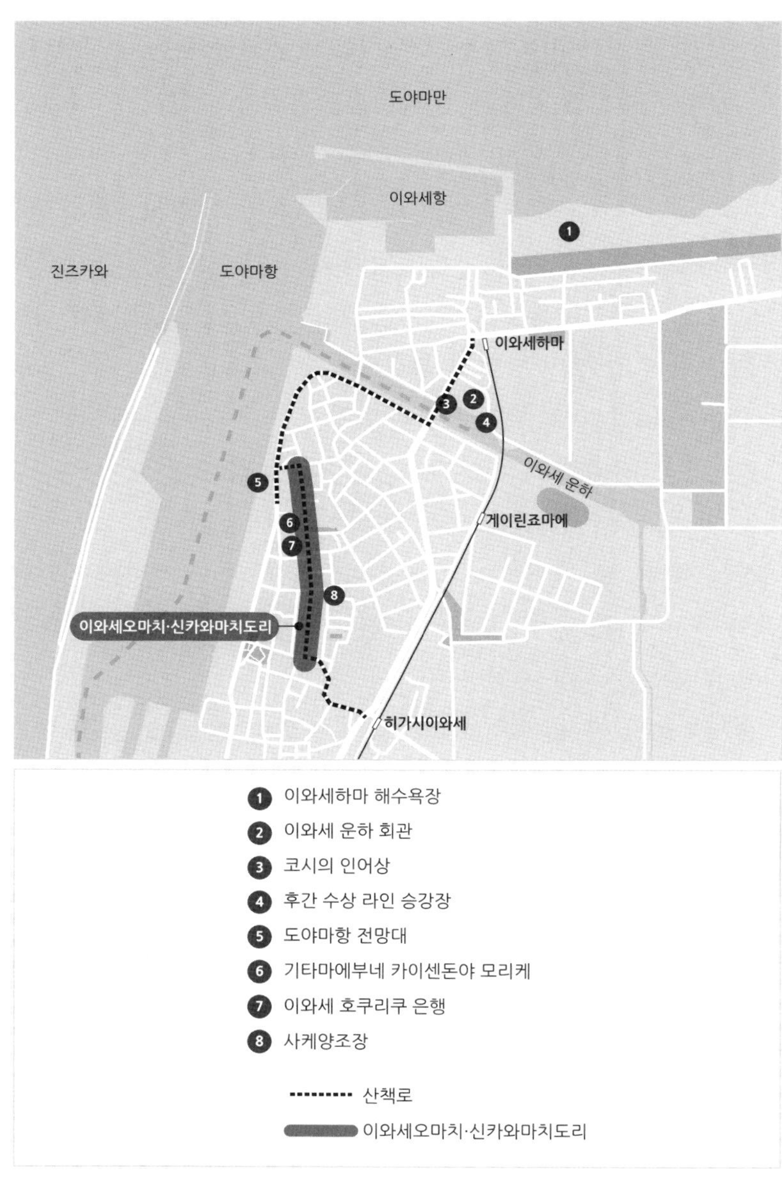

이와세 마을 주요 공간배치 산책로 디자인

아니며 그러지 못하고 사라지는 것이 대부분이다. 하지만 도야마는 낡고 오래된 것들은 무조건 부수지 않고 과거를 그대로 남겨둠으로써 당시의 모습을 엿볼 수 있는 역사의 장소로 탈바꿈하고자 했다. 그리고 2006년 4월, 포트램의 개통과 함께 많은 관광객이 이와세를 방문하고 있다. 이제 이와세는 역사적인 도시경관과 어우러지는 항구 도시만의 문화 · 예술을 엿볼 수 있는 즐김을 위한 공간으로서 다시 자리매김하고 있다. 수백 년 전 무역선이 드나들던 항구마을은 이제, 문화 · 예술의 거리로 활기를 띠고 있다.

이와세하마 해수욕장

도야마 역 북쪽에서 약 25분, 도야마 시 콤팩트한 마을만들기의 상징인 포트램의 종착역인 이와세하마 역에 도착하면 저 멀리 바다가 보인다. 도야마 중심부에서의 접근이 좋아 사람들에게 사랑을 받는 도야마 시가지에서 가장 가까운 바다인 이와세하마 해수욕장이다. 이와세하마 해수욕장의 해안 동쪽으로는 백사청송* 100선白砂青松 100選에 선정된 역사가 깃든 소나무가, 남동쪽으로는 다테야마 연봉을 볼 수 있는 아름다운 경관이 펼쳐진다.

신기루 사이클링 코스

도야마 항을 시작으로 해안선을 따라 도야마 현을 횡단하는 '신기루 사이클링 코스'를 경험할 수 있다. 포트램 이와세하마 역과 도야마 현 구로베 시에 있는 JR 이쿠지 역을 연결하는 약 30km

* 하얀 모래 위의 푸른 소나무.

도야마 시의 콤팩트한 마을만들기를 상징하는 포트램의 종착역인 이와세하마

이와세하마 해수욕장에서 바라본 다테야마 전경

구간으로, 도야마의 풍요로운 자연을 즐기며 쾌적한 사이클링을 즐길 수 있다.

이와세 운하회관과 고시의 인어상

이와세하마 역에서 도보 3분 거리에는 이와세 마을 산책의 시작이라 할 수 있는 이와세 운하회관*이 있다. 이곳은 이와세 운하에 접한 휴식 · 관광 시설로, 도야마의 특산품 및 기념품 판매, 레스토랑, 관광과 이벤트 그리고 기타마에부네 소개, 각종 회의나 세미나 · 전시회를 할 수 있는 강당, 회의실, 전시 라운지 등이 있다. 자전거를 대여해 이와세 거리를 산책할 수도 있다.

운하를 마주한 운하회관 앞쪽으로는 도야마 간스이 공원으로 이어지는 운하 크루즈의 선착장이 있고, 그 옆으로는 레저 보트 148척이 정박할 수 있는 계류장이 있다. 선착장 가까이 내려가면 바다를 등진 인어상이 바위 위에 앉아있는데, 항해의 안전을 기원하는 고시의 인어상古志の人魚像이다.**

고시의 인어상

* 이와세 운하회관 홈페이지: http://canal.or.jp/

** http://www.ccis-toyama.or.jp/toyama/kachi/magazine/hyosi06.html

이와세 운하에 정박된 보트

운하 건너편 산책로

도야마 항 전망대

산책로를 따라 걷다 보면 저 멀리 우뚝 서 있는 도야마 항 전망대가 보인다. 이 전망대는 도야마 시의 현관인 도야마 항의 상징이자 항만 이용을 도모하고 지역 교류와 만남의 장소로 활용하기 위해 1985년 11월에 건설되었다.* 철근콘크리트 구조로 전체 높이는 24.85m로, 도야마 항과 이와세 마을을 한눈에 내려다볼 수 있다. 맑은 날에는 저 멀리 다테야마 연봉과 도야마 만까지 볼 수 있다.** 전망대의 형상은 기타마에부네 시대에 호황을 누리던 도야마 항의 역사와 문화를 반영하고자, 당시 마을의 수호신 역할을 하던 신사의 조야토(상야등)를 모티브로 하였다. 당시 등대 역할을 하던 조야토는 선박의 안전과 항구의 번영을 기원하는 마음이 담긴 디자인이다.

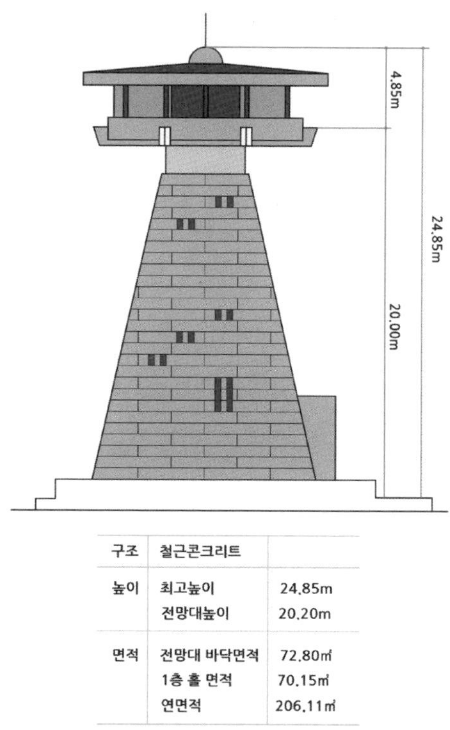

구조	철근콘크리트	
높이	최고높이	24.85m
	전망대높이	20.20m
면적	전망대 바닥면적	72.80㎡
	1층 홀 면적	70.15㎡
	연면적	206.11㎡

도야마 항 전망대 구조 디자인

* 도야마 항 전망대는 후시키도야마 항(伏木富山港) 항만환경녹지정비 사업의 하나로 준공되었다.

** https://www.info-toyama.com/spot/80027/

도야마 항 전망대

이와세오마치 · 신카와마치도리

이와세오마치 · 신카와마치도리岩瀬大町·新川町通り에 들어서면 역사적인 풍경을 중심으로 건물이 밀집한 시가지가 펼쳐진다. 약 500m 길이인 이와세오마치도리 양쪽으로 연이어 늘어선 건물들에는 대나무로 만든 격자무늬 패턴이 남아 메이지 시대의 낭만적인 분위기를 자아내고 있다. 불과 몇 년 전만 해도 이곳은 버려진 곳이었다. 국가 중요무형문화재로 지정된 '기타마에부네 가이센돈야 모리케'의 옛집에 디자인을 맞추는 형태를 취해 100년 전 모습을 재현, 역사적 풍취가 강한 마을로 변신했다. 역사 · 문화 보존지역 정비를 위해 이와세오마치 · 신카와마치도리를 전통과 문화가 살아 숨 쉬는 지역으로 정비한 것이다.

에도 후기부터 메이지 시대에 걸쳐 교역이 번창하던 시절 기타마에부네가 싣고 온 상품을 사고팔던 객줏집, 사람들이 머물렀던

이와세오마치 · 신카와마치도리

격자무늬 패턴 건축물

옛 간판 그대로 영업하는 호쿠리쿠 은행

역참, 거리의 빈집, 사무소, 창고, 빈 가게 등을 활용하는 새로운 비즈니스를 창출했다. 기타마에부네 가이센돈야 모리케 박물관, 호쿠리쿠 은행, 카페, 식당, 병원 등 다양한 용도로 활용되고 있지만, 모두 디자인을 통일해 마치 과거로 돌아간 듯한 느낌이다.* 운송선 도매상으로 번영했던 이 거리는 역사 깊은 건물과 유적들이 남아 사람들을 불러 모은다.

기타마에부네 가이센돈야 모리케

기타마에부네 가이센돈야 모리케北前船廻船問屋森家는 1878년 무렵, 동해를 누비던 기타마에부네 도매상인 모리森의 가옥이자 상품을 사고팔던 객줏집이다. 모리는 17세기 말-18세기 초 무렵, 이 지역에 터를 잡고 살았으며, 19세기 중반부터 기타마에부네 교역으

기타마에부네 가이센돈야 모리케 전경

* 후지요시 마사하루, 이토록 멋진 마을, 황소자리, 2016, p.110.

로 이와세의 거상으로 성장해 부를 누렸다.* 이 가옥은 운송선 도매상으로 전성기를 누렸던 당시 모리의 재력을 과시하려고 전국 각지의 호화로운 건축자재로 지었다. 도야마 현을 대표하는 디자인이자, 히가시이와세 가이센돈야 건축의 원형으로, 선조들이 남긴 이 문화유산은 그 가치를 인정받아 1994년 12월에 국가중요문화재로 지정되었다. 지금은 박물관으로 사용되며 내부도 볼 수 있다. 1878년 지어진 기타마에부네 가이센돈야 모리케는 안채와 북쪽 창고, 남쪽 창고, 쌀창고, 비료창고로 구성되었지만 현재는 문화재로 지정된 안채와 북쪽 창고, 남쪽 창고 3곳만 남아 있다.

히가시이와세 역

히가시이와세 역은 유일하게 남은 옛 도야마항선 시대의 역사驛舍다. 1924년 후간철도의 엣추이와세 역으로 시작해 1950년 히가

히가시이와세 역 전경

* 도야마 시 홈페이지: https://www.city.toyama.toyama.jp/other/shisetsuannai/morike.html

시이와세 역으로 개칭되었으며, 도야마항선의 운행을 멈추면서 역도 문을 닫았다. 2006년 4월 도야마 역과 이와세하마 역을 달리는 포트램의 개통과 함께 히가시이와세 역으로 다시 문을 열었다. 처음 개업할 당시부터 현재까지 이전 · 보관을 통해 옛 모습 그대로 보전되었으며, 일부 리노베이션을 통해 2007년부터는 휴게시설로 이용되고 있다.

도야마로부터의 교훈

지금까지 인구감소시대를 맞아 소멸 위기를 성공적으로 극복하고, 나아가 시민들의 삶의 질을 높이고 있는 도야마 시의 전략을 살펴봤다. 도시는 사람이 살아가는 장소로 사람이 주체가 되어 공간을 이용하고 활동하면서 활기를 찾는다. 도야마 시를 통해 도시는 다양한 요소의 복합체로써, 대중교통, 상업 · 행정, 문화 · 예술 네트워크, 복지 · 의료 · 건강, 교육 · 일자리, 자연환경의 카테고리가 유기적으로 연결돼야 한다는 것을 알 수 있었다. 마지막으로 인구감소라는 현 상황을 받아들여 도시의 활력을 유지하고 있는 도야마 시의 교훈을 '정政+情 · 감感 · 려慮 · 락樂'의 키워드로 정리하고자 한다.

정 政+情

장기적이고 통합적이며 일관된 계획과 실천

도야마 시는 일시적인 계획에 의해 실현된 결과가 아니다. 도야마 시는 큰 범주의 비전을 설정한 후 그에 따른 세부 목표와 계획,

진행 상황을 지속해서 시민들에게 가시화했다. 이 과정에서의 세밀함과 투명성은 우리가 참고할 만한 중요한 정책 실현 방식이다.

모리 마사시 도야마 시장은 도시 경쟁력을 유지하고 인구유출을 막기 위해 20년, 30년 후의 미래를 내다봤다. 생산가능인구는 줄고 고령인구는 늘어나는 상황에서 도시의 몸집을 줄이는 도야마 시의 전략은 계획 초기 단계부터 상세한 방향설정까지 시민들의 의사를 존중하고 그들의 사회 참여를 높이는 등 일관성 있게 진행한 성과다.

도시의 몸집을 줄이는 '콤팩트 시티'를 추진하면서 주민들과 갈등도 있었지만 모리 시장은 도시 전환을 시도하려면 시민들 중 누구도 배제되거나 소외되었다고 느끼지 않도록 하는 것이 중요하다고 생각했고, 모두가 동참하는 도시 만들기를 구상하였다. 그래서 많은 시간 대화를 나누고 '축소'라는 개념에 거부감을 드러낸 주민들을 우선 설득했다. 시장 임기를 시작한 첫 3년 동안만 해도 약 100회 넘는 설명회를 개최해 주민들에게 도야마 시의 청사진을 제시했다. 그리고 대중교통 활성화 계획을 시작으로 도시 마스터플랜, 중심시가지 활성화 계획 등 관련 사업을 연계해 미래 사회를 위한 새로운 방향을 제시했다.

모리 시장처럼 주민들이 원하면 어디든지 달려가 사업내용을 설명하고 이해시키는 지자체장이 얼마나 있을까? 여기서 강조하는 것은 장기적이고 통합적이며 일관된 계획을 실천하는 지방정부 리더의 역할이다. 모리 시장의 신조가 '지행합일知行合一'이라 한다. '행동과 실천이 뒤따르지 않으면 진정으로 알고 있다고 말할 수 없다'는 의미다. 추상적인 논의에 머물거나 시민과 무관한 전시 행정이 아닌, 시민들을 위한 장소와 서비스를 제공하기 위해 세밀한 정책을 수립하고 그에 따라 결과를 가시적으로 보여준다. 도야마 시의 변화와 발전은 지금도 진행 중이다.

지방소멸의 위기감이 현실로 다가오면서 지자체마다 다양한 시책을 내놓고 있다. 각 지방자치 홈페이지를 보면 저마다 비전, 공약 및 실천계획, 사업별 현황이 넘친다. 정작 주민에게 필요하고 주민들이 체감할 수 있는 실현 가능한 구체적인 계획이나 도시의 청사진은 없다. 당선되면 전임 지도자의 흔적 지우기에 몰두하고, 임기 동안 눈에 보이는 성과를 내야 한다는 강박에 사로잡혀 새로운 사업을 발표하기 바쁘다. 정치 지도자가 바뀔 때마다 정책의 방향이 바뀌는 등 연속성 부족이 당연시되는 우리에게 모리 시장의 일관된 정책 추진은 부럽고 놀랍기만 하다. 물론 상황에 따라 지자체장의 임기가 짧아 지역발전 사업이 장기적 · 지속적으로 진행되기 어렵다는 문제도 있다. 하지만 정권에 따라 국책사업을 바꾸더라도 지난 결정이 왜 잘못되었는지, 어떻게 바꾸고자 하는지 국민에게 먼저 설명하는 것이 순리다. 정부의 일관성 없는 정책, 지자체장이 바뀔 때마다 뒤집어지는 사업들로 인한 국가적 낭비와 손실은 고스란히 국민에 돌아간다.

자료 수집을 위해 매년 도야마를 방문하면서 감명 받은 점은 도야마 시가 계속해서 변하고 있다는 것이다. 세금을 대중교통수단의 다양화와 정비에 사용함으로써 대중교통의 신속성, 편리성 등 종합적인 개선에 이용하고 있다는 점이다. 이것은 시민들의 이동성을 향상시키고, 다시 지역 경제 · 사회 활성화로 이어진다. 이처럼 모리 시장은 시민들이 체감할 수 있는 성과로 시민들을 설득하고 자신의 비전에 대한 타당성을 증명한다.

도야마 시장에 대한 정치적인 불신이 없다는 것은 모리 시장의 임기와 시민들의 참여에서 찾을 수 있다. 도야마를 사랑하는 마음, 시장에 대한 신뢰가 가장 돋보이는 것은 주민들의 자발적인 기부다. 가도카와 개호예방센터부터 도야마 역, 센트램과 포트램까지 개인과 단체, 기업은 다양한 기부에 참여하고 있다. 시는 트램 정거장의 벤치, 새로 단장한 도야마 역내 정거장 벽면 등 도시 곳곳에 기부한 시민들의 이름을 새겨 감사한 마음을 공공디자인적 요소로 답한다. 십시일반, 시민들 각자의 작은 보탬으로 자신들이 사는 마을이 변화하는 모습을 목격하는 것은 꽤 보람 있는 일이다. 모리 시장은 미래를 보고 지역의 잠재력을 파악하여 비전으로 만들고 실행하기 위해서는 지역사회의 지지와 참여가 필요하다는 것을 보여주었다. 그의 도야마 시에 대한 깊은 애정과 투명하고 일관된 정책 관리는 지역민의 전폭적인 신뢰로 빛나는 열매를 맺었다.

국가 그리고 한 지역의 지도자란 늘 지역민의 마음을 헤아리며 자신의 결정에 책임을 져야 하는 무거운 자리임을 잊지 말아야 한다. 국민은 지도자로서의 직무를 진지하게 수행하며, 지속성과 일관성 있는 정책 그리고 책임 있는 실천을 희망한다. 장밋빛 공약이 아닌 큰 비전을 그리는, 세금을 국민을 위해 쓰는 리더가 현 시대에 필요하다.

감 感

공감과 감동의 편리한 교통 인프라

도야마 시는 삶을 영위하는 사회 구성원으로서의 일상생활 유지와 사회 · 경제 활동을 위한 복수의 문제를 포괄적으로 해결하는 정책을 시행하고 있다. 그 시작은 대중교통이다. 도야마 시는 대중교통 시스템을 기반으로 뭉치고 연결하는 정책을 통해 사람들을 다시 모이게 하는 구심점 전략을 시행하였다. 2006년 포트램을 시작으로, 2009년에는 센트램을, 2015년에는 호쿠리쿠 신칸센을 개통하여 현을 넘나드는 모든 노선이 도야마 역에 집결하도록 하였다. 철도뿐만 아니라 시내버스, 커뮤니티 버스, 공공자전거 등 다양한 교통수단을 연결하여 공공교통 네트워크를 구축하였다. 도시의 관문인 도야마 역의 연선 주변에 도시 생활에 필요한 인프라와 행정을 집중시켜 도심부를 살기 좋게 만들었다. 또한, 만 65세 이상 고령자를 대상으로 한 '외출정기권', '손주와 함께 외출 사업', 관광객 · 비즈니스 여행객을 위한 '트램 무료 승차권' 등 새로운 교통 서비스를 순차적으로 도입했다. 또한 고령자가 많은 시의 특성을 살펴 모든 교통 시스템은 차체 바닥을 낮추고 계단을 없애는 등 배리어프리 디자인을 도입한 배려를 도시 곳곳에서 볼 수 있다. 이런 대중교통 이용 촉진을 위한 서비스 변화는 이용객의 증가뿐만 아니라 시민들의 생활방식에도 변화를 가져왔다. 특히, 고령자들이 대중교통을 이용해 교류하고 여러 사회활동에 참여하는 등 외출의 기회가 늘었고, 이는 개인의 활력뿐만 아니라 시가지의 활력으로 이어졌다.

편리한 교통 환경은 이동성을 확보하여 사회활동 및 다양한 서비스 이용을 가능하게 한다. 도시에서의 교통 시스템은 일반차량, 트램, 순환버스, 기차에 이르는 여러 가지 교통수단을 적절히 제공하여 교통을 이용하는 시민의 만족도를 높일 수 있도록 종합적으로 구성되어야 한다.

우리의 지방도시는 고속철도 개통으로 수도권과 지방도시 간의 이동성은 향상되었지만 지방 경제 활성화나 인구 유입 측면에서도 과연 긍정적 영향을 미쳤을까? 역설적이게도 시간적 거리가 짧아진 만큼 지방 쇠퇴는 가속화되어 철도역을 결절점으로 시내를 촘촘하게 이어야 할 대중교통은 텅 비어 있다. 정부로서는 교통 소외 지역에 당연히 집행되어야 할 복지예산임에도 인구가 줄어드는 곳에 예산을 늘리게 되는 딜레마에 빠질 수밖에 없다. 이런 악순환으로 대중교통 환경이 점점 열악해진 지자체들이 트램을 도입하려는 움직임이 활발하다. 하지만 아직 운영을 개시한 지자체는 없고, 소모적인 논의만 거듭할 뿐 제대로 된 검증조차 이루어지지 않고 있다.

한 지역의 구성원이 사회 · 경제 활동을 하며 일상생활을 유지하려면 도시는 기본 인프라를 갖춰야 한다. 하지만 소멸 위기에 처한 중소도시의 문화 · 경제 · 의료 · 주거 · 교육의 기회는 수도권과 비교하면 매우 열악한 수준이다. 특히 이동권은 일상생활을 안정적으로 영위할 필수 권리임에도 중소도시 주민들은 보장받지 못하고 있다. 최소한의 이용자가 있어야 유지되는 대중교통 서비스가 인구감소로 노선이 축소되거나 폐지되는 것이다. 이제 지역 현황을 정확히 파악하고 선택과 집중을 해야 한다. 얼마나 많은 서비스를 제공할지가 아닌 이 서비스가 어떤 효과를 불러올지에 집중해야 한다.

려 慮

배려의 다양한 사회지원 시스템

지역 인재 유출은 대학 진학과 취업을 위한 이동에서 비롯된다. 고향을 떠나고 싶지는 않지만, 지역 내 대학도 없고 지방 대학을 졸업해도 일자리가 없다. 결국 안정적인 미래를 위해 고향을 떠나야만 한다.

도야마 시는 학생 수가 줄어 존폐 위기에 놓인 대학들을 도야마 대학을 중심으로 통합하여 1개 대학, 3개 캠퍼스 체제로 구축했다. 대학본부인 고후쿠 캠퍼스를 도야마 시에 두고, 스기타니 캠퍼스에는 의학·약학부와 도야마 대학 부속병원이, 다카오카 캠퍼스는 예술문화학부를 설치하는 등 지역 특성을 살린 종합대학 내 단과대 개념으로 각 캠퍼스를 발전시켰다. 또한, 대학 교육이 지역 인재 육성 및 지역 활성화로 이어질 수 있도록 교과 내 다양한 프로젝트를 진행했다. 미래의 지역 리더 자격 취득을 위한 지역 과제 해결형 육성 프로그램, 지역의 기업·공공단체와의 수평적인 협력 관계를 통한 프로젝트 등 지역사회 주체로서 도야마 시를 위한 다양한 연구에 도야마 대학이 직접 참여하여 지역과 함께 살아남기 위해 힘을 쏟고 있다. 그뿐만 아니라 유리조형 전문학교, 외국어전문학교, 시립 간호전문학교, 재활복지대학교, 조리제과전문학교 등 다양한 고등교육기관에서는 현장실습형 실무교육을 통해 지역 내에서 자신의 역량을 발휘할 수 있는 길을 만들어주고 있다.

지역 내 대학에서 학위를 이수했다 하더라도 졸업 후 일할 곳이 없다면 대학이 존립할 이유는 사라진다. 지역사회와의 생태계, 즉 대학과 지역이 관계에 초점을 맞춰 협력하는 것 또한 중요한 문제다. 대학들의 자체적 노력도 중요하지만, '입학–교육–취업–지역사회 기여'라는 선순환 구조를 구축해야 한다. 일자리 부족으로 청년들은 떠나고, 청년들이 없으니 다시 일자리가 없어지는 악순환에 빠진 것이 지금 우리의 현실이다. 젊은이들이 직업적 안정을 통해 지역에 정착할 수 있는, 지방도시의 정주 여건 개선을 위한 다양한 목소리가 나오고 있다. 하지만 실재 현장에 제대로 적용되지 않는 당위론적인 논의가 주를 이룬다. 대학의 특성을 무시한 채 정원 감축만을 위한 통폐합은 대학 경쟁력을 위한 방법이라 할 수 없다. 이제 학생 수가 많았을 때와는 다른 환경에서 사회와 교육의 역할 변화를 인지해야 한다. 지방 대학의 특성화, 차별화 전략을 기반으로 지역에 필요한 인재를 어떻게 양성할 것인가 고민하는 것이 우리의 미래를 위한 길이다.

젊은 세대에게는 그들의 생활에 더해 자녀를 출산하고 양육할 수 있는 환경이 필요하다. 아이를 낳아 키우고 싶어도 사회적 · 재정적 제약 탓에 아이를 갖지 않는 경우가 많은데, 그 제약을 완화해주는 것 또한 정부와 지자체의 역할이다. 도야마 시는 저출산 문제를 젊은 세대의 책임으로만 몰아가지 않았다. 환경의 변화를 인지하고 임신 · 출산 · 교육 · 보육 등 아이를 낳고 키우는 데 필요한 지원을 아끼지 않는다. 소가와 레가토 스퀘어에 위치한 마츠나카 종합센터 산후조리원은 쾌적한 시설과 안전한 서비스에 민간조리원의 1/4에 불과한 이용료로 산모들이 선호하고 있다. 또한, 같은 건물 2층에는 아픈 아이들을 돌봐주는 전문시설인 병아보육실이 있다. 어린이집에서 아이가 아프면 보호자를 대신해 보육사가 아이를 병원에 데리고 가고 돌봐주는 마중 서비스를 제공하여 맞벌이 부부들이 안심하고 일할 수 있도록 돕는다. 도야마 역 맞은편에 있는 CiC 건물 4층의 '도야마 어린이 플라자'는 어린이 도서관, 어린이 광장, 육아 상담실 등 다채로운 시설이 갖추어져 있어 어린이들에게는 놀이와 배움의 공간으로, 보호자들에게는 정보교류와 상담을 위한 장소로 늘 붐빈다.

아이를 낳고 육아하기 힘든 사회적 현실에 맞서서 이에 대한 해결책에 중점을 둔 도야마 시의 노력은 젊은 세대의 전입 및 출산율 증가, 정주인구 증가로 이어졌다. 우리의 도시정책 안에는 과연 젊은이들을 위한, 젊은이들의 삶의 질을 높이기 위한 구체적인 대안이 있는지 생각해볼 필요가 있다. 지자체에서는 출산장려금, 돌봄 서비스, 영아수당, 지방이주 장려보조금과 같은 이벤트성 현금지원만으로 젊은 세대의 지방 이주를 독려한다. 수치적 목표만 세워놓은 단기성 현금지원은 답이 될 수 없다. 아이를 낳고 키워야 할 청년세대가 체감하고 살 수 있는 토대를 마련해야 한다.

고령화시대를 사는 고령자에게는 오래 사는 것보다 건강하고 행복한 삶을 영위하는 것이 중요하다. 건강과 안전은 모든 사람의 행복 추구를 위한 기본 요건이다. 하지만 소멸이 진행되는 우리의 지방도시에는 필수인 병원이 절대적으로 부족해 오랜 동안 거주하던 고령자들마저 지역을 떠나는 상황이다.

도야마 시는 지역민들이 필요로 하는 서비스를 지원하기 위한 보건의료 및 복지 시스템을 개선했다. 고령주민을 위한 시설인 가도카와 개호예방센터는 공유지가 된 초등학교 대지를 재활용해 온천을 활용한 간병예방시설로 탈바꿈해 중장년층까지도 각종 보살핌을 받을 수 있다. 병원뿐만 아니라 예방 · 치료 · 재활을 하나로 묶어주는 개호예방센터 및 마츠나카 종합케어센터와 같은 지역 포괄 케어센터를 도시 곳곳에 배치하는 등 건강과 안전 · 소통을 위한 지역 커뮤니티의 활동 거점을 갖추고 있다.

인구감소시대에는 지역주민의 힘만으로 마을이 살아남을 수 없다. 살아 숨 쉬는 도시를 만들기 위해서는 인구유출을 막고 외지인들이 들어오게 할 방법을 고려해야 한다. 도시라는 공간은 사람이 살아가는 장소다. 사람들은 저마다 다른 방식으로 도시를 체험한다. 정부 보조금으로 어린이부터 노약자까지 다양한 연령대가 함께 어울려 살아갈 수 있는 사회적 시스템을 구축, 정주할 수 있는 배려의 환경을 어떻게 만들지 깊이 있게 고민해야 한다.

락 樂

사람을 이끄는 매력과 즐거움을 갖춘 환경

사람이 살아가는 데는 물리적 환경의 개선과 함께 사람을 끌어모으는 요소들이 있어야 한다. 인구가 줄더라도 즐겁고 행복하게 살아갈 수 있는 환경이다. 도야마 시는 사람을 위한 도시로 시민들의 삶의 질 향상을 위한 생활편의시설 제공뿐만 아니라 역사 · 예술 · 문화 · 자연환경 등 도시가 가진 고유한 특성을 활용해 즐거움을 위한 콘텐츠를 제공한다. 여기에서 콘텐츠란 관광상품 개발보다는 지역의 특색을 살린 대책의 추진이다. 약의 도시, 유리의 도시라는 콘텐츠를 중심으로 설립된 복합시설이자 시가지의 매력을 창출하는 문화예술 공간 '도야마 기라리', 유서 깊은 옛 정박지를 도시의 수변 공간으로 탈바꿈한 '후간 운하 간스이 공원', 지역에서 재배하는 제철 채소를 판매하는 '지바몬야 총본점', 철거된 옛 건물부지에 설립된 '다이와 도야마 백화점'과 '도야마 시민 플라자' 등은 살아가는 데서 느끼는 즐거움을 위한 콘텐츠로 흥미롭고 활기찬 장소를 제공한다. 이러한 지역의 특성을 살린 도야마 시의 정책은 즐거움이 있는 상징성 있는 도시 공간을 형성할 뿐만 아니라 도시 문화 콘텐츠를 통해 사람을 끌어모을 수 있다. 도야마 시의 먹고 보고 즐길 수 있는 도시 만들기는 현재 진행형이다.

우리의 각 도시들도 저마다 그들만의 고유색을 지니고 있다. 다양한 구성원의 특성과 고유의 역사, 문화, 환경 그리고 이를 지지하고 있는 콘텐츠는 도시의 자산이자 강점이다. 우리나라는 5000년의 역사 속에 지역마다 아름다운 유산, 특색 있는 문화를 형성하고 있음에도 각 지역의 특성과 잠재력을 발견하지 못하고 있다. 높은 예산을 투입해 각종 조형물을 세우고 지역축제를 유치한다고 해서 소멸 위기를 벗어날 수는 없다. 대도시의 수혜에 안주하지 말고, 자연환경, 문화 · 예술적 매력 요소를 찾아 꾸준히 발전시켜 매력 있고 재미있는 문화적 콘텐츠로 발전시켜야 한다.

이 책은 인구감소로 인한 도시구조의 축소가 시민들의 삶의 질을 향상시킬 절호의 기회임을 이야기하고자 했다. 소멸 위기에 놓인 우리의 중소도시에는 여전히 병원, 학교를 비롯해 영화관, 쇼핑센터와 같은 문화시설이 부족하고 대중교통체계도 미비하다. 인간은 어디에 살든 문화 · 경제 · 의료 · 주거 · 교육 등의 기회를 고르게 누릴 권리가 있지만 지방도시는 그렇지 못하다. 인구의 이동과 감소는 경제 활력이나 도시의 매력 등 마을이 가지고 있는 종합적인 힘의 차이에서 발생한다. 지방소멸을 막을 방법은 다양하다. 중요한 점은 적은 인구로도 행복하게 살아갈 수 있는 환경을 만드는 일이다. 단순히 물리적 인프라가 아닌 사회적 행복, 경제적 활력, 건강, 그리고 소속감과 연대감까지 아우를 핵심 문제를 다뤄야 한다. 더 나은 직장, 다양한 사회적 교류 등 많은 선택권과 기회를 시민에게 제공해야 한다. 오랜 시간 도야마 시가 진행해온 과정과 사례는 유사한 상황에 직면한 도시들, 특히 우리의 중소도시에 교훈이 되리라 생각한다.

지방소멸은 원인이 아닌 결과다. 도시가 보내는 위기의 신호이자 일종의 징후다. 인구감소라는 메가트랜드를 거스를 수 없다는 현실을 인지하고, 도시 성장에 집착할 것이 아니라 지속 가능한 도시로 재창조하기 위한 통합적이고 포괄적인 방법으로의 접근이 필요하다. 우선 그 지방의 인구가 감소하는 이유, 사람이 떠나는 근본적인 원인을 분석해야 한다. 또한, 일부 해외 우수 사례를 천편일률적으로 적용하지 말고 지방 중소도시에 정주하는 인구를 붙잡고 외지 인구를 유입시킬 수 있는 여건 조성을 위한 실효성 있는 장기적 대책을 세워야 한다. 미래는 우리에게 신호를 주고 있다. 긍정적 미래 만들기에 대비해야 한다. 그리고 이 글이 그 의미 있는 일에 조금이나마 이바지하기를 바란다.